『18歳から考える家族と法』補遺

　本書初版第2刷刊行（2020年5月10日）以降、法改正や事情の変化があった。例えば、民法の一部を改正する法律（2022年12月10日成立、同年12月16日公布、令和4年法律第102号）では再婚禁止期間が撤廃された。同法等が施行するまでの間、本書の利用の便宜を図るため本補遺を作成する。

p.8　2022年12月、民法772条が一部、改正され、「女が子を懐胎した時から子の出生の時までの間に2以上の婚姻をしていたときは、その子は、その出生の直近の婚姻における夫の子と推定する」という規定（改正民法772条3項）が新設された。妻が離婚後300日以内に再婚して子が出生した場合、前婚と後婚と2つの婚姻をしている。この規定により、子は、出生の直近の婚姻である後婚の夫の子と推定される。

　しかし、母が離婚後300日以内に再婚したが、再婚前に出生した子、母が離婚後300日以内に再婚しない場合において出生した子には、民法772条2項が適用され、前夫の子と推定される結果、前夫を父とする出生届しか届出できない。今次改正により、子または母から嫡出否認の訴えを提起することはできるが、時間・費用・心労等手続上の負担や前夫との接触がありうることから、出生届を避け、無戸籍者が生じるリスクは高い。今次改正の目的である無戸籍者問題への対応は不十分である。

p.10〜11　MTFは、男性から女性へ、FTMは、女性から男性へというニュアンスがある。性自認は生まれつきのもので、変化するものではないのだから、性自認を基本として、「トランス女性」、「トランス男性」と表記する例が増えている。

　2019年5月、世界保健機関（WHO）は、「国際疾病分類（ICD）」改訂案〔ICD-11〕（2022年1月実施）において、「性同一性障害」を削除し、「性の健康に関する状態（conditions related to sexual health」の章に「性別不合（Gender Incongruence）」を置く決議をした。トランスジェンダーは、障害や疾病ではなく、多様な性のあり方の1つとして、その人の個性と捉えるのである。

p.12　④⑤の手術要件について、2019年1月23日、最高裁第2小法廷は、手術まで望まないのに、法的性別の変更のためにやむなく上記手術を受けることもあり、意思に反して身体への侵襲を受けない自由を制約する面もあることは否定できないと指摘した。2022年12月、手術要件の憲法適合性を問う事案について、最高裁大法廷で審理することが決定された。

p.13　女性用トイレの使用制限の事案について、2019年12月12日、東京地裁は、「個人が自認する性別に即した社会生活を送ることができることは、重要な法的利益として、国家賠償法上も保護されるべき」であり、「自認する性別に対応するトイレの使用を制限されることは、個人が有する重要な法的利益の制約に当たる」とし、違法と判断した。

p.31　2021年6月23日、最高裁大法廷は、2015年判決と同じ理由で、民法750条及び関連する戸籍法を合憲と判断した。夫婦の氏の制度の在り方は、国会で論ぜられ、判断されるべき事柄にほかならないとする。他方、4名の裁判官の違憲判断には、2015年判

決とは別の論理も示されている。①氏名は、その人のアイデンティティの象徴となり人格の一部になっており、個人の尊重、個人の尊厳の基盤を成す個人の人格の一内容に関わる権利だから、憲法13条により保障される（宮崎・宇賀裁判官）。②夫婦同氏制の下では、当事者の一方のみが生来の氏名に関する人格的利益を享受し続けるのに対し、他方は、人格的利益の喪失による負担を負い続けるという、不平等状態が継続することから、憲法24条1項の「夫婦が同等の権利を有する」に反する（同）。③婚姻の自由を制約することの合理性が問題となる以上、その判断は、人権や法の下の平等と同様に、憲法上の保障に関する法的な問題であり、民主主義的なプロセスに委ねるのがふさわしいというべき問題ではない（三浦裁判官）などである。

p.32 同性婚を認めた国・地域は、その後、チリ、スイス、スロヴェニア、キューバ（2022）に広がり、33となった。台湾に関して、鈴木賢『台湾同性婚法の誕生―アジアGBTQ＋燈台への歴程』（日本評論社、2022年）参照。

p.34 2019年2月14日、同性間の婚姻を定めていない現行の婚姻法、戸籍法の憲法適合性を問う訴訟が札幌、東京、名古屋、大阪で提起され、同年9月5日、福岡で、さらに2021年3月26日、新たに東京で提起され（第2次東京訴訟）、現在、全国5か所、6つの訴訟が進行中である。原告および代理人弁護士のみなさんは、この一連の訴訟を「結婚の自由をすべての人に」訴訟と呼称する。

　2021年3月17日、札幌地裁は、「異性愛者と同性愛者の違いは……性的指向の差異でしかなく、いかなる性的指向を有する者であっても、享有し得る法的利益に差異はない」として、上記の法律を憲法14条（法の下の平等）違反とし、2022年6月20日、大阪地裁は、異性カップルに限定することに合理性がないとはいえないとして合憲とし、2022年11月30日、東京地裁は、同性カップルがパートナーと家族になる法制度が存在しないことは、人格的生存に対する重大な脅威、障害であり、憲法24条2項に違反する状態にあると判示した。

p.47〜49 2022年12月、嫡出否認と認知について法改正があった。嫡出否認権が子（親権を行う母が行使できる）と母に認められた。父の否認権は、父が子の出生を知った時から3年に延長し、子の否認権と母の否認権は、子の出生時から3年とした。父または母が否認権を行使しない場合に備えて、子は、父と継続して同居した期間が3年を下回るときは、21歳に達するまでの間、否認の訴えを提起することができる。本書48頁の【ケース1】【ケース2】は、上記の出訴期間内に母が嫡出否認権を行使することによって解決する。

　また、認知の無効の訴えについて、出訴権者を子（又は法定代理人）、認知をした者、子の母に限定し、出訴期間も、子及び母の場合は認知を知った時から7年、認知者の場合は認知した時から7年に限定した。これによって、婚外子の父子関係の安定を図ることができるが、嫡出否認の出訴期間は3年、認知無効の訴えの出訴期間は7年であり、格差がある。

p.52〜53 LGBTQの人たちが生殖補助医療を用いることを検討するものとして、二宮周平編『LGBTQの家族形成支援―生殖補助医療・養子＆里親による〔第2版〕』（信山社、2023年）がある。

【文責：二宮周平】

18歳から考える
家族と法

二宮周平 著 *Ninomiya Shuhei*

法律文化社

はしがき
本書の目的と使い方

　本書は、高校を卒業して大学に入学したり、社会人として仕事に就いた人たちを対象に、家族と法について考えるものです。

　人は誕生の時点では、ひとりでは生きていけません。親や保護者が食事をはじめさまざまな世話をします。少しずつものごとを覚え、保育所、幼稚園、学校などに通い、友だちと遊び、親や保護者に宿題を見てもらったり、家の手伝いをしたり、ほめられたり、叱られたり、慰められたり、励まされたりしながら、大きくなっていきます。やがて自立し、パートナーと出会い、一緒に暮らし、子どもを育てる人もいれば、シングルで生きていく人もいます。パートナーとの別れを経験したり、自分やパートナーの親の世話をしたり、遺産分けのトラブルに巻き込まれたり、それぞれのライフステージでさまざまな問題に遭遇します。

　そうしたときに、人に問題を解決してもらうのではなく、人に相談しながらでもいいですから、自分で考え、自分で解決に向かって進んでいく力を身につけてほしいと思います。そのためにたくさん知ってください。「知は力なり（Knowledge is power)」と言います。

　本書では、出生（子どもの権利と個人の尊重）、パートナーと暮らす、親子になる・子どもと暮らす、別れと絆、老いを看取るという5つのライフステージ別に、それぞれ5つのテーマを選びました。全25章ですが、婚外子、戸籍のない子、性別違和の当事者（身体の性と心の性が一致しない人）、ゲイ・レズビアンなどの人たち、結婚しても夫婦別々の名字を名乗る人、不妊のために他人から精子や卵子の提供を受けて子どもをもうけたい人など、どちらからといえば少数の人たちの問題を数多く取り上げています。DVや児童虐待、離婚、高齢者の介護などつらいこと、しんどいことも取り上げています。

　なぜかと言えば、家族の法は、少数の人たち、弱い立場にある人たちを護るために、また、つらいこと、しんどいことを社会全体で支えるために存在すべきだと考えるからです。そうなっていない場合には、どこかに問題があるのです。それらを読者と考えてみたいと思いました。

　読者は、まず本文を読んでみてください。知らない言葉や概念があれば、欄外の➡印の解説を見てください。ここでは本文の補充もしています。コラムでは、本文と関連する資料や追加の記述があります。視野や理解を広げてみてください。読者が無事エピローグまでたどり着くことを祈っています。

　最後に、本書の企画段階でお世話になった法律文化社編集部の舟木和久さん、細かな編集作業をしていただいた瀧本佳代さんに心からお礼を申し上げます。

2018年6月23日

二宮　周平

目　次

はしがき

第Ⅰ部　子どもの権利と個人の尊重

1　なぜ婚外子の出生数割合は2％なのか▶子どもの平等を考える ……………………………………… 2
　　1　婚外子とは／2　相続分差別／3　最高裁大法廷の違憲判断／4　「嫡出子」「嫡出でない子」をチェックする出生届／5　その他の差別／6　考える視点

2　なぜ戸籍のない子が生じるのか▶氏名、国籍、戸籍を考える ………………………………………… 6
　　1　人生の出発点／2　無戸籍者が生じる理由と対応／3　民法772条から生じる問題／4　司法と行政の対応／5　日本国籍のない子

3　男女の区別は自然なのか▶性のあり方の多様性 ……………………………………………………… 10
　　1　身体の性／2　性自認と身体の性の不一致／3　性的指向／4　可視化されない現状／5　性別取扱いの変更／6　性別変更の効果

4　子どもの意見表明権▶子どもの権利条約とは何か …………………………………………………… 14
　　1　保護の対象から権利の主体へ／2　意見表明権／3　子の訴える力／4　Having a voice, no choice／5　大人になるプロセスとしての意見表明権／6　個人の尊重の視点から

5　子どもへの情報提供▶子どものためのハンドブック　親の別居・親の離婚 ………………………… 18
　　1　日本の離婚制度と子の利益／2　当事者である子どもの声／3　隠すことから語ることへ／4　必要な情報とは何か／5　誰がどのように話すのか、伝えるのか／6　子どものためのハンドブック

　　資料Ⅰ　戸籍（全部事項証明書）のひな形　22

第Ⅱ部　パートナーと暮らす

6　なぜ結婚制度があるのか▶結婚届を出す理由、出さない自由 ……………………………………… 24
　　1　制度としての婚姻／2　事実婚：婚姻届を出さないという選択／3　内縁問題の発生／4　事実婚と法律婚のメリット、デメリット／5　パートナーとは何か

7　なぜ夫婦、親子は同じ氏を名乗るのか▶夫婦別姓という選択肢 …………………………………… 28
　　1　氏とは何か／2　家制度と夫婦同氏／3　現行制度の沿革／4　選択的夫婦別姓への動き／5　氏名の人格権的把握と民法改正要綱案／6　新たな展開

| 8 | 同性カップルも結婚できるのか | 32 |

1 共同生活の保障とは／2 同性による婚姻（同性婚）を認めた国・地域／3 婚姻の意義の変化／4 同性婚の承認へ向けて／5 パートナーシップ証明／6 展望

| 9 | 「男は仕事、女は家庭」をどう思うか▶性別役割分業と社会の仕組み | 36 |

1 家制度から個人の尊重へ／2 家族モデルの登場と性別役割分業／3 家族の多様化と男女共同参画／4 両立支援は育児支援

| 10 | 相手を支配しないこと▶DVを考える | 40 |

1 DVとは何か／2 特徴と背景／3 DV防止法の必要性／4 DV防止法の仕組み／5 制度上の課題

資料Ⅱ 内閣府世論調査（2017年） 44

第Ⅲ部　親子になる・子どもと暮らす

| 11 | 血がつながってなくても親子なのか▶法律上の父の決め方 | 46 |

1 血縁の親と法律上の親／2 母子関係／3 父子関係／4 嫡出否認の訴え：法律上の父子関係の否定／5 解釈による解決とその限界／6 認知制度と婚外子の利益

| 12 | カップルに子どもができない場合▶生殖補助医療の利用と子の出自を知る権利 | 50 |

1 生殖補助医療の利用／2 日本の現状／3 生殖補助医療に関する公的な議論／4 子の出自を知る権利／5 精子・卵子の提供者、代理懐胎者の尊厳：育みへの協働

| 13 | 親が子どもを育てられない場合▶養子と里親 | 54 |

1 受け皿は／2 養子制度とは／3 日本の特徴／4 子のための養子といえるか／5 特別養子：子のための養子制度／6 家庭養育の場としての里親制度

| 14 | 親権とは何か▶子どもの成長を保障する責任 | 58 |

1 親権とは何か／2 共同親権と単独親権／3 単独親権の問題点／4 共同親権へ向けて／5 親権者変更と子の意思の尊重

| 15 | 児童虐待から子どもを守るには | 62 |

1 児童虐待とは／2 児童虐待の特徴／3 虐待から子どもを保護する仕組み／4 親権の停止・喪失、財産管理権の喪失／5 規制から支援へ

資料Ⅲ 協議離婚届 66

第Ⅳ部　別れと絆

16　知らない間に離婚されていた▶紙切れ一枚の協議離婚 ……………………………… 68
　　1　日本独自の離婚制度／2　知らない間に離婚されることも／3　離婚届不受理申出制度／4　財産の分配や子の養育事項を決めない離婚／5　行政の窓口対応：明石市の例／6　当事者の合意形成、真の協議の保障：韓国の制度改革

17　有責配偶者からの離婚請求は認められるのか …………………………………………… 72
　　1　破綻認定の難しさ／2　有責配偶者からの離婚請求を否定する判例／3　判例の変更／4　離婚裁判のあり方

18　夫婦が築いた財産はどのように分けるのか …………………………………………… 76
　　1　夫婦別産制の意味と問題点／2　財産分与の基準と実情／3　夫婦財産の清算／4　離婚後扶養：自立への援助　／5　離婚による慰謝料

19　別れた親に子どもは会えるのか▶親子の交流は子どもの権利 …………………………… 80
　　1　別居・離婚後の親子の面会交流とは／2　面会交流の意義と役割／3　家庭裁判所の対応／4　面会交流の合意形成／5　面会交流支援の必要性／6　新たな視点と課題

20　養育費の分担▶ひとり親家庭の生活保障 ……………………………………………… 84
　　1　養育費の基礎知識／2　養育費支払いの実情／3　養育費確保の方法／4　各国の取り組み／5　日本の課題

　資料Ⅳ　養育費算定表（子2人：第1子15歳以上，第2子0〜14歳）　88

第Ⅴ部　老いを看取る

21　扶養と介護▶誰が自立できない人の世話をするのか …………………………………… 90
　　1　自立できない人の援助：3つのタイプ／2　自立自助システムの問題点と課題／3　私的扶養の限界／4　家族介護の任意性／5　家族介護と社会的介護の連携、協働へ

22　成年後見制度▶財産管理から見守りへ ……………………………………………… 94
　　1　成年後見制度の立法趣旨／2　成年後見制度の仕組み／3　成年後見人の職務／4　身上監護／5　問題点と課題

23　遺産はどのように分けるのか▶相続人同士の公平性 ………………………………… 98
　　1　遺産分割とは／2　具体的相続分／3　寄与分／4　民法906条が示す具体的な基準／5　遺産分割協議・調停の進め方

24 誰でも遺言が書けるのか▶遺言能力 ……………………………………………………………… 102
 1 遺言能力とは／2 遺言の作成方法と長所・短所／3 公正証書遺言の問題点／4 遺言能力の確認／5 遺言作成の限界

25 遺留分とは何か▶相続人の最低限の保障 ……………………………………………………… 106
 1 困った遺言／2 裁判所の判断／3 遺留分制度の意義／4 遺留分の内容と遺留分算定の基礎財産／5 遺留分侵害額の算定／6 金銭支払請求の仕方／7 遺言と遺留分の関係

エピローグ　次世代の家族法 ……………………………………………………………………… 110
 1 求められる家族像／2 家族の中の個人の尊重／3 血縁と婚姻の枠を超えた子育てへ

資料Ⅴ　日本の人口ピラミッド　112

第Ⅰ部
子どもの権利と個人の尊重

1 なぜ婚外子の出生数割合は2％なのか
▶ 子どもの平等を考える

> **設例** 父母の婚姻外で出生した子を婚外子という。婚外子は、その年に出生した子の約2％である。ヨーロッパでは50％を超える国もある。なぜ日本ではこれほど極端に少ないのだろうか。子どもの平等を考えてみよう。

1 婚外子とは

　民法では、母が婚姻をしないで出産した子を「嫡出でない子」、母が婚姻中に懐胎（妊娠）した子を「嫡出子」という。しかし、「嫡出」という言葉には、「正統」という意味が込められている。子に正統か正統でないかという価値観を持ち込むことは、子の平等に反する。最近では、国連の文書をはじめ、婚姻外で出生した子を「婚外子」、婚姻中に出生した子「婚内子」と表記することが多い（本書でもこの表現を用いる）。日本では、婚外子は2万2000人前後生まれ、出生率は2.2％である。ヨーロッパでは、50％から60％近い国もある（→資料❶-1）。

　かつては、キリスト教の影響により、一夫一婦制の婚姻が尊重され、婚外子は、「罪の化身」、「何人の子にもあらざる子」として、社会的にも法的にも汚名を負い、父のみならず母との関係においてさえ法律上の権利義務を否定されるという苛酷な歴史があった。しかし、1970年代以降、改革され、今では上記の数字である。この違いは何から生じているのだろう。

2 相続分差別

　日本の民法では、婚外子に関して相続分の差別があった。相続分とは、相続人が相続すべき権利義務の割合をいう。たとえば、配偶者と子が相続人の場合、配偶者の相続分は1/2、子の相続分は1/2であり、子が複数の場合には、各子の相続分は均等となる。しかし、改正前の民法（900条4号ただし書）では、被相続人（亡くなった人）の子として、婚内子と婚外子がいる場合には、婚外子の相続分は婚内子の1/2とされた。

　明治民法（1898年）でも現行民法（1947年）でも、この差別があった。1947年当時の立法者は、相続分に差を設けることとなった理由を、婚外子の利益を考えて相続権は認めるが、正当な婚姻を尊重するためには、婚内子と婚外子の間に差をつけて、正当な婚姻を尊重していることを示し、それによって婚姻を奨励していかねばならないと説明している。

　明治民法の家制度の下で、甲家のあととり娘Aは、婿養子の候補である

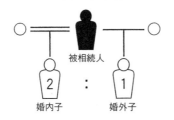

➡1 家制度
　家族の長である戸主が家族を統率し、家族は戸主の命令・監督に服従し、その家の財産と戸主としての地位は、「家督相続」として、原則、戸主の長男が後を継ぐ制度。家族は戸主の同意がなければ婚姻をすることができず、戸主は家族の居所（住むところ）を指定することもできた。1898年の民法（明治民法）で確立した。

➡2 婿養子
　男子が養子となると同時に、養親の娘と婚姻をする場合を婿養子という。婿養子は妻の家に入り、その家の氏を名乗った。家督相続の順序は、男子、嫡出子、年長者を優先する結果、婿養子が家督相続をして戸主となることもあった。

男性Bと同居し、婚姻・養子縁組の前に子Xをもうけたが、甲家の戸主から婿にふさわしくないとして、BもXも家から追い出され、Aはその後、別の男性Cと婚姻したというケースがある。Xは婚姻が成立する前に生まれた婚外子であり、不倫関係の子ではなかったが、1995年7月5日、最高裁大法廷は、上記の立法理由には合理的な根拠があるとして、合憲と判断した。

しかし、父母が婚姻しているかどうかは、子が関与できないことである。婚外子の相続分差別は、婚姻外で出生したという自分の責任ではない行為によって不利益を受けることである。自らの判断による自らの行為に対して責任を負うという、近代的な法の基本原則に反している。

3 最高裁大法廷の違憲判断

2013年9月4日、最高裁大法廷は、裁判官全員一致で婚外子の法定相続分規定について法の下の平等に違反し、違憲と判断した。「本件規定の存在自体がその出生時から嫡出でない子に対する差別意識を生じさせかねない」として、本件規定の象徴的な問題性を指摘した上で、以下の理由を述べる。

「1947年の民法改正時から現在に至るまでの間の社会の動向、家族形態の多様化やこれに伴う国民の意識の変化、①諸外国の立法のすう勢及び②日本が批准した条約の内容と国連各権利委員会からの懸念の表明や改善勧告、③嫡出子と嫡出でない子の平等化を進めた法制、大法廷及び小法廷における度重なる問題の指摘などを総合的に考察すれば、家族という共同体の中における個人の尊重がより明確に認識されてきたことは明らかであるといえる。そして、法律婚という制度自体は我が国に定着しているとしても、上記のような認識の変化に伴い、上記制度の下で父母が婚姻関係になかったという、<u>子にとっては自ら選択ないし修正する余地のない事柄を理由としてその子に不利益を及ぼすことは許されず、子を個人として尊重し、その権利を保障すべきであるという考えが確立されてきているものということができる</u>」(①②③および下線は筆者)。

➡3 **最高裁大法廷**
最高裁には15人の裁判官全員で構成される「大法廷」と、5人の裁判官で構成される「小法廷」がある。大法廷は、法律等が憲法に違反するかどうかが争われている場合、判例(これまでの裁判所の見解)を変更する場合などに開かれる。

➡4 **基本原則**
人に損害を与えた場合、自分に過失があるときにだけ責任を負うという考え方。

➡5 **法の下の平等**
憲法14条1項「すべての国民は、法の下に平等であって、人種、信条、性別、社会的身分又は門地により、政治的、経済的又は社会的関係において、差別されない。」

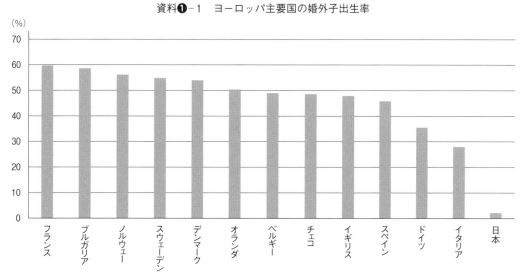

資料❶-1 ヨーロッパ主要国の婚外子出生率

出所:EUROSTAT Fertillity Indicators, Share of live births outside marriage, 2015

→ 6 中国、台湾、韓国にも相続分差別は存在しない。

→ 7 勧告
国際人権規約自由権規約、同社会権規約、子どもの権利条約、女性差別撤廃条約など国際的な人権に関する条約を批准した国は、4〜6年に1回、国内で条約の内容を実現したかどうかを各委員会で報告する。委員会は報告を審査して、改善されていないと判断した場合には、総括所見として、懸念を表明し、改善勧告をする。

→ 8 続柄
住民票では世帯主との関係を示す欄（続柄欄）で、婚内子は長男、長女、二男、二女などと、婚外子は単に子と記載された。戸籍では父母との関係を示す欄（続柄欄）で、婚内子は長男、長女、二男、二女などと、婚外子は単に男、女と記載された。住民票の写しや戸籍謄本などの続柄欄を見れば、婚外子かどうかが一目瞭然にわかった。

→ 9 児童扶養手当
一定の所得以下のひとり親世帯に支給される手当（→ 85頁→ 6）。

→ 10 📖
山本龍彦「判例批評」ジュリスト1466号（2014年）18頁。

→ 11 親権
未成年の子を監護教育し、その財産を管理し子の代わりに契約などをする権限（→ 58頁）。

①は、かつて婚内子と婚外子の相続分に差異を設けていたドイツ、フランスでも法改正があり、欧米では差異を認める国はないこと、②は、国際人権規約自由権規約人権委員会から三度（1993、1998、2008）、同社会権規約委員会から二度（2001、2013）、子どもの権利委員会から三度（1998、2004、2010）、女性差別撤廃委員会から二度（2003、2009）、日本は条約に違反しているとして法改正するよう勧告されたことであり、国際的（グローバル）な視点を取り入れている。

③は、a）住民票の世帯主との続柄や戸籍の父母との続柄、b）ひとり親世帯に支給される児童扶養手当、c）日本人父と外国人母の婚外子の日本国籍取得（→ 9頁）について、婚外子差別をなくしたことである。いずれも婚外子の親たちが裁判を通じて問題を訴え、裁判所が、a）では、プライバシーの尊重の視点から続柄記載区別に合理性がないとし、b）では、ひとり親世帯で暮らす子への生活保障という立法趣旨から取扱いを異にするべきではないとし、c）では法の下の平等に反し違憲と判断したことから、各通達、規則や法律が改正されたものである。

2013年12月5日、上記の大法廷決定を受けて、「嫡出でない子の相続分を嫡出である子の2分の1とする部分を削る」とする民法改正がようやく実現した。

4 「嫡出子」「嫡出でない子」をチェックする出生届

出生届には、「嫡出子」「嫡出でない子」をチェックする欄がある（→ 資料❶-2）。婚姻届をしないで事実上夫婦として暮らしているカップル（事実婚カップル）が、「嫡出でない子」は差別用語であると考えていたことから、生まれた子どもについて上記のチェックをしないで出生届を提出しようとした。区役所は出生届を受理せず、戸籍記載もせず、住民票も作成しなかった。親は納得できず、戸籍記載や住民票作成を求めて裁判を起こした。2013年9月26日、最高裁は、戸籍の記載は子の具体的な権利や利益に影響しないこと、事務処理上、便宜性がないとはいえないことを理由に合憲とした。法務省は、相続分差別廃止と同時に、この区別の法的根拠となっている戸籍法49条2項の改正を目指したが、自民党と日本維新の会（当時）の反対により、戸籍法の改正は否決され、現在も記載区別が残っている。

差別の根源には、相手を自分より劣った存在として、その人をおとしめる感情がある。それが法的地位の格下げとなり、様々な権利や利益の制限や剥奪となって現れる。出生届にわざわざ「嫡出でない」旨を記載させることは、親にとっては心理的な苦痛であり、婚外子の法的地位の格下げ、スティグマ（負の烙印）の押しつけの可能性がある。権利・利益に関わりがなく、戸籍実務上の要請も強くないにもかかわらず、原則として区別記載をさせ続けることのメッセージ性、象徴的意味はより強いといえる。

相続分が平等になり、権利において差別がなくなったにもかかわらず、自民党が戸籍法の改正を見送ったのは、あくまでも「嫡出子」「嫡出でない子」の区別を残し、そのことによって婚姻の優位性を示そうとするものであり、まさに象徴的な差別だと思われる。

5 その他の差別

第1に、婚外子の親権である。民法では、母が親権者となり、父が子を認

知すると、協議で父に変更することができるが、父母が共同で親権者となることはできない。事実婚カップルが共同して子育てをしていても共同親権にはならない。第2に、民法は、正統という含意のある「嫡出」という概念を今なお用いている。

欧米諸国では、婚外子も、父母が離婚した子も、父母の共同親権が可能である。子にとっては父母であることが重要なのであり、子に対する父母の養育責任は、父母の婚姻関係に左右されないからである。また「嫡出」という言葉自体、法律から消えている。このように婚外子の平等化が進んでいるからこそ、婚外子の出生率が高い。逆に言うと、婚外子に対する法的な差別、象徴的な差別が残っているからこそ、日本では出生率がきわめて低いのではないだろうか。

6 考える視点

今日、女性の経済的自立の傾向が進み、婚姻だけが女性の幸せに結びつくものではないという意識が広がり、自分に合ったライフスタイルの選択が求められ始めている。個人の家庭生活、私生活の多様性を前提にするとき、家庭生活に「正当性」という基準を持ち込み、婚姻のみを正当とみて、その尊重を説くことに合理性を見出すことは難しい。

かつて婚外子差別は、婚姻外で出産した女性への偏見・差別と密接に関連していた。同じ母子世帯であるにもかかわらず、非婚世帯に寡婦控除が適用されないのは、その端的な表れである。出産した女性は等しく母として尊敬されるべきであり、法的な保護は、どのような形態であれ、助け合って暮らしている家庭に認められるべきだろう。

また婚外子の平等化とは、同じ父あるいは母の子であれば、同じ法的扱いを受けることであり、家族の1人ひとりを差別してはならないことを意味している。権利や地位に差別を受けていて、どうして子どもが自らの出生に誇りを持つことができるだろうか。最高裁大法廷決定はこの視点に立ったのである。

➡12 **寡婦控除**
所得税法と地方税法にある所得控除の1つで、死別や離婚したひとり親に適用され、所得税では最大35万円、地方税では30万円控除されるが、非婚のひとり親（婚外子の母または父）には適用されない。その結果、婚外子のひとり親は、より多くの所得税、住民税を支払う。また課税所得が自治体の保育料、公営住宅の家賃などに連動するため、より多い保育料、家賃を支払うことになっている。ようやく2020年1月の税制改正により、すべてのひとり親世帯に控除が適用されるようになった。

資料❶-2　出生届の区別記載覧

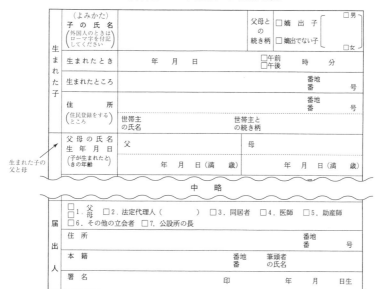

なぜ戸籍のない子が生じるのか
▶ 氏名、国籍、戸籍を考える

> **設例** 子が生まれると、親は戸籍窓口に出生届をする。戸籍係はその子を親の戸籍に記載する。ところが、戸籍のない子がいる。それはなぜなのだろうか。無戸籍は子にどのような不利益をもたらすのだろうか。

1 人生の出発点

　子が生まれた時に、親は子に名前をつけて市区町村の戸籍窓口に出生届を出し、子は親の戸籍に記載される（以下、記載されることを登録と呼ぶ）。
　戸籍は、個人の氏名、出生・死亡年月日、国籍、家族関係などを公に証明する制度である。戸籍に登録されていなくても、人は出生すれば、権利を取得し、義務を負う。出生の時に、父または母が日本人であれば、日本国籍を取得する。しかし、いざという時には、その証明が求められる。たとえば、パスポートを取得するには、氏名・年齢・国籍を証明するために、戸籍謄本または抄本を添えて申請しなければならない。婚姻届の際には、戸籍係は、当事者が婚姻適齢に達しており、重婚や近親婚に当たらないことなどを、戸籍で確認した後でなければ、婚姻届を受理することができない。戸籍に登録されていなければ、戸籍謄本等を提出することができない。その結果、海外旅行や海外留学ができない、婚姻をすることができないなどとなる。戸籍に登録されることは、子にとって、今後の人生を歩んでいく上で、とても大切なことである。
　だから、子どもの権利条約7条は、「児童は、出生の後直ちに登録される。児童は、出生の時から氏名を有する権利及び国籍を取得する権利を有するものとし、また、できる限りその父母を知りかつその父母によって養育される権利を有する」として、氏名、国籍、父母による養育より前に、登録を規定している。
　登録は、日本では戸籍（→コラム❷-1）、韓国では家族関係登録簿、欧米では出生証明書である。登録には氏名が必要であり、登録されれば国籍の取得を証明できる。登録、氏名、国籍は一体であり、子どもの権利条約は、これをすべて子の権利とする。
　どこの国でも登録のためには出生届が必要である。したがって、戸籍のない子とは、出生届をされていない子である。なぜ親は出生届をしないのだろう。

2 無戸籍者が生じる理由と対応

　法務省が確認できた無戸籍者の数は、2014年9月から2019年6月10日まで2,407人。この内、無戸籍が解消された者1,577人、今も無戸籍830人（うち成年者155人）である。

→1 民法3条「私権の享有は出生に始まる。」

→2 国籍法2条「子は、次の場合には、日本国民とする。1号 出生の時に父又は母が日本国民であるとき。」

→3 戸籍謄本・抄本
　謄本は、戸籍に登録されている夫婦と子の全員が記載された文書、抄本は、その中の交付請求者の指定した者だけが記載された文書をいう。現在、戸籍は電算化されており、謄本は全部事項証明書、抄本は個人事項証明書という。

→4 婚姻適齢
　健全な家庭生活を営むために、一定の身体的・精神的成熟が必要だとして設けられた。男18歳、女16歳だが、2歳の格差の合理的な根拠はなく、2022年4月1日から成年年齢18歳に合わせて、婚姻適齢も成年と同じく18歳とする予定である。

→5 子どもの権利条約
　政府の訳では、「児童の権利に関する条約」という。1989年、国連第44回総会本会議において、全会一致で採択された。日本は1994年、世界で158番目に批准した。批准とは、各国が条約に加盟することで、その条約は国内でも効力を有するようになる（→14頁）。

通常であれば、妊娠がわかれば検診を受け、母子健康手帳を受け取り、出産すると保健師が関わり、新生児検診などを行う。出生届の有無はこの過程で確認可能だが、親が社会的に孤立していたり、育児放棄などをしているために、このルートに乗らず、親が子の出生届をしないことがある。2014年7月8日の朝日新聞は、第一面のトップに「無戸籍17年　誰も知らない　親に隠され学校行けず」との見出しで無戸籍者問題を掲載した。NHKも「クローズアップ現代」で2014年5月、2015年2月と二度にわたり、「戸籍のない子どもたち」を取り上げた。無戸籍の子どもや大人の存在が知られ、社会問題になった。

2015年6月、法務大臣は無戸籍者問題について、国民としての社会的基盤が与えられておらず、人間の尊厳に関わる重大な問題と認識しており、無戸籍者問題の解消に向けた施策をさらに強化すると述べた。日本弁護士連合会は、同年11月11日、「全国一斉　無戸籍ホットライン」による無料相談を実施した。96名から電話相談があり、子ども本人が「自分が無戸籍者だとわかったが、父母はなぜ自分が無戸籍なのか教えてくれない」、小学校の先生が「無戸籍の児童を祖母1人が育ててきたが、祖母が亡くなってしまった、母は行方不明、どうしたらよいか」などの相談があった。

法務省や地方自治体（→コラム❷-2）が対応を進め、無戸籍でも、住民登録、国民健康保険証の取得、児童手当などの受給、乳幼児健康診査や予防接種の受診、保育所・幼稚園への入所・入園、小中学校への就学・就学援助など行政のサービスを受けることができるようになった。しかし、このことを知らない当事者が多い。他方、法務省が把握したところによれば、無戸籍になった理由の75.1％は、民法の親子関係を定める規定にあった。

3　民法772条から生じる問題

民法772条1項は、妻が婚姻中に懐胎（妊娠）した子を夫の子と推定する。これを嫡出推定という。婚姻中に懐胎したかどうか証明が難しいこともある

➡ 6　家族関係登録簿
韓国では戸主制の廃止に伴い、2007年5月、戸籍制度は廃止され、個人単位の家族関係登録制度となった。家族関係登録は電子化されており、必要に応じて①家族関係証明書（登録基準地、本人・父母・配偶者・子の氏名・生年月日・住民登録番号・性別を記載）、②基本証明書（個人の登録基準地、出生・国籍・改名等の事項を記載）、③婚姻関係証明書、④⑤2種類の養親子関係に関する証明書が交付される。

➡ 7　出生証書
欧米では、個人別に出生証書、婚姻証書、死亡証書にそれぞれ出生、婚姻、死亡の事実を登録する。養子縁組は出生証書の欄外に、離婚は婚姻証書の欄外に記載される。

コラム❷-1　戸籍はいつ、どのような理由で作られたか

士農工商の身分制社会を否定した明治政府は、1871年、全国民を対象とした戸籍制度を設けた。徴税、徴兵、治安維持のために、国民の現状を把握する必要があり、現住所で暮らしている家族を単位とし（現況主義）、戸主に家族の出生・死亡・婚姻・縁組等を届けさせることとした。日本社会の近代化に伴い、職業上の理由から居住の移転が増加し、戸籍で家族を把握することが困難になった。他方、氏名、出生・死亡年月日、国籍、家族関係を証明する制度の必要性も高まった。そこで政府は、現況把握としての戸籍から、登録・公証制度としての戸籍へと制度改革に着手した。

1882年、戸籍規則に関する元老院会議で地方長官の渡辺清は、「一家の長である戸主が一家の責任を負い、老人や子どもを扶養し、家族の倫理を守っている。また救貧院がなくても、貧しい者が衣食を得ているのは、善良な慣習があるからである。戸籍にはこうした家族のあり方が示されているのであるから、戸籍を廃止すべきではない」と主張した。渡辺は戸籍で示される家族のあり方を重視した。

明治民法（1898年）は家制度を確立した。しかし、戸主から始まって、きょうだい、おじ・おば、おい・めい、いとこなどの大家族が現実に1つの家で生活を共にしていたわけではない。戸籍に登録された者が家のメンバーとなる。戸籍が「家」を国民の目に見える形で示した。戸籍は単なる登録・公証制度ではなく、明治民法の家族の基盤である「家」を示し、家族のあり方を具現するものだった。

1947年、民法改正により家制度は廃止された。そこで戸籍を個人単位で作製することも議論されたが、立法者は、改正民法は夫婦と子を中心とすることから、夫婦と子を単位として戸籍を編製することにした（→22頁の資料1戸籍のひな型）。今でも戸籍は証明の手段を超えて、夫婦と子を標準的とする家族像を示す機能を果たしている。

ので、第2項は、婚姻の成立から200日経過後、または婚姻解消の日から300日以内に出生した子は、妻が婚姻中に懐胎したものと推定する。

以上のことから、問題が生じる。たとえば、①夫のDVから逃れるために妻が家を出る。その後、親切な男性と出会い、親密になり、妊娠し、出産する。しかし、民法772条によれば、妻が婚姻中に懐胎したのだから、子の法律上の父は夫になる。②前述①の例で、その後離婚が成立し、この男性と再婚したが、子は離婚から300日以内に出生した場合、民法772条の2項により、子の法律上の父は前夫になる。

出生届には父母の氏名を記載するが（→5頁資料❶-2）、法律上の父は、①では別居中の夫、②では離婚した前夫だから、父欄にはその氏名を書かなければならない。血縁の父の氏名を記載しても、出生届は受理されない。日本は、婚姻の際に夫または妻の氏のどちらかを夫婦の氏として定める夫婦同氏制度である（→28頁）。夫婦の約96％が夫の氏を選択している。この場合、夫が戸籍の見出し（戸籍筆頭者）となり、夫、妻、夫婦の間に生まれた子が順次、戸籍に記載される（→22頁資料Ⅰ）。夫婦の氏として夫の氏を選択している場合、このまま出生届をすれば、子は①では夫の、②では前夫の戸籍に記載される。母親としては子の父が誰かわかっているだけに納得がいかない。特にDVが原因で別居・離婚に至ったような場合には、夫・前夫が戸籍を見て事実を知り、出生届を閲覧して、妻・前妻の所在を把握するおそれがある。こうして母親が子の出生届をしない事態が生じる。

法務省によれば、無戸籍者の母の婚姻状況は、婚姻中に子が出生し現に婚姻継続中11.2％、婚姻中に子が出生し現在は離婚15.7％、離婚後300日以内の出生50.9％である。

4　司法と行政の対応

こうした状況に司法と行政が対応している。たとえば、家庭裁判所は、妻が妊娠した時点で、夫婦が長期別居など事実上の離婚状態にあるなど、外観から見て夫婦の実態がない場合には、民法772条を適用しない。利害関係のある人は、いつでも誰でも、夫や前夫と子との間に法律上の父子関係が存在しないことを確認する訴えを起こすことができる（→48頁）。妻や子もこの訴えを使うことができるが、妊娠期に事実上離婚状態にあったことを証明しなければならない。夫や前夫からの証言など協力を得られない場合、あるいは夫や前夫と関わりを持ちたくない場合には、この証明は難しい。

他方、2007年6月から、法務省は、離婚後300日以内に子が出生した場合に、離婚後に妊娠したことについて医師の証明書を添付すれば、現夫の子あるいは父のいない子として出生届ができるようにした。しかし、①②の場合には、離婚後の妊娠ではないから救済されない。民法772条の改正が必要である（→48頁）。

5　日本国籍のない子

国籍は、人がその社会で生きていく上で必要である。外国旅行・留学・海外勤務などの際の出入国管理、国外での保護などのほか、選挙権・被選挙権の行使、公権力を行使する管理職的な公務員としての任用、公証人や弁理士の資格取得など日本国民であることを要件にする場合も数多い。今日、国際結婚も外国人との間の婚外子も増えているが、問題は、外国人女性と日本人男性の間に

➡ 8　DV
　ドメスティック・バイオレンス。配偶者を支配するために用いられる身体的、心理的な暴力（→40頁）。

➡ 9　出生届の閲覧等
　利害関係人は、特別の事由がある場合に限り、届書（出生届、婚姻届、離婚届等）の閲覧を請求することができる。夫・前夫が戸籍謄本の交付請求を行い、自分の戸籍に子が記載されていることを知ると、自分の子かどうか利害関係があるのだから、出生届がなされた自治体で出生届を閲覧したり、記載事項証明書の交付請求ができる。出生届には、生まれた子の住民登録をする住所、届出人母の住所が記載されているので（→5頁資料❶-2）、母の所在地を把握できる。ただし、DV被害者から市町村長に対し、住所等が覚知されないよう配慮を申し入れている場合には、上記の請求は認められない。

➡ 10　DNA鑑定の協力
　また夫・前夫と子の間に血縁関係がないことを証明しなければならない。遺伝子鑑定（DNA鑑定）には、夫・前夫の協力が必要である。DVで妻が逃げている場合には、こうした協力を得ることは、ほぼ不可能である。

生まれた婚外子である。たとえば、次のような事例がある。フィリピン人母と日本人父との間に生まれた姉妹がいる。同じ父母の子で日本で生まれ、日本で暮らしている。しかし、姉はフィリピン国籍、妹は日本国籍である。なぜだろう。

　子が出生した時に、父または母が日本人であれば、子は日本国籍を取得する。母子関係は分娩（出産）の事実によって発生することから、日本人女性と外国人男性の間に生まれた婚外子は、出生の時点で日本人母がいることになり、日本国籍を取得できる。これに対して、婚外子の父子関係は、父の認知によって成立することから、出生後に父が認知したのでは、出生の時点では日本人父がいないことになり、日本国籍を取得できない。

　ただし、改正前の国籍法3条1項では、父が認知した後に母と婚姻すると、日本国籍を取得できた。また、父が、母の胎内にある子を母の承諾を得て認知すれば、出生の時点で父がいることになるから、日本国籍を取得できた。前述の事例では、父母がこの仕組みを知らなかったため、姉は日本国籍を取得できず、妹の場合には、胎児認知をしたので日本国籍を取得できたのである。

　2008年6月4日、最高裁大法廷は、父母の婚姻により嫡出子の地位を得るかどうかは、子にとっては自らの意思や努力によっては変えられないことと、旧3条1項の立法趣旨は、父母の婚姻によって日本国民父との生活の一体化が生じ、日本社会との密接な結びつきが生ずることにあったが、国内的、国際的な社会環境等の変化に照らすと、合理的な関連性がないこと、日本国民父または母の婚内子、日本国民父が胎児認知をした婚外子、日本国民母の婚外子が日本国籍を取得するのに比べて著しい差別的取扱いを受けており、子の被る不利益には看過し難いものがあるとして、旧3条1項を違憲とし、違憲状態を是正するために原告である婚外子の日本国籍取得も認めた。

　これを受けて、2008年12月、国籍法3条が改正された。今は、日本人父が子を認知した上で、国籍取得の届出をすれば、日本国籍を取得することができる。人々の家族関係も生活スタイルも多様である。どのような家族関係であっても、子どもの利益を優先した解決が求められる。

▶11 旧国籍法3条1項「父母の婚姻及びその認知により嫡出子たる身分を取得した子で20歳未満のものは、認知をした父又は母が子の出生の時に日本国民であった場合において、その父又は母が現に日本国民であるとき、又はその死亡の時に日本国民であったときは、法務大臣に届け出ることによって、日本の国籍を取得する。」

コラム❷-2　兵庫県明石市の取り組み

明石市は、2014年10月から、無戸籍者のための相談窓口を開設し、弁護士資格を持つ職員が相談に対応し、必要に応じて専門の弁護士や民間の支援団体につないでいる。たとえば、無戸籍のため義務教育を受けられないまま成人した男性が新聞で取り組みを知って連絡し、元小学校教諭が、本人の希望する教育支援（読み書き、計算など）を5回実施した。もちろん無料である。

また母子健康手帳を渡すときや乳幼児検診のときに、右のパンフレットを配布し、相談につなげるようにしている。

3 男女の区別は自然なのか
▶性のあり方の多様性

設例 身体の性と心の性が一致しない人、異性ではなく同性を好きになる人など、性のあり方は多様である。その人の個性として尊重することはできないだろうか。人の性のあり方は、①身体（生物学的性 sex）、②性自認（自己の性に対する認識 gender identity）、③性的指向（性的魅力、関心等を感じる性、sexual orientation）から成る。それぞれについて考えてみよう。

1 身体の性

身体の性は、染色体（XY、XX）、性腺（精巣、卵巣）、内性器（精管、子宮・卵管・膣）、外性器（ペニス・陰嚢、陰核・陰唇）、性ホルモン（一般的には男性に多いアンドロゲン、女性に多いエストロゲン）などによって特徴づけられる。XY染色体、男性生殖器（性腺、内性器、外性器）、男性ホルモンの組み合わせから成る男性型、XX染色体、女性生殖器（性腺、内性器、外性器）、女性ホルモンの組み合わせから成る女性型がある。

胎児期に性に関する発達のプロセス（1次性徴）で、染色体、生殖器、性ホルモンの分泌・受容などが、典型とされる男性・女性の身体とは少し違った身体の発達のプロセスをたどることがある。こうした場合を、インターセックス（Intersex）、医学用語として性分化疾患（Disorders of Sex Development）という。性に関する身体の発達（性分化）の1つの状態であり、その人の性の特徴である。国際的な当事者団体は、DSDs（Differences of Sex Development）（性に関する身体の発達〔性分化〕の相違/特徴）を用いることを提唱する（→コラム❸-1）。

身体の性には、典型としての男性、女性の間に、グラディエーションのように多様な特徴がある。そうした人たちは、身体の性として典型的な男性、女性ではなくても、それぞれ男性、女性としての性自認を持つことが多い。他方で、身体の性が男性、女性、DSDsのどれかだが、男性あるいは女性としての性自認のない人もいる（→コラム❸-1）。

2 性自認と身体の性の不一致

性自認と身体の性が一致しない場合を、トランスジェンダー（Transgender）という。身体の性が男性で性自認が女性の場合を「MTF（Male to Female）」、身体の性が女性で性自認が男性の場合は、「FTM（Female to Male）」と呼ぶことが多い。トランスジェンダーの内、手術を受けて身体の性を変更した者あるいはそれを希望する者を「トランスセクシュアル（Transsexual）」と呼ぶ。

1980年、米国精神医学会の診断基準「精神障害の診断と統計の手引き（第3版）」（DSM-Ⅲ）は、精神疾患の一類型として「性同一性障害（Gender

❖1 LGBTI
Lesbian、Gay、Bisexual、Transgender、Intersex の頭文字を用いたものだが、無性愛、クエスチョニング（Qustioning、性自認や性的指向を確定しない人や確定できない人）、Xジェンダー（性自認が男女二分になじまない人）など、性のあり方に関して多様な人たちがいる。LGBT/LGBTIでひとくくりにすること、あるいは代表させることは、より少数の人たちを排除することにつながりかねない。そこでこうした表現を用いることに反対する人たちもいる。他方、同性愛、性同一性障害という言葉の持つ従来からのマイナスイメージを払拭するために、あえてこうした表現を用いる人たちもいる。

❖2 SOGI
性的指向（Sexual Orientation）と性自認（Gender Identity）の頭文字をとったもので、国際社会で使われ始めている。LGBTIは人を表す言葉であるが、SOGIは、すべての人に共通する属性を表す言葉だからである。異性愛者にも性的指向と性自認がある。身体の性の特徴もすべての人に存在する。

Identity Disorder)」を採用した。以後、公式用語として定着した。もともとは医学用語である。そこで、医学的定義におさまらない多様な実態を表現し、かつ、当事者が自分自身に誇りを持って表現するために生み出された言葉がトランスジェンダーである。トランスジェンダーの内、トランスセクシュアルの割合は、2～3割とされている。医学用語としても、「障害」、「Disorder（無秩序、混乱）」という表現に対して当事者には抵抗感があり、2013年の「手引き（第5版）」（DSM-V）では、「性別違和（Gender Dysphoria）」に変更された。

3 性的指向

性愛の対象が異性に向く人が異性愛、同性に向く人が同性愛（女性同性愛をLesbian、男性同性愛をGayという）、異性、同性どちらも向く人が両性愛（Bisexual）、性愛が誰にも向かない人が無性愛（Asexual〔アセクシュアル〕）である。性的指向は生まれつきであることが多く、人によっては後になって気づく、自覚する場合もある。性自認と身体の性が一致するかどうかと、性的指向とは別の区別であり、MTFで女性を愛する人、FTMで男性を愛する人は同性愛となる。

4 可視化されない現状

以上のような性的に少数の立場にある人を、「LGBTあるいはLGBTI」と称したり、SOGI（ソジ）と称することがある。こうした当事者の数については、いくつかのインターネット上の調査がある。

これらによれば、推計数は日本人の7～8％であり、少数者、マイノリティとはいえない。しかし、こうした当事者を身近に知らないとすれば、それは、社会的偏見や差別のために当事者が自己について語らないからであり、可視化されていないことによる。当事者には自殺念慮、不登校、二次的な神経症などが生じることもある。だからこそ、当事者が自己を肯定的に認識できる言葉、表現が必要なのである。

→3 インターネット調査
　たとえば、電通ダイバーシティ・ラボ（2015年、全国約7万人）によれば、当事者の推計数は日本人の7.6％、博報堂DYグループLGBT総合研究所（2016年、全国20歳から59歳約9万人）によれば、8.0％、連合総合男女平等局（2016年、全国20歳から59歳就労者1千人〔男女500人ずつ〕）によれば、8.0％である。

→4 性別違和当事者
　岡山大学病院ジェンダークリニックの中塚幹也教授の調査（受診した性同一性障害者1,167名）によれば、性別違和感を自覚し始めた時期は、小学入学以前56.6％（MTF 33.6％、FTM 70.0％）、中学入学以前79.9％（MTF 62.2％、FTM 90.3％）、高校入学以前89.6％（MTF 79.4％、FTM 95.7％）、受信前の経験として、自殺念慮58.6％、自傷・自殺未遂28.4％、不登校29.4％、対人恐怖等の神経症・うつなどの精神科合併症16.5％である。自殺念慮を持つ年齢のピークは、中学生の頃で、二次性徴により身体が望まない性の特徴を表してくるため、焦慮感を持つとともに、制服、恋愛の問題も重なることによる。第2のピークは、社会への適応が求められる大学・社会人になってからで、就職や結婚などでつまずく経験をすることによる。

こらむ❸-1　性分化疾患の手術

　かつては、外性器の見た目では性別がわかりにくい赤ちゃんは、ペニスの長さで男女に振り分け、ペニスを切除したり、女性ホルモンを投与し、膣を形成したりした。今は、身体の状態が命に関わる場合に治療や手術がなされる。また、万一、性別変更があったとしても対応できるように、健康的に問題のない組織の手術を遅らせたり、組織を温存できるような手術法も開発されている。男女の別が判明しない場合には、性別判定不能である旨を出生証明書および出生届に記載すれば、性別欄を空白にして出生届をすることができる。戸籍の続柄欄は空欄となり、後に検査や手術などを経て性別が確定すると、追完の届出によって続柄記載をする。
　今日では、外性器の性別は男性または女性で明らかだが、内性器、たとえば、卵巣が機能不全であるターナー症候群、先天的に子宮がないロキタンスキー症候群などもDSDsとされている。
　ドイツでターナー症候群の人の性別記載が問題になったケースがある。ドイツの身分登録制度では男性または女性の記載をする。原告は、男性あるいは女性としての性自認がなく、InterまたはDiverという性別記載を求めて提訴した。2017年10月10日、ドイツ連邦憲法裁判所は、男性または女性とは異なる性的発達を示し、自らが男性でも女性でもないと継続的に感じている者について、男性でも女性でもない性別の登録ができない点で、人格権を侵害しており違憲であると判断した。そして、2018年12月31日までに、男性でも女性でもない性別を記載できるよう法律を改正するよう指示した（渡邉泰彦「第3の性別は必要か」産大法学52巻1号〔2018年〕83頁以下）。

5　性別取扱いの変更

　以上の性のあり方の内、性別違和の人について、性別取扱いの変更を認める法律が制定された。「性同一性障害者の性別の取扱いの特例に関する法律（以下、特例法）」（平成15〔2003〕年法律111号、翌年7月施行）である。特例法3条によれば、次の5つの要件を満たす場合に、家庭裁判所が性別取扱い変更の審判をする。

　①18歳以上であること、②現に婚姻をしていないこと、③現に未成年の子がいないこと、④生殖腺がないこと又は生殖腺の機能を永続的に欠く状態にあること、⑤その身体について他の性別に係る身体の性器に係る部分に近似する外観を備えていること、である。④⑤は、MTFであればペニス・精巣の除去と膣の形成など、FTMであれば子宮・卵巣の摘出、尿道延長、人工ペニスの接合など性別適合手術を受けていることを意味する。

　立法者は次のように説明する。①性別はその人の人格に関わる重大な事柄であり、元に戻すことはできないのだから、慎重に判断する必要がある。②婚姻している性同一性障害者について性別の変更を認めると、同性婚の状態が生じてしまう。③「女である父」「男である母」を生じ、性別と父母という属性との間に不一致を来し、子の福祉の面でも問題が生じかねない。④性別変更を認める以上、元の性別の生殖能力等が残っていることは妥当ではない。⑤他の性別に係る外性器に近似するものがあるなどの外観がなければ、社会生活上混乱を生じる可能性がある。

　しかし、②の要件は、同性同士の婚姻を認める国では不要である。ドイツは同性婚を認めていない時期に、性別変更を人格価値に関わる権利として位置づけ、人格価値に関わる権利は同性婚の発生を回避するという利益よりも優先するとして、②の要件を撤廃した。③の要件を設ける国はない。子が向き合う事実は、親が性別適合手術を受けたり、その前段階での治療で、男性から女性に、あるいは女性から男性に服装・言動・姿勢も含めた外観が変わっていることである。したがって、戸籍や出生証明書の性別記載の変更は、外観上変更されている性別に合わせるだけであり、外観上の変化にすでに直面している子にとっては何の影響もないからである。

　④⑤の要件は、身体にメスを入れたくない人、手術を受けられない体質の人、経済的な余力のない人などの性別変更を否定することになる。性別変更は、性別違和の当事者が社会生活を営む上で不可欠のことである。ドイツ、オランダ、オーストリア、スペイン、イギリス、スウェーデンなどでは、要件とされていない。たとえば、イギリスでは、性別違和を有すること、申請までに2年間獲得した性で生活してきたこと、死ぬまでその性で生きていく意思があること、そのことについての医師の診断書（鑑定書）の提出で足りる。アルゼンチン、デンマーク、ノルウェー、アイルランドなどでは、診断書の提出も不要で、性自認が身体の性と異なることの自己申告で足りる。①の要件も緩和する国がある。たとえば、ノルウェーでは、16歳以上は自己申告で、6歳から15歳までは親権者とともに申告すれば、性別変更ができる。変更のためやむをえず手術を受けることは、医療の自己決定にも反する。

　これらの国々では、性別変更を個人の性的自己決定の問題と捉え、個人の意思を尊重する。だからといって、性別を頻繁に変える人はほとんどいない。

→5　**性別適合手術**
　かつて性転換手術と呼ばれたが、日本精神神経学会が手術のガイドラインを作成し、名称を変更した。最初に、精神科医による診断を受け、性同一性障害であることが明らかになると、ホルモン療法（希望する性に関わるホルモン投与）がなされ、最後に、当事者が希望する場合には、性別適合手術を行う。

→6　📖
　小野寺理「性同一性障害者の性別の取扱いの特例に関する法律」ジュリスト1252号（2003年）67頁以下。

→7　📖
　渡邉泰彦「性的自己決定権と性別変更要件の緩和」二宮周平編『性のあり方の多様性』（日本評論社、2017年）200、213～214頁。

→8　戸籍には性別欄がなく、父母との続柄で「長男」「長女」等と記載することで性別記載を兼ねる。審判を受けた者の戸籍に同籍者が在るときは、審判を受けた者について新戸籍を編製する。たとえば、A・B夫婦の戸籍に登録されている長男Cが性別変更の審判を受けると、両親であるA・Bの戸籍から除籍され、Cだけの新戸籍が編製され、そこに「長女」と記載される。

6　性別変更の効果

　性別変更の審判を受けた者は、戸籍の父母との続柄欄の記載が、たとえば、MTFであれば、「長男」から「長女」に変更される。民法など法令の適用については、他の性別に変わったものとみなされる。これにより変更後の性別で婚姻や養子縁組などが可能となる。

　FTMのXが性別変更をし、女性Yと婚姻し、妻Yが第三者の精子提供を受けて人工授精によって懐胎し、子Zを出産した。法務省は、Xの戸籍の記載からXが元女性であり、Zの父でないことが明らかであることから、妻が婚姻中に懐胎した子を夫の子と推定する民法772条の規定は、適用されないとして、Zの父欄を空欄とし、Yの長男とする戸籍記載をした。しかし、2013年12月10日、最高裁は、民法772条は婚姻の主要な効果であり、X・Yが婚姻をしている以上、妻との性的関係の結果もうけた子でありえないことを理由に、同規定の適用を認めないとすることは相当でないとして、ZをX・Y夫婦の嫡出子として戸籍記載することを命じた。これを受けて法務省は、こうした子を夫婦の嫡出子として戸籍記載する通知を出した。

　こうして、FTM当事者が性別変更した後、生殖補助医療を利用して自分たちの子をもうけることが肯定された。戸籍上の性別変更が認められると、社会生活上の不利益はほぼ解消されたともいえる。しかし、性別変更の審判を受けていない当事者は、不利益に直面する。たとえば、MTF当事者が女性としてフィットネスクラブを利用することを拒まれたり、女性用トイレを使用したければ、職員の前で性同一性障害であることを明らかにせよと言われたり、女性の服装や容姿をして出勤しないよう命じられたり、などである。戸籍の記載を現実の生活よりも優先させる意識が表れている。

　性のあり方はその人の個性である。1人ひとりの個性を尊重し、生きにくさを解消するために、人々が性のあり方の多様性を認識する必要がある。今、学校教育などで多くの取り組みが始まっている（→コラム❸-2）。

▶9　戸籍には、「平成一五年法律第一一一号による審判確定〇年〇月〇日」と、名を変更した場合には名の変更が記載される。前者は特例法を指しているので、性別変更の審判を受けたことが明らかになる。

▶10　すでに生まれた子と養子縁組を成立させていた場合も、当事者が希望すれば、縁組の記載を消去し、実子として戸籍に登録することも認める。

▶11　MTFの場合：MTFが性別変更をして男性と婚姻した場合、出産するためには、夫の精子を用いて第3の女性に出産してもらうしかない（→53頁）。

▶12　2004年7月から2021年12月まで11,029人が家裁で性別取扱いの変更審判を受けている。

▶13　📖
三成美保編『教育とLGBTをつなぐ―学校・大学の現場から考える』（青弓社、2017年）参照。

コラム❸-2　性のあり方の多様性と教育

　2010年4月23日、文科省は、性同一性障害の児童生徒を希望する性で受け入れる地域の小中学校が現れてきたことに対応して、性同一性障害の児童生徒が抱える不安や悩みをしっかり受け止め、児童生徒の立場から教育相談を行うことを求める通知を出した。また、2013年4～12月の期間に行った調査から、全国の学校で対応した性同一性障害と考えられる子どもとして606件の報告があったと発表した。

　これらを受けて、2015年4月30日、文科省初等中等教育局児童生徒課長通知「性同一性障害に係る児童生徒に対するきめ細かな対応の実施等について」が出された。そこでは、悩みや不安を受け止める必要性は、性同一性障害に係る児童生徒だけでなく、いわゆる「性的マイノリティ」とされる児童生徒全般に共通するとし、2016年4月1日には、性同一性障害や性的指向・性自認に関する教職員向けのパンフレットを公表し、服装、髪型、トイレ、更衣室、呼称、宿泊研修など具体的な対応例を紹介している。また、小中高でのいじめ防止を定めた「いじめ防止等のための基本的な方針」（文科大臣決定）の最新改訂版（2017年3月14日）には、「性同一性障害や性的指向・性自認に係る、児童生徒に対するいじめを防止するため、性同一性障害や性的指向・性自認について、教職員への正しい理解の促進や、学校として必要な対応について周知する」との文言が加えられた。

　こうした取り組みは、当事者である児童生徒への対応として教職員の理解を促進することを主眼に置いている。それは個別対応として大切であるが、当事者ではない児童生徒が「性同一性障害や性的指向・性自認」について学び理解することが、これらの個別対応を支えるものになる。全国の学校で人権学習、講演会、ロングホームルームなどを活用し、学習と理解の機会を保障することが不可欠であり、またその教材開発、学習指導要領および教科書の改訂が必要である。

4 子どもの意見表明権
▶ 子どもの権利条約とは何か

> **設例** 子どもは成長発達の途上にあるから、保護されるべき存在なのだろうか。それとも子どもも個人として尊重され、自分の権利を自分で守るべき存在なのだろうか。考えてみよう。

1 保護の対象から権利の主体へ

第二次世界大戦後、1948年、国連で世界人権宣言が採択された。「すべての人間は、生まれながらにして自由であり、かつ、尊厳と権利について平等である」（1条）という規定と並んで、「母と子とは、特別の保護及び援助を受ける権利を有する。すべての児童は、嫡出であると否とを問わず、同じ社会的保護を受ける」（25条2項）、「親は子に与える教育の種類を選択する優先的権利を有する」（26条3項）など、子に言及する規定があった。1959年、国連で「児童の権利に関する宣言」が採択され、子どもへの特別な配慮や保護と具体的な10の権利保障を明記した。1979年、国連「国際子ども年」を契機に、「子どもの権利条約」の策定作業が始まり、1989年、国連第44回総会本会議において「子どもの権利条約」が全会一致で採択された。

この条約では、子どもの権利を具体的に明記し（→コラム❹-1）、これらの権利に対応した父母および締約国の責任を明記する。「児童の権利宣言」との相違は、12条の意見表明権とその手続保障にある。子どもを一個の人間（個人）として規定し、子に権利の主体性を認めると同時に、権利主体性を具体化するために、子に意見表明権を保障し、自己に影響のある事柄に主体的に参加することを認めるのである。

18世紀フランスの思想家、ジャン・ジャック・ルソーは、人間はきわめて弱い存在として生まれ、未成熟であるがゆえに、学び、発達し、将来への無限の可能性を包摂した存在として大人を超える可能性も有していると述べた。未成熟に重点を置くと子ども保護論へ傾くが、無限の可能性に重点を置くと、子どもの権利条約の趣旨である権利主体論へ向かう。

2 意見表明権

子どもの権利条約12条は、意見表明権を規定している。自分の意見を形成する能力のある子に対して、自分に影響を及ぼすすべての事項について、意見表明権を保障し、司法および行政手続、たとえば、非行少年の審理、親の離婚訴訟、児童福祉法による保護措置などで意見を聴取される機会を保障し、意見形成が不充分または困難な子には、代理人（→コラム❹-2）または適当な団体を通じての意見聴取を定める。

子の意見表明には2つの側面がある。1つは、子の利益を確保するためで

▶1 子どもの権利条約
日本政府は、児童福祉法など18歳未満の子を「児童」と表記する法律があり、児童相談所、児童虐待など社会的に定着していることから、「児童」の権利条約とした。他方、市民の間では、児童＝低年齢という受け止めが強いため、中高生も含めて権利保障を進めるために、多くの市民団体は「子ども」の権利条約とした。私見も「子ども」である。子ども福祉法、子ども相談所、子ども虐待でよいように思う。

▶2 子どもの権利条約12条
12条「1項 締約国は、自己の意見を形成する能力のある児童がその児童に影響を及ぼすすべての事項について自由に自己の意見を表明する権利を確保する。この場合において、児童の意見は、その児童の年齢及び成熟度に従って相応に考慮されるものとする。
2項 このため、児童は、特に、自己に影響を及ぼすあらゆる司法上及び行政上の手続において、国内法の手続規則に合致する方法により直接又は代理人若しくは適当な団体を通じて聴聞される機会を与えられる。」

ある。たとえば、親の離婚に際して、子の意思を把握し、父母に伝えることによって、父母が子の利益を考え、子の気持ちに配慮し、親同士の対立、葛藤を鎮め、親としての責任を促し、親自身が離婚後の子の養育計画（親子の交流、養育費の分担等）の必要性を認識することがある。1つは、抽象的だが、子の人格的独立性を保障するためである。すなわち、子を独立した人格として承認し、子は自分の気持ち、意見を表明する機会を保障され、その意思が考慮されるという当事者としての位置づけである。子自身が自分の声で自分の気持ちを語ることは、この2つの意義を持つ。

日本の法律も、ようやく意見表明権を規定するようになった。2011年に成立した家事事件手続法は、65条で、家庭裁判所は、親子、親権その他未成年者である子がその結果により影響を受ける家事審判の手続において、子の陳述の聴取、家裁調査官による調査その他の適切な方法により、子の意思を把握するように努め、審判をするに当たり、子の年齢および発達の程度に応じて、その意思を考慮しなければならないと定める。

2017年、改正された児童福祉法は、2条1項で、「児童育成の責任」として、すべての国民は、児童が良好な環境において生まれ、かつ、社会のあらゆる分野において、児童の年齢および発達の程度に応じて、その意見が尊重され、その最善の利益が優先して考慮され、心身共に健やかに育成されるよう努めなければならないと定める。

3　子の訴える力

子は、言葉に出せなくても、態度でメッセージを送ることがある。たとえば、父母の間で、別居した親と子との交流が問題となったケースで、父母と子と家庭裁判所調査官が同席して、子どもの様子を見ることにした。3歳の子どもは、箱庭のおもちゃを持って、「お父ちゃん、これなあに」と尋ねる。父がこうして遊ぶんだと教える。すると、子どもは、今度は、「お母ちゃんこれなあに」と尋ねる。母が答える。子どもは、また父の所に行って尋ねる。

▶3　家事事件手続法
家庭裁判所で扱う家事審判および家事調停に関する事件の手続を定める法律。家事審判とは、公開の法廷で原告・被告に別れて弁論をし合う通常の訴訟手続ではなく、未成年者の養子縁組の許可や成年後見人（判断能力のない人を保護する役割→94頁）の選任など、家裁が制度の趣旨にのっとった判断をしたり、離婚の際の財産分与や別居親と子の面会交流など、家裁が権利義務の内容を定める手続である。家事調停とは、裁判官1人と家事調停委員2名で構成される調停委員会が当事者の話を聴きながら、当事者の合意形成を促し、紛争を自主的に解決させる手続である。

▶4　児童福祉法
児童の福祉を保障するための行政機関・施設（児童相談所、児童養護施設等）の設置、保護のための措置（保育所における保育、要保護児童の保護等）などを定める法律。

コラム❹-1　子どもの権利のカタログ

子どもの権利条約には、具体的な子どもの権利が規定されている。表現の自由、思想・良心および宗教の自由、結社および集会の自由など憲法で保障されているもののほかに、生命に対する固有の権利・生存・発達の権利、氏名・国籍を得る権利・親を知り親に養育される権利、父母からの不分離の確保、意見表明権、私生活・名誉および信用の保護、虐待からの保護、障害児童の権利、健康を享受する権利、生活水準についての権利、教育についての権利、少数民族・原住民である児童の権利、経済的搾取および有害労働からの保護、麻薬および向精神薬からの保護、性的搾取および性的虐待からの保護、誘拐・売買・取引の防止、武力紛争における保護など。

戦闘、内乱、民族紛争などで生命の安全が脅かされ、国の貧しさから教育の機会が奪われるなど、世界を見渡せば、子の基本的な権利や保護がないがしろにされている国々は多い。

この点では日本は恵まれているのかもしれないが、たとえば、31条は、「締約国は、休息及び余暇についての児童の権利並びに児童がその年齢に適した遊び及びレクリエーションの活動を行い並びに文化的な生活及び芸術に自由に参加する権利を認める」と定め、こうした子の権利を尊重し促進するために、適当かつ平等な機会の提供を奨励すると定める。有名私学、進学校に入学するために、塾・英語や水泳教室など毎日のように通わされる子どもたち、小さな背中に大きなランドセルを背負って何時間もかけて電車通学する子どもたちに、休息・余暇・遊び・レクリエーション・文化的生活等への参加の権利が保障されているだろうか。教育、医療にお金のかかる日本では、親の所得水準によって子どもたちの教育、健康について格差が広がっている。日本でも子どもの権利条約が掲げる権利と保護の実行が必要である。

→5 家庭裁判所調査官

家庭裁判所の少年事件、家事事件について、裁判官の命令に基づいて必要な事実を調査し、裁判官に報告することを主たる職務とする裁判所職員。事件関係人の性格・経歴・生活状況・財産状況および家庭その他の環境等について、医学・心理学・社会学・教育学その他の専門的知識を活用して調査し、必要があると認められるときは、審判または調停の期日に出席し、意見を述べ、また事件の関係人の家庭その他の環境を調整するために社会福祉機関との連携その他の措置をとり、さらに、後見の事務または被後見人の財産の調査にも当たる。国家試験の調査官補試験に合格し、研修を受けて各家裁に任官する。

→6
松江家庭裁判所「子の監護を巡る紛争の調査における合同面接の活用について」家庭裁判月報50巻4号（1998年）136頁。

→7
Gernhuber, Elterliche Gewalt heute, FamRZ, 1962, S.89（翻訳及び法的審問に関して、佐々木健「ドイツ親子法における子の意思の尊重(1)」立命館法学302号〔2005年〕304頁）。

また母の所に行って尋ねる。調査官は、子どもが何度も父と母に交互に見せて話しかけたことを取り上げ、父母にどう思うかと話し合わせたところ、父母は、子が両親を求めていると理解し、離婚後の面会交流（別居している親と子の交流）を認め合う契機になったという。→6 子はその年齢に応じて、また問題となる事項に応じて、自分の感情、気持、思い、考えや意見を伝える能力、広い意味での問題解決能力を有しているのではないだろうか。

4　Having a voice, no choice

カナダやオーストラリアなどアングロ・サクソンの国々で語られる共通の表現である。子は声を持っている（子には考え・意見がある）、しかし、決めるのは子ではないという意味である。自分で決めなければならないとされると、子には過度なプレッシャーがかかる。たとえば、離婚後の親権者を子自身が決めたとすると、親の一方を選んだことになり、親の他方に対して罪障感（負い目）を抱くかもしれない。これでは、子は自由に素直に自分の意見、気持ちなどを言うことができない。そこで、決めるのは大人だとして、子の自由な発言を保障するのである。

子にとって重要なことは、信頼できる大人が自分の気持ちを聞いてくれた、ひとりの人間として接してくれたというプロセスではないだろうか。どのような年齢、判断能力の子であれ、人間としての尊厳がある。自分なりの気持ち、考え、意見があるにもかかわらず、それらを聴かれることもなく、またそれらが配慮されることもなく、一方的に親や裁判官が決めてしまうことは、子によっては、無力感、絶望感、あるいは大人や社会に対する不信感が生じるおそれすらある。

離婚事案に詳しい弁護士の話である。親の離婚を経験した子が、親の離婚は辛かったが、家裁調査官が自分の気持ちを聴いてくれたことに対して、自分も大切にされているのだと思ったという。子のこうした経験は、自分と同様に意思や希望を持つ他者の存在を認識することにつながる可能性がある。

ドイツの家族法学者ゲルンフーバーさんは、「すべての人間が、したがって子もまた権利の主体であり、権利の主体は、たとえ部分的にせよ権利の客体とみなされてはならない」と述べた。裁判などの審理では、①情報を与えられる権利、②発言する権利、③考慮される権利が重要であり、個人の尊厳の視点からは、人として当然の権利として子にも保障すべきであるとする→7

5　大人になるプロセスとしての意見表明権

子どもの意見表明権とは、大人の適切なアドバイスは必要だが、自分で考え、決めることに価値を見出す考え方である。結果よりも決定のプロセスを重視する。子どもなりの判断、子の意見表明を、子が自立し責任を自覚する人格に、また自由の担い手に成長していく過程と捉える。どんなに些細なことでも、またマイナスの結果になるかもしれないことでも、自分で決めたこと、自分の気持ちを取り入れてもらったことについては、守ろう、がんばろう、となるのではないだろうか。

家族法学者の有地亨さんは、「子どもは自立したひとりの人間として自由を享受し、自由に意見を表明する権利の主体であることは疑いない。……子どもの発達の程度に応じて親の外的統制力は弱化し、子どもの分別、判断能

力が成熟するに従い、子どもの意見表明の自由を保障し、それを尊重することが必要になってくる」と記していた。

6　個人の尊重の視点から

みなさんは、家庭や学校で意見を聴かれたことがあるだろうか。意見を述べて尊重されたり、配慮されたりしたことがあるだろうか。

大阪のある高校では、地毛が茶色の生徒に黒く染めることを強制し、生徒が染料で皮膚炎になっても強制し続けた。頭髪、スカートやズボンのチェック、男子は黒か青系、ズボン、女子はスカートという制服を標準服として着用させる、式典における国歌の強制など、日本では生徒を特定のスタイルに統一することが多い。違うスタイル、意見に対して、変わり者として排除する空気感があり、それを恐れてこうした統一や大勢に順応しがちである。同調圧力であり、周りの反応を気にしながら生活をする。子どもの意見表明権が育つ土壌ではない。

憲法、民法の制定が議論されていた明治時代、大隈重信とともに立憲改進党を結成した小野梓（あずさ）（1852～1886）は、1884年に『民法之骨』という本を出版した。「独立自治の良民を以て組織するの社会」を目指し、「一団の家族を以て其基礎となす社会」ではなく、「衆一箇人を以て基礎となす社会」でなければならないとし、戸主権、長男単独相続を斥けるだけでなく、「父母、子を恃（たの）むの悪弊」を非とする見地から、「束縛圧制人の権利を妨害するもの養子より甚はなし」として、あと継ぎのための養子縁組を批判した。

小野のように個人を基礎とする社会を目指す考え方は、脈々と受け継がれ今日に至っている。意見表明権は個人を尊重する要（かなめ）である。みなさんも、おかしいと思うことはおかしいと、間違っていると思うことは間違っていると言ってみませんか。お互いが一致することはないので、当然、議論すること、話し合うことにつながる。民主主義の原点のように思う。やはり家庭で学校で地域で意見表明権は尊重されなければならない。

➡8　有地亨『新版　家族法概論』（法律文化社、2003年）181～182頁。

➡9　樋口陽一『加藤周一と丸山眞男―日本近代の〈知〉と〈個人〉』（平凡社、2014年）132～133頁。

➡10　個人の尊重
1953年に公刊された、法學協會編『註解　日本國憲法　上巻』（有斐閣）には、次の記述がある。「従来わが国においては、国家主義的思想が強かった割には、正しい意味での個人尊重の思想は発達しなかった。殊に近来は全体主義の名の下に個人の権利自由はとかく抑圧され勝ちであった。しかし個人人格の尊厳は近代の民主主義思想の根底をなすものであり、正しい民主主義の発達のためには、まず何よりも個人の尊重が確立されなければならない」。

コラム❹-2　子どものための弁護士（手続代理人）

家事事件手続法（15頁➡3）は、子の意思を尊重し、子を手続の当事者として位置づけている。しかし、年齢的に、あるいは父母の対立が激しいために、子が十分に意見表明できないことがある。そうした場合に、子の意見や気持ちなどを代弁し、子の利益を保護する仕組みが必要である。ドイツでは「手続補佐人」、カナダでは「子どもの弁護士（Children's Lawyer）」、台湾では「手続監理人」など、各国ともこうした仕組みを設けている。日本では「子どもの手続代理人」である。子の親権者の指定（→59頁）、別居親との面会交流（→81頁）、親権の停止・喪失（→64頁）などの事案で、裁判官が、子が家事審判（→82頁）や家事調停（→82頁）に参加した方が望ましいと判断した場合、あるいは、父母から選任してほしい旨の申立てがあった場合に、弁護士を手続代理人として選任する。

家裁調査官も子の意思を聴くことがある。子は調査官に対して、自分の意見や希望を述べ、調査官はそれを報告することで調停や審判に子の意思を反映させることができる。しかし、調査官はあくまでも調査の一環として子の意思を聴くのであって、子の味方として子の側に立って、自由な発言を保障し、裁判官や父母と交渉する権限はない。これに対して、手続代理人は、子の側に立って活動することができる。たとえば、調停や審判手続は今、どのような段階にあるのか、今後の見通しなどを子に教えたり、父母に対して子の立場から父母の合意による解決を促進させたり、家裁調査官の調査、試験的な面会交流、調停や審判手続に子が参加する際などに、子に寄り添い立ち会ったりするので、子に安心感が生まれる。調査回数、1回にかける時間など、調査官にゆとりが乏しいことがあるのに比べて、勤務時間の拘束がないため、子から随時相談を受けることができる。

5 子どもへの情報提供
▶ 子どものためのハンドブック　親の別居・親の離婚

> **設例**　親の離婚について、突然切り出され、誰とどこで暮らすのか、学校や友だちはどうなるのか、別居した親とは会えるのかなど、不安で一杯の子どもたちがいる。子にふさわしい情報を提供する必要はないのだろうか。

1　日本の離婚制度と子の利益

　日本の離婚の約87％が協議離婚である。協議が調わない場合には、家庭裁判所の家事調停や裁判で離婚をすることができる（→68頁◆1）。家裁では、離婚後の親子の交流（面会交流）や子の養育費の分担などを決めることができ、家裁調査官が子の気持ちを聴き、父母や裁判官に報告することもできる。しかし、協議離婚の場合には、離婚後の親権者を父母のどちらかに決めなければならないが、子の養育に関することは決めなくても離婚ができる。子にとって親の離婚は重大事であるにもかかわらず、子は親同士の話し合いのかやの外に置かれる。子にも言いたいことがいっぱいあるはず。子どもの意見表明権はこれを保障するものだが、意見表明の前提として、子に適切な形で情報が伝えられていることが必要である。

2　当事者である子どもの声

　NPO法人Winkのウェブサイト上の掲示板「アンファンパレット」に寄せられた親の離婚を経験した子どもたちの声をいくつか紹介する。「突然『離婚するから』と言われ、母親が家を出て行った。今はどこにいるのかわからないし、そのことを聞ける雰囲気じゃないのがつらい」、「離婚のことを聞いても母は話をそらす。本当のことが知りたいのに話にならない」、「離婚後、母は精神的にとても不安定で父親の話をすると発狂された。子どもに暴言を吐くことも多く、辛かった」などである。

　Winkの代表者、新川明日菜さんは、次のように分析する。親の離婚といっても家庭によりケースは様々であり、子によって感じ方も異なるが、親の離婚は、子にとって、今後の人生を左右する重大な出来事であり、どんなに幼くても、子どもは子どもなりに自分の気持ちを持っているし、意思もある。しかし、大人は「まだ子どもだから」と、当事者のひとりである子の気持ちを置き去りにしてしまう現状があり、その背景には、「親の事情に子どもを巻き込むのは残酷だ」、「子どもに離婚のことは説明しないほうがよいと」という考えが根付いていると。しかし、子に知らせないことは、本当に子の利益になるのだろうか。

◆1　協議離婚
　協議離婚届書に必要事項を記載し、夫婦双方が署名・押印して、市町村の戸籍の窓口に提出し、戸籍係が記載事項を確認して受理すれば、離婚が成立する。

◆2　Winkのような面会交流を支援する団体が数多く立ち上がっている（→82頁◆9）。Winkの後継団体であるNPO法人ウィーズが同様の掲示板（相談コーナー）を設けている。

◆3　📖
　新川明日菜「子どもたちのピアサポート」二宮周平・渡辺惺之編『離婚紛争の合意による解決と子の意思の尊重』（日本加除出版、2014年）164～165頁。

3 隠すことから語ることへ

　米国コロンビア大学精神科教授、リチャード・A・ガードナーは、1970年、*The Boys and Girls Book about Divorce* を出版した。親たちに向けて、「離婚した両親を持つ子供たちが精神的に悩んだり、情緒不安定をおこしたりするのは、親たちが自分たちの『離婚』について、子供たちに本当のことを、ふさわしい形で話してやらないためなのだ」、「子供たちに知る権利のあることや、知っていた方がずっとためになることさえ、かくしたがる親たちがいるのは残念なこと」であり、「本当のこと」に対しては、「子供たちは親が考えるより、はるかに強いものなのだ。きびしく辛い現実さえも、大人が考えるよりずっと簡単にうけ入れるものである。むしろ子供にとって、扱うのがずっとむずかしいのは『不安』であり、これは現実を知らないためや、大人のコソコソした態度によって、ひきおこされる」、「『本当のこと』は、苦痛ではあっても、それを教えてくれた人に信頼の気持ちを抱かせる。そして同時に『自分自身のおかれた立場がはっきりしている』という安心感も与える。こういう立場にいると、子供はたいがいの状況には上手に適応し、かつ対処できるものなのだ」と述べる。

　子どもたちに向けて、「もし何かいやなことや悲しいことがおきた時に、キミにできる一番よいことといえば、そのもとになっているものが何なのかを、はっきりと見つけることだ。それがわかると、どうしたら気分がすっきりするか、について心をきめやすい。ところが、これをしない子供たちがいる。このかわりに、この子供たちは何も変なところはないと思いこもうとしたり、自分が悲しいことをかくそうとしたりする。もしこんなことをすると、それは自分で自分を助けようとすることにはならない。だから、問題はよくならないし、むしろ悪くなってしまうのだ。自分が困っている問題について、本当のことを知る方が、それから逃げたりかくれたりするよりずっとよい。たとえ本当のことがおそろしかったり、苦しかったりしてもだ」と述

→ 4 　*The Boys and Girls Book about Divorce*
　深沢道子訳『パパとママの離婚―親と子のためのカウンセリング』（社会思想社、1980年、後に現代教養文庫1993年）15〜17、28〜30頁。アマゾンで入手可能。

→ 5 　ふさわしい形とは
　ガードナーは、親たちが自分たちの離婚について、子どもたちに洗いざらいぶちまけることに反対なので、「ふさわしい」という言葉を使った。たとえば、父が母以外の女性を好きになって同棲している、父や母のこういうところが嫌いだなど、離婚に至る過程や原因について、子どもは理解できないし、ショックを受けるだろう。話すべき内容については、韓国の養育手帳（→20〜21頁）参照。

コラム⑤-1　親教育・親ガイダンス

　専門家が離婚を考えている親に対して、親自身が離婚による精神的、身体的な辛さ、傷つきから回復すること、そのために必要なこと、親の離婚によって子が受ける影響は子の年代によって多様であること、親として子の受ける痛み、つらさなどを低減させる対応をすべきであること、離婚後も親であり、子のために協力すべきであることなどを教える。親教育あるいは親ガイダンスと呼ばれている。

　米国では家庭裁判所と連携した独立の機関である家族関係センターで20〜30人の参加者に対してDVDやパワーポイントを用いて授業する。グループワークを行うこともある。親教育を受講して初めて離婚手続が進行するので、離婚手続をとる当事者全員が受講する。韓国でも、協議離婚手続の前に、当事者全員が家庭法院で離婚案内（法的情報、親の離婚が子に与える影響などの親教育〔子女養育案内という〕）を受ける。家庭法院の専門調査官が4〜5組の夫婦を相手に行う。

　日本では、家庭裁判所の離婚調停に入る前に、家裁調査官が当事者に最高裁家庭局作成のDVDを見せたり、親ガイダンスを個別に行うことが多い。2016年から大阪家裁で、2017年から名古屋、鹿児島家裁で、集団型の親ガイダンスを開始している。自分と同じ立場の人が複数受講することによって、自分だけではないという安心感が生まれ、より真剣に受講することができる。しかし、強制力はない。また、協議離婚では、家裁が関与しないので、ガイダンスなどの機会が保障されていない。

　2014年4月以降、兵庫県明石市は、協議離婚届書を取りに来た人に、各種のパンフレットを配布し、市庁舎内に市民相談室など相談の場を設けている（→70〜71頁）。情報提供と相談対応だが、夫婦間の葛藤が低い場合には、これを参考、利用して、離婚後の子の養育について合意書を作成できる親もいると思われる。しかし、米国や韓国のように全員受講ではない。日本の最大の課題である。

べ、親が離婚することを「本当のこと」として受け止めること、この本に書かれていることでわからないことがあれば、両親に対して、わかるまで何度も同じ質問を繰り返し、説明してもらうことを勧めている。

米国では、ガードナーらの主張が実を結び、離婚手続に入る前に、親教育（→ココム❺-1）を受講することが義務づけられ、親が子と対話することが浸透している。日本でも、子の意思の尊重のために、子自身の受け止める力を信頼して、子への情報提供をする必要があるのではないだろうか。

4 必要な情報とは何か

まず、子への心理的なサポートとして必要な情報とは、①親の離婚は自分のせいではないこと（罪障感を取り除く）、②両親がやり直す可能性はないこと（期待を持たせない）、③親を守るのは子どもの役割ではないこと（良い子を演じなくていい、背伸びをしなくていい、甘えていい）、④親は自分を見捨ててはいないこと（親への信頼、自尊心の確保）、⑤別居した親も親であり、親子として交流できること（親子関係の持続、自己肯定）、⑥親の離婚を経験するのは自分だけではないこと（つらくて当たり前、仲間の経験から学ぶ）などである。

次に、10歳以上の子には、必要な客観的な情報、法的な情報、たとえば、親が離婚する場合の手続、家庭裁判所や家族の法律の仕組み、裁判官・弁護士・調停委員・調査官など専門家の役割（親の話に出てくることも多い）、DVへの具体的な対応の仕方、別居後の生活の変化などである。今、自分がどんな立場にあり、これからどのような経過をたどるのか、どのように対応できるのかを予習することができ、突然のことにどうしてよいかわからないという事態、とまどいを避けることができる。だからこそ、自分を守ってくれる法的な仕組みがあることをあらかじめ知っておく必要がある。大変でも、つらくても離婚を乗り越える1つの契機になるのではないだろうか。

カナダでは、家庭裁判所や子ども関連施設に常置されている冊子がある。*What happens next? Information for Kids about Separation and Divorce* という。作成の目的は、第1に、9歳から12歳の子が家族法の基礎を学ぶのを助け、両親が別れるときにたどる手続の考え方を子に与えること、第2に、子が両親の離婚に対して感情的に反応することはふつうであると理解するのを助けること、つまり、鍵となる法的概念を理解し、喪失、怒り、混乱、心配などの感覚に対処することを助けることである。ガードナーと同様に、子自身の乗り越える力を信頼し、子を保護の客体と捉えるのではなく、権利の主体と捉え、子の尊厳を肯定している。

5 誰がどのように話すのか、伝えるのか

子にとって最も身近で信頼している親自身が話すことが望ましい。離婚手続の冒頭で親の離婚が子どもに与える影響と親の子への対応の仕方をガイダンスしている国々では、親は子に話す必要性を認識し、ガイダンスで受けた子の年代別の話し方、伝え方を学んでいく。たとえば、韓国で協議離婚の際の子女養育案内（親教育）において配付される『子どもとの健康な出会いのための養育手帳』では、「離婚することが決まった時には、いつ、何を話すのかを前もって計画した後で、できる限り両親が一緒に、正直に正確に、1回以上、子どもに話して下さい」、「子どもが理解できる範囲で離婚の簡単な

➡6 別居後の生活の変化
たとえば、別居した親や祖父母と会えるのか、親は養育費を支払ってくれるのか、自分の名字はどうなるのかなどは、法的知識の提供によって理解が可能になる。今の生活レベルは変わらないのか、引っ越しや転校があるのか、友だちとは会えるのか、親は再婚したりするのかなどは今後の生活の変化に関わることで、子が知りたいことである。

➡7 📖 *What happens next? Information for Kids about Separation and Divorce*
翻訳すると、「次に何が起こるの？ 子どものための別居と離婚案内」。詳細は、二宮周平・渡辺惺之編『子どもと離婚─合意解決と履行の支援』（信山社、2016年）287頁以下〔二宮周平訳〕。

➡8 📖『子どもとの健康な出会いのための養育手帳』
二宮周平・渡辺惺之編『子どもと離婚─合意解決と履行の支援』（信山社、2016年）358頁以下〔金成恩訳〕。

理由を説明して下さい」、「離婚後もこれまでと変わらず、子どもを愛し、世話をしてあげること、家族であることを強調してドさい」、「今から起こる変化について具体的に説明して下さい」、「子どもの感情を考え、いつでもなんでも子どもの話を聞いて下さい」と書かれている。

　親が離婚に関して子に伝えるためには、子の年齢に配慮し、理解しうる表現など適切な伝え方を考えるという事前の準備が不可欠であり、準備のために、親自身の気持ちの整理が必要となり、親が、自身の離婚の葛藤から、子のために何ができるかに視点を転換する1つの契機になる可能性もある。単に子に情報を伝え、子の声を聴き、その声を尊重するというだけにとどまらず、親子の対話の実現と、対話を通じて、親も子も離婚を乗り越えていく一歩になる可能性がある。協議離婚では家庭裁判所が関与しない。だからこそ、親自身が語ることが求めれる。そのためにはツールが必要である。

6　子どものためのハンドブック

　私たちは、米国やカナダの冊子などを参照し、面会交流支援団体、弁護士、臨床心理士、離婚当事者、家庭裁判所調査官などのみなさんの意見を参考に、日本の子どもたちに向けたハンドブックを作成した。『子どものためのハンドブック　親の別居・親の離婚』である（→資料❺-1）。

　中身は、「親の離婚はあなたのせいじゃない」、「これから起きるいろいろなこと」、「SOSを出してもいい」、「知っておきたい法律のこと」、「声を出そう、でも選ばなくていい」、「はなれても親は親」、「話せる大人をさがそう」、「ひろがる家族、あたらしい家族」、「これからどうなるの？」、「子どものための相談窓口」（連絡先）である。親の別居・離婚に直面する子どもたちが自分の気持ちを言葉にしたり、わからないことを調べたり、相談できる大人を見つけるという能動的な行動へのエールとしたかった。子が自分で読んでもいいし、親と一緒に読んでもいい。その意味では、親への情報提供でもある。幅広く利用されることを願っている。

→9　□ツールとしての絵本、本
　心理的なサポートに関する絵本が多い。小学校低学年までの子を対象に、親の離婚に際して子の抱く感情（自分のせいで離婚するの、もう親子でなくなるのなど）を子と共有化し、今後の生活に向けて子を励ますものが多い。親が子と一緒に読むことで、親の離婚の事実と子への愛情を伝えることができる。たとえば、①ヴィッキー・ランスキー（中川雅子訳）『ココ、きみのせいじゃない』（太郎次郎社、2004年）、②薩摩菜々（作）永松美穂子（絵）『あしたてんきになあれ』（未知谷、2005年）、③マリアン・デ・スメット（作）ネインケ・タルスマ（絵）久保谷洋訳）『ふたつのおうち』（朝日学生新聞社、2011年）など。中学生くらいの子をサポートする本として、ケント・ウインチェスター、ロベルタ・ベイヤー（高島聡子・藤川洋子訳、本山理咲装画）『子どものためのガイドブック　だいじょうぶ！ 親の離婚』（日本評論社、2015年）。

→10　□『子どものためのハンドブック　親の別居・親の離婚』
　このタイトルでウェブサイトからダウンロードできる。作成の経過について、高島聡子「子どもへの情報提供ハンドブック」二宮周平編『面会交流支援の方法と課題』（法律文化社、2017年）148頁以下。

資料❺-1　『子どものためのハンドブック　親の別居・親の離婚』（出所：→10）

▶表紙

☺子どものためのハンドブック☺
親の別居・親の離婚

このハンドブックは
「親の別居・離婚に不安を感じている子どもたち」を
応援する大人たちから、あなたへのメッセージです。
http://youikushienseido.muse.weblife.me/

▶15頁

Tomorrow is another day.
これからどうなるの？

大変なこと、つらいことがたくさんあったでしょう。でも、
これからの人生はあなた次第です。あなたが人生の主人公。

これだけはわすれないでね。

あなたは悪くない。
自分の気持ちを言葉にする。
分からないことは、自分で調べる。
相談できる人を見つける。

戸籍の記載事項の証明書のタイプとして、①戸籍の記載を全部謄写した戸籍謄本、②個人の記載事項を写した戸籍抄本などがあった。現在は、電算化され、①は全部事項証明書、②は個人事項証明書である。

身分事項には、出生、婚姻、養子縁組、認知など、人のプライバシーに直結する家族関係事項が記載されている。

また従前の戸籍が記載されているので、過去の戸籍をたどることが可能である。その結果、部落差別など人の出自による差別に利用されるおそれもある。プライバシーを保護するために、第三者や弁護士・司法書士、行政書士など専門資格を有する者による①②の交付請求は厳しく規制されている。

なお●●は新元号を示す。

●資料Ⅰ　戸籍（全部事項証明書）のひな形

全部事項証明　（6の1）

本　籍	東京都千代田区平河町一丁目10番地
氏　名	甲野　義太郎

戸籍事項
戸籍編製　[編製日] 平成4年1月10日
転　籍　[転籍日] 平成5年3月6日　[従前の記録][本籍] 東京都千代田区平河町一丁目4番地

戸籍に記録されている者

【名】義太郎

[生年月日] 昭和40年6月21日　【配偶者区分】夫
[父] 甲野幸雄
[母] 甲野松子
[続柄] 長男

身分事項
出　生　[出生日] 昭和40年6月21日
　　　　[出生地] 東京都千代田区
　　　　[届出日] 昭和40年6月25日
　　　　[届出人] 父

婚　姻　[婚姻日] 平成4年1月10日
　　　　[配偶者氏名] 乙野梅子
　　　　[従前戸籍] 東京都千代田区平河町一丁目4番地　甲野幸雄

養子縁組　[縁組日] 平成3年1月17日
　　　　　[共同縁組者] 妻
　　　　　[養子氏名] 乙川英助
　　　　　[送付を受けた日] ●●3年1月20日
　　　　　[受理者] 大阪市北区長

認　知　[認知日] ●●5年1月7日
　　　　[認知した子の氏名] 丙山信夫
　　　　[認知した子の戸籍] 千葉市中央区千葉港5番地　丙山竹子

戸籍に記録されている者

【名】梅子

[生年月日] 昭和41年1月8日　【配偶者区分】妻
[父] 乙野忠治
[母] 乙野春子
[続柄] 長女

身分事項
出　生　[出生日] 昭和41年1月8日

発行番号000000001

以下次頁

全部事項証明　（6の2）

婚　姻　[出生地] 京都市上京区
　　　　[届出日] 昭和41年1月10日
　　　　[届出人] 父
　　　　[婚姻日] 平成4年1月10日
　　　　[配偶者氏名] 甲野義太郎
　　　　[従前戸籍] 京都市上京区小山初音町18番地　乙野梅子

養子縁組　[縁組日] ●●3年1月17日
　　　　　[共同縁組者] 夫
　　　　　[養子氏名] 乙川英助
　　　　　[送付を受けた日] ●●3年1月20日
　　　　　[受理者] 大阪市北区長

戸籍に記録されている者

除　籍

【名】啓太郎

[生年月日] 平成4年11月2日
[父] 甲野義太郎
[母] 甲野梅子
[続柄] 長男

身分事項
出　生　[出生日] 平成4年11月2日
　　　　[出生地] 東京都千代田区
　　　　[届出日] 平成4年11月10日
　　　　[届出人] 父

推定相続人廃除　[被相続人] 甲野義太郎
　　　　　　　　[推定相続人廃除の裁判確定日] ●●2年3月16日
　　　　　　　　[届出日] ●●2年3月20日
　　　　　　　　[届出人] 父
　　　　　　　　[送付を受けた日] ●●2年3月23日
　　　　　　　　[受理者] 大阪市北区長

婚　姻　[婚姻日] ●●3年3月6日
　　　　[配偶者氏名] 丙野松子
　　　　[送付を受けた日] ●●3年3月10日
　　　　[新本籍] 横浜市中区昭和町18番地
　　　　[称する氏] 夫の氏

戸籍に記録されている者

除　籍

【名】ゆり

[生年月日] 平成6年2月15日
[父] 甲野義太郎
[母] 甲野梅子
[続柄] 長女

発行番号000000001

以下次頁

第 II 部
パートナーと暮らす

6 なぜ結婚制度があるのか
▶ 結婚届を出す理由、出さない自由

> **設例** 人と人とが愛し合い、一緒に暮らし、子を育て、病気になった家族や高齢の親の世話をする。私たちの日常生活であり、法律とは無縁のように見える。しかし、法は、様々な人と人との関係の中から、ある関係を「婚姻」として承認する。日本では、実際に家庭生活を営んでいても、婚姻届を出さない限り、婚姻とは認められない。それはなぜなのだろうか。

→ 1 婚 姻
　結婚すること。法律用語は「婚姻」。

1 制度としての婚姻

　今日においても家族には多様な機能がある。家族の中では、夫婦間の性愛の充足、生殖、子どもの世話・教育、自立できない者や病者の生活保障とケア、やすらぎと情緒安定など、社会に対しては、性関係のコントロール、人口の維持、労働力の再生産、文化の伝承と保持、社会の安定化などである。どれも人間や社会にとって必要不可欠のものばかりであり、家族がこうした様々な機能を発揮しなければ、私たちの社会は成り立たない。
　そこで国家は、家族を形成する基礎となる婚姻を法律上の制度とし、婚姻適齢、重婚や近親婚の禁止などを定め、国家に登録させる（日本では戸籍に登録）とともに、一定の権利や義務を発生させ、一方的な離婚を否定して、「婚姻＝家族」の安定化を図ろうとするのである。

→ 2 重 婚
　日本では一夫一婦制をとっていることから、配偶者のある者は重ねて婚姻することができない。

→ 3 近親婚
　優生学上の理由から、直系血族（祖父母・父母・子・孫など）および3親等内の傍系血族（兄弟姉妹、おじ・おばとおい・めい）の間での婚姻は禁止され、倫理的な理由から、直系姻族（配偶者の直系血族、義理の父母・子など）の間の婚姻、養親または養親の直系尊属と、養子もしくはその配偶者などとの婚姻は禁止される。離婚・離縁や死亡による婚姻・縁組の解消があっても、禁止される。

2 事実婚：婚姻届を出さないという選択

　婚姻届を出さないで、事実上夫婦として、あるいはパートナーとして共同生活を営むカップルがいる。事実婚と呼ぶ。対称的に婚姻を法律婚と呼ぶ。
　なぜ婚姻届をしないのだろうか。一番多いのは、夫婦別姓を実践するためである。日本では、婚姻をすると夫婦は夫または妻の氏（名字）のどちらかを夫婦の氏にしなければならない（→28頁）。どちらかが結婚改姓をする。しかし、女性も男性も働いている場合、自分の氏で仕事をしている。改姓は自己の信用や実績を中断させることがある。また自己の氏への愛着がある。そこで婚姻届を出さない。
　熟年世代や高齢者では、配偶者と離別、死別した後で再婚を考えるとき、それまでの50年、60年の人生で、自分が築いてきた財産や家族、そして「自分流の暮らし」を続けたいことから、一緒に暮らしたり、互いの家を行き来したりする自由さのために、婚姻届を出さない。相続の問題で複雑にならずにすむことも影響している。ほかにも、夫のDVから逃れており、離婚へ向けた話し合いができていない、一方の不貞等が原因で離婚の合意が得られないなど離婚が正式に成立しないため、婚姻届を出せないこともある。同性による法律婚が認められていないことから、婚姻届をしないで共同生活に入る

→ 4 相 続
　配偶者と子が相続人の場合、配偶者の相続分は1/2である。
　たとえば、父が妻との間に子をもうけた後に離婚または妻の死亡のため、父が再婚したとする。この場合、父が死亡すると、再婚期間が短くても、後妻が遺産の1/2を相続する。父が再婚しなければ、先妻の子が全遺産を相続できる。高齢者カップルであるため、相続など子どもたちに配慮したり、あるいは子どもたちから反対されて婚姻の届出をあきらめる場合がある。

同性カップルもいる（→32頁）。

3 内縁問題の発生

　事実婚のことを、かつては「内縁」と称した。明治民法の家制度（→2頁◆1）の下では、嫁としてふさわしいか、あと継ぎの子を産めるかなどを確認できるまで、婚姻届を出さない慣行があった。また婚姻について戸主の同意が得られない場合や、あと継ぎである長男・長女同士の場合は、法律婚ができなかった。さらに、経済的にゆとりのない階層では、婚姻届の必要性自体が認識されていなかった。1925年の政府の調査では、工場労働者の男子の20％、女子の30％、鉱山労働者の男子の30％、女子の40％が内縁の夫婦だった。当時の内縁夫婦の数が有配偶者総数の16〜17％だったのに比べて、かなり高い数値を示している。

　こうして実数も多く、その原因も当事者の責任とは言い切れず、何よりも一方的に離別された女性や、生計を依存していた事実上の夫を失って困窮する女性を救済する必要性が認識された。裁判所は個別の事案に即して内縁関係を保護する判断をした。たとえば、挙式をして同居していた場合には、一方的な離別を「婚姻予約の不履行」と構成して、離別した者に損害賠償責任を負わせたり、内縁の夫が事故で死亡した場合には、扶養請求権の侵害として加害者に損害賠償責任を認めるなどである。また、社会立法では、現実の家族共同生活を保護する趣旨から、配偶者の定義を「婚姻の届出をしていないが、事実上婚姻関係と同様の事情にある者を含む」として、内縁配偶者を保護してきた。こうした日本独特の内縁保護は、今日でも続いており、事実婚にも適用される。

4 事実婚と法律婚のメリット、デメリット

　(1) 事実婚が継続している場合　実際の夫婦共同生活に関わる婚姻法上の権利義務、たとえば、同居協力扶助義務、婚姻費用分担義務、日常家事

◆5 あと継ぎ
　家のあと継ぎを法定推定家督相続人という。婚姻をすれば、妻は夫の家に入り、妻が戸主や法定家督相続人である場合には、夫が妻の家に入らなければならない。しかし、あと継ぎは、他の家に入ることができない。したがって、あと継ぎ同士で婚姻することができなかった。

◆6 婚姻予約
　婚姻予約とは、将来、婚姻をする約束のことである。民法は婚姻のみを正当な男女関係と見たため、婚姻外の関係を正面から認めることは建前上できなかった。しかし、婚姻の予約は、正当な婚姻に至る過程であり、公序良俗に反しない。そこで正当な婚姻の予約を守らなかった、不履行があったとして、損害賠償を認めるようになった。1915年1月26日の大審院連合部（今の最高裁大法廷）判決である。判例は、純粋な婚約、事実上の夫婦、経過的な関係（試しに一緒に暮らす試験婚）、継続的な婚外関係まで幅広く「婚姻予約」と認定して、一方的に関係を解消した者（多くは男性）に損害賠償責任を負わせた。

◆7 社会立法
　生活保障や労働者保護の法律を指す。厚生年金保険法、健康保険法、労働者災害補償保険法、育児介護休業法など。

コラム❻-1　事実婚の死亡解消と生存パートナーの保護

　当事者の一方の死亡によって事実婚が解消した場合、①共同生活の中で双方が協力して築いた財産の清算、②事実婚関係継続中の協力の1つの形態として、生存パートナーが主として家事・出産・育児・看護・介護等を担ったために、経済的に自立できなかった場合の生存パートナーへの補償、③高齢、病弱など、死亡解消によって要保護状態に陥るおそれのある生存パートナーの保護（居住・生計の維持）、④事実婚カップルが商店など自営業を営んでいた場合の事業の承継（債務を含む）など、一定の財産的給付が必要である。

　離婚の際の財産分与は夫婦財産の清算と離婚後の扶養を含むもので、この規定を事実婚の死亡解消に適用すると、①②③を解決することができる。しかし、2000年3月10日、最高裁は、法律婚の解消時における財産関係の清算および扶養について、離婚の場合には財産分与、死亡解消の場合には相続により処理するものとしているのだから、内縁の夫婦について、離別による解消の場合に財産分与を適用することは妥当だとしても、死亡解消のときに、相続の開始した遺産につき財産分与の法理による遺産清算の道を開くことは、「相続による財産承継の構造の中に異質の契機を持ち込むもので、法の予定しないところである」として、適用を否定した。「異質の契機」とは何かは、具体的に説明されていない。

　この論理では、離別であれば、財産分与の適用で一定の財産が保障されるのに、終生協力関係にあった死別の場合には、適用が否定され保護がないという不公平を生じる。国連女性差別撤廃委員会は、パートナーの死亡または関係解消など一定の時点で事実婚を認める法的枠組みがない場合は、「両者が家計の維持やその他資産形成に貢献した場合を含む同居関係が終了すると、女性は経済的リスクにさらされることがある」と指摘し、各国に対して「経済的権利の保護を保障するために必要な施策を講じるよう」勧告している。この勧告からも、財産分与の適用を認めるべきだと考える。

➡ 8 日常家事債務の連帯責任
賃貸マンションの家賃、冷蔵庫やテレビなどをローンで購入した場合の返済金など日常の家事に関して生じた債務については、夫婦双方が支払いの責任を負う。

➡ 9 財産分与
離婚に際して、当事者の一方は他方に対して財産の分与を請求することができる。当事者の協議が調わない場合には、家庭裁判所が、当事者双方の協力によって得た財産の額その他一切の事情を考慮して、分与請求の可否、分与の額や方法を定める。財産分与の内容は、夫婦財産の清算、離婚後自立できない方への扶養であり、婚姻破綻に責任のある当事者への慰謝料請求を含めることもできる（→77頁）。

➡ 10 姻族関係
夫婦の一方と、他方の血族との間の関係であり、婚姻の効果として発生する。たとえば、夫（妻）と、妻（夫）の父母や連れ子の関係である。夫婦の一方が死亡した場合、他方は姻族関係終了届をして、姻族関係を終了させることができる。

➡ 11 税法上の特典
そのほか、婚姻期間が20年以上の法律婚夫婦の間では、配偶者に居住用不動産または取得するための金銭を贈与する場合、贈与税について最高2000万円までの控除（配偶者控除）などがある。

➡ 12 民生委員
地域の実情に詳しい人で、厚生労働大臣から委嘱され（無報酬）、それぞれの地域において住民の立場に立って相談に応じ、必要な援助を行い、社会福祉の増進に努めることなどを職務とする。

債務の連帯責任➡8などが適用される。

(2) 事実婚が解消された場合 離婚の際の財産分与➡9が適用される。また正当な理由もないのに関係を解消した方に損害賠償責任を負わせる。一方の事故死などの際には、他方は加害者に対して、扶養請求権の侵害として損害賠償や、精神的苦痛を受けたとして慰謝料を請求できる。死亡した者の所有家屋について相続人から立退きを請求されても、権利の濫用として請求が認められないことがある。借家の場合も、死亡した者の相続人が相続した借家権を用いて、居住を継続できる。葬儀やお墓などについては、亡くなった人が生前に事実婚パートナーにゆだねる旨、表明していれば、その意思が優先される。

(3) 社会立法上の権利義務 前述のように、社会立法は実際の家族共同生活を対象とすることから、健康保険の利用、育児・介護休業の利用、遺族年金や死亡退職手当金の受給権などを認める。一方、遺族年金や児童扶養手当などを受給していた人が事実婚に入ると、生活が安定することから、これらを停止する。

(4) 婚姻にしか認められない権利義務 ①夫婦同氏、②姻族関係の発生➡10、③子が「嫡出子」とされること、④子に対する父母の共同親権、⑤配偶者相続権、⑥税法上の特典➡11（所得税の配偶者控除、相続税の減免など）である。

専業主婦型のカップルの場合、⑤⑥が重要だが、共働きをしているカップルの場合には、日常生活を営む上で事実婚でもほとんど支障がない。③子は婚外子になるが、戸籍や住民票の記載差別がなくなったから（→4頁）、日常的には困らない。④事実婚の場合、父か母かどちらかの単独親権になるが、実際に父母が一緒に暮らして養育することを妨げるものではない。日常生活の権利と義務に関する限り、法律婚と事実婚の垣根は低い。

ただし、事実婚の死亡解消の場合、事実婚には⑤が認められないので、死亡パートナーの財産はその相続人が承継する（→うるム❻-1）。

また、関係の解消にも違いがある。法律婚の場合、当事者の一方が解消に反対すれば、調停や裁判など離婚手続が必要である。しかし、事実婚は共同生活という事実に基づいてその成立が認められる関係だから、一方が解消に反対していても、家を出るなどして共同生活を終了させれば事実婚は解消される。その意味では解消の自由はあるが、**(2)**で見たように財産の清算や損害賠償など共同生活を継続したことによる法的な責任は免れられない。

さらに、自分たちの関係性の証明で格差が出る。たとえば、パートナーが交通事故で死亡した場合、婚姻であれば、戸籍謄本（全部事項証明書）で、自分が死亡した者の配偶者であることを証明し、損害賠償金、保険金や遺族年金などを受給することができるが、事実婚の場合には、住民票の世帯主との続柄で、たとえば、「妻（未届）」と記載していたり、職場に「配偶者」として届出していれば証明しやすいが、そうでなければ、地域の民生委員➡12に自分たちが事実婚関係にあったことを証言してもらうなど、けっこうめんどうである。

私たちは、法的な権利や義務のことをあまり考えず無意識に、一緒に暮らすのであれば婚姻届をするのは当たり前と思ってきたのかもしれない。その背景には、婚姻届をし、戸籍に夫婦として登録されると、絆が強くなって簡単に別れられなくなるような安心感や、社会的に認められた正式な関係、社

会的承認の意味がある。

5　パートナーとは何か

　男性の死亡まで約9年間、お互いのマンションを行き来し、男性が女性のマンションに寝泊まりしたり、夫婦として宿泊旅行をしたり、男性の入院中は女性が看護をしていたケースがある。1991年8月29日、大阪地裁は、「精神的にも日常の生活においても相互に協力し合った一種の共同生活形態を形成していたものと認められるので、事実上の夫婦と認めるのが相当」として、女性に、公務員だった男性の死亡退職手当金の受給権を認めた。

　法律婚夫婦でも、仕事などの理由で同居を欠いていたり、共稼ぎのため生計を一方が他方に依存する生計維持の関係がないケースも増えている。同居や生計維持は婚姻の本質的要素ではなくなっている。むしろ重要であるのは、お互いをパートナー（人生の伴侶）として認識し、日常の生活においても精神的にも相互に協力し合う関係にあることではないだろうか。紹介した裁判例は、そのことを示している。➡13

　お互いに自立した対等な関係でも、事故、病気、失業などで一方が要保護状態に陥る場合や、死亡による別れがある。そのような場合に、他方が一方の生活を保障したり、双方の協力によって形成した財産を適切に分配したり、看病や介護に尽くした方に経済的に補償するなどの方法を考える必要がある（→コラム❻-2）。

　次のステップは、パートナー性を乗り越えられるかどうかである。➡14 高齢の異性あるいは同性の複数の人が、生活費の節約と話し相手が欲しいとして共同生活を始めた場合、共同生活の仲間が死亡した場合など、事実婚と同じような法的保護は可能だろうか。1対1のパートナー関係の独占性、排他性は、「性的にも愛する」ことに基づくものだとすれば、性的な関係を伴わない場合には、複数者の共同生活も保障してもよいという結論は成り立ちうるかもしれない。みなさんはどう思いますか。

➡13　協力関係が認められなかった事例
　「特別の他人として親交を深める」として、双方とも経済的に自立し、約16年間、親密な関係にあり、子を2人もうけていたが（1人は男性の母親が、1人は施設で養育されている）、男性が別の相手と結婚するために一方的に関係を解消した。2004年11月18日、最高裁は、別居し、共有する財産もないこと、子育ての協力もないこと、関係存続の合意もないことから、女性からの損害賠償請求を棄却した。

➡14　男女3人の共同生活の事例
　男性A、女性B・Cが3人で共同生活を始め、生活費の負担について取り決めたが、Cが負担せず共同生活から離脱したため、A・BがCに対して立替え分の支払いなどを求めた。2000年11月30日、東京高裁は、「人間相互の愛情と信頼及び人格の尊重は、その本質からして、複数の異性との間に同時に成立しうることはありえないものである」とし、3人の同棲生活は公序良俗に反するから、生活費負担の合意も公序良俗違反で無効だとして、支払請求を棄却した。

コラム❻-2　近親婚に当たる内縁（近親婚的内縁）

　男性Aは、妻が出産後、統合失調症に罹患し実家に戻ったため、子育てに苦労していた。一家の長である祖父はAとX（Aのめい）との婚姻を求め、親族も賛成し、新婚旅行後、披露宴を開き、地域社会でも夫婦として認められ、42年間の共同生活の間に子を2人もうけた。AとXはおじとめいなので、近親婚に当たり法律婚をすることはできない。内縁の妻には内縁の夫の遺族年金の受給権が認められるが、近親婚的内縁でも認められるのかが問題となった。

　東京高裁は、近親婚は禁止されているから、近親婚的内縁は公序良俗に反する、したがって、受給権は認められないとした。しかし、2007年3月8日、最高裁は、①おじとめいとの内縁関係であること、②おじと先妻との子の養育を主たる動機として形成され、当初から反倫理的、反社会的な側面を有していなかったこと、③親戚間では抵抗感なく承認され、地域社会等においても公然と受け容れられていたこと、④おじの死亡まで長期間円満かつ安定的に継続していたことを示して、こうした事情の下では、近親者間における婚姻を禁止すべき公益的要請よりも、遺族の生活の安定と福祉の向上に寄与するという厚生年金保険法の目的を優先させるべき特段の事情が認められるとして、遺族年金の受給権を認めた。農村など地域によってはおじとめいの婚姻が生じることもあった。おじとめいは傍系血族3親等であり、近親婚の中では血縁の濃さが最も薄く、たとえば、息子と義理の母といった倫理的な問題からも遠いという事情もあった。

　なお、内縁当事者の一方または双方に法律上の配偶者がいる場合、重婚的な内縁関係となるが、判例は、法律婚が実体を失い、事実上の離婚状態にあると認められるときには、事実上、一夫一婦制に反しないことから、内縁配偶者を保護している。重婚や近親婚のように婚姻はできなくても、内縁であれば、生活実態を重視して一定の保護が認められる。この論理は、同性カップルの共同生活にも応用できるものと考える。

7 なぜ夫婦、親子は同じ氏を名乗るのか
▶ 夫婦別姓という選択肢

設例 結婚しても夫・妻それぞれ生まれたときの名字を名乗り続けたいというカップルがいる。なぜだろうか。そもそもどうして夫婦、親子は同じ名字でないといけないのだろうか。名字＝氏について考えてみよう。

1 氏とは何か

氏とは、名と組み合わせて個人を特定し、他人と識別する呼称である。人は出生した時に親の氏を名乗る。養子縁組をすると、養子は養親の氏を名乗る。親子同氏である。婚姻すると、夫または妻の氏のどちらかを夫婦の氏にする。夫婦同氏である。夫婦同氏と養親子同氏はそれぞれ婚姻、縁組の法的な効果なので、離婚、離縁すると、氏を変えた方は婚姻、縁組前の氏に戻る（復氏という）。

このように出生で取得した氏は、婚姻・縁組、離婚・離縁という家族関係の成立、変更によって変わることがある。しかし、夫婦の氏になった方、養親は出生時の氏のままである。変わる人と変わらない人がいる。これは、氏に関する制度としてやむをえないことなのだろうか。

2 家制度と夫婦同氏

明治時代になって初めて国民は苗字を名乗ることが義務づけられた（→ コラム❼-1）。1874年2月のことである。早速、5月には、内務省に対して、女性は結婚した後、生家の苗字を名乗るのか、夫家の苗字を名乗るのかとの伺いがあった。1876年3月、政府の指令は、女性は結婚しても所生の氏（生家の苗字）を用いることとした。夫婦別氏原則である。これに対して、婚家の氏を名乗るのが地方一般の慣行（宮城県）、民間の普通の慣例では、婦は夫の氏を名乗り、生家の氏を名乗る者はきわめて少ない（東京府）など、毎年のように、多くの地方から疑問視する伺いもあり、混乱状態だった。

他方、明治政府は、明治初年から憲法や民法、刑法、商法など国や社会の基本となる法制度を制定しようと作業を進めていた。やがて民法を制定する過程で、「苗字」が「氏」に統一され、1898年、民法で家制度が確立し、氏は家の呼称となった。

明治民法746条「戸主及ヒ家族ハ家ノ氏ヲ称ス」である。

子は生まれた家の家族だから家の氏を名乗り、女性は婚姻をして夫の家に入り夫の家族となるので夫の家の氏を名乗った。その結果、親子同氏、夫婦同氏になった。どちらも家制度の産物である。

➡1 民法790条1項「嫡出である子は、父母の氏を称する。」同条2項「嫡出でない子は、母の氏を称する。」

➡2 民法810条「養子は、養親の氏を称する。」

➡3 民法750条「夫婦は、婚姻の際に定めるところに従い、夫又は妻の氏を称する。」

➡4 復氏
民法767条1項「婚姻によって氏を改めた夫又は妻は、協議上の離婚によって婚姻前の氏に復する。」
民法816条1項「養子は、離縁によって縁組前の氏に復する。」

➡5 GHQ
連合国軍総司令部。日本政府が法律など制定する際には、GHQの指導を受けた。民主化の不徹底を避けるためである。

3 現行制度の沿革

　1946年11月3日、日本国憲法が公布された。個人の尊重、法の下の平等に反する明治民法の規定は効力を停止され、民法改正の作業が始まった。最大の課題は家制度の廃止である。家制度が廃止されれば、氏は家の名称ではなくなる。理くつからは、個人の呼称になるはずである。しかし、夫婦の氏に関する改正案は、夫婦は共に夫の氏を称し、当事者が婚姻の際に反対の意思を表示したときは妻の氏を称するというものだった。

　GHQは、夫の氏を称することを原則とし、妻の氏を称することを例外とする点を、男女平等の観点から厳しく批判した。そこで現行の750条となったのである。

　改正案の起草者は当時をふり返って、「当事者の意思は夫の氏を称するのが通常だから、特に妻の氏を称するといわなければ夫の氏になるというだけで、どちらでも自由に選べるのだから、それが憲法の男女平等の精神に反するというようなことは夢にも思わなかったのですが」という認識だった。夫婦同氏の根拠について何も説明されていない。

　他方で、民法改正を指導した我妻栄委員は家制度廃止に反対する保守派を説得するために、家制度が廃止されても、家族が現実に共同生活を営むことは変わらないとし、「氏を同じうするか、しないかということが現実の共同生活が一緒になる、ならぬというところを抑える一つの拠り所にしようという風に考えている訳であります」と説明し、親子同氏・夫婦同氏を原則とした。親子同氏・夫婦同氏＝家族共同生活と捉えたのである。したがって、離婚すれば、改姓した方は旧姓に戻り、子が同居している親と同じ氏にするための氏の変更手続も認めた。

　こうして、氏は個人の呼称に純化されず、1で述べたような規定になった。そして2017年でも、婚姻する夫婦の96％が夫の氏を称している。

➡6 📖
我妻栄編『戦後における民法改正の経過』（日本評論社、1956年）251頁。

➡7 氏の変更手続
　子が父または母と氏を異にする場合には、子は、家庭裁判所の許可を得て、戸籍法の定めるところにより届け出ることによって、その父または母の氏を称することができる。たとえば、夫の氏を夫婦の氏として婚姻し、子が生まれると、子は夫婦の氏＝父母の氏＝父の氏を称する。離婚して妻が婚姻前の氏に復すると、子の氏と母の氏が異なることになり、子は父の氏から母の氏に変更することができる。

➡8 例外を選択することには、家族の間でも、職場の関係でも、相当の努力を伴う。その結果、妻の氏を夫婦の氏にすることをあきらめてしまうこともある。背景には、家制度のなごりから、妻が夫の家の嫁として夫の氏を名乗り、また「男は仕事、女は家庭」という性別役割分業の下で、仕事をする夫の氏を改めることはできないなどの事情がある。

・・・

うらむ❼-1　氏の歴史

　江戸時代、農民・町民の苗字帯刀は領主の許可制であり、苗字の公称は許されなかった。1870年9月19日、これから平民も苗字を名乗ってよいという平民苗字公称許可令（太政官布告608号）が公布された。この布告を建議した細川潤次郎（司法大輔）は、「天賦固有の権利を同等に持ち居りながら、人為の階級に拠りて、平民ばかりには名前のみを呼ばせて、苗字をいはせぬ」というのは圧制であり、また窮屈だとする。人の姓名は、自他の区別を立てて、乱れないようにするものなのだから、姓を名の上に加えて、一層区別を容易になるようにすべきであると述べていた。苗字公称の自由は、それまでの苗字が持っていた身分特権性、権力付与性、公称許可性を否定したものであり、苗字の質的変化を意味した（増本登志子・久武綾子・井戸田博史『氏と家族』〔大蔵省印刷局、1999年〕9頁〔井戸田〕）。苗字公称は、四民平等、社会の近代化の象徴だった。

　続いて1872年8月24日、華族より平民に至るまで、苗字を名乗った以上、変えてはいけないという苗字不可変更令（太政官布告235号）が公布された。それでも苗字を名乗らない平民がいた。1874年1月14日、陸軍省は太政官に対して、地方の平民には苗字のない者がいて、徴兵名簿を作るのに支障を来たしている、苗字のない者がないようにしてほしいと伺いを立てた。早速、同年2月13日、これからは苗字を必ず名乗ることという平民苗字必唱令（太政官布告22号）が公布され、祖先以来の苗字がわからない者は新たに苗字をつけることを命じられた。こうして国民すべてが苗字を名乗ることとなった。

　江戸時代、鹿児島のある地域に強制移住させられた人たちは、痩せた土地で苦労を重ねた。そこで新たに苗字をつける際に、「幸福」にしたという。この地域の人たちはほとんど「幸福」姓である。住んでいる地域や職業にちなんだ苗字をつけることも多かった。

4 選択的夫婦別姓への動き

1959年、将来の民法改正を検討した法制審議会の委員会は、留保事項として「夫婦異姓を認むべきか」を明示した。当時、民法学者の加藤一郎教授は、「氏が変わるということは、社会的活動をしている者にとっては不便と苦痛をもらすことが少なくないが、その負担は事実上女の側に負わされている。……現行法ではどちらかが氏を改めなければ婚姻できないことになっており、改氏が強制されている点に問題がある。この点は夫婦の同氏を強制せず夫婦の別姓を認めることによって解決しうる。……夫婦別姓論に対しては、夫婦の一体性などを理由とする反対論もありうるが、将来女の社会的活動が増大していくことを考えれば、夫婦の別姓を認めることが妥当である」と述べていた。この指摘は約60年後の今日にもなお妥当する。

1976年、離婚の際の婚氏続称制度ができた。多くの場合、妻は結婚改姓し離婚によって婚姻前の氏に復する（離婚復氏）。しかし、婚姻中の氏で社会的活動をしたり、離婚後、子の親権者となり子と暮らすことを希望する場合、婚姻中の氏を称したい。そこで、復氏した方は離婚から3か月以内に届出をすれば、離婚の際に称していた氏（婚姻中の氏）を称することができるとした（民法767条2項）。婚氏続称という。

日本人が外国人と婚姻した場合、どちらの氏も変更されない。夫婦別氏である。しかし、配偶者の氏を称したい日本人もいることから、1984年、婚姻から6か月以内に届出をすれば、外国人配偶者の氏に変更でき、死別・離婚の場合には3か月以内に届出をすれば、元の氏に変更できるとした（戸籍法107条2～4項）。戸籍上の氏の変更である。

離婚の場合、国際結婚の場合、氏を選択できるのに、なぜ日本人同士の婚姻の場合にのみ、氏の選択が認められないのか、説明が困難になった。

1980年代後半から1990年代前半、「選択的夫婦別姓を実現する会」、「結婚改姓を考える会」など市民運動が展開した。背景には、男女雇用機会均等法の成立、女性差別撤廃条約の批准がある（1985年）。名刺を持って働く女性が増えると、結婚改姓によって個人の識別特定機能が低下し、信用・実績が中断されることを経験したり、自己の氏名への愛着が深まり、改姓による自己喪失感を経験する人たちが増えた。呼称の自由を超えて、「夫婦別姓」に自己の生き方を重ね、個人を尊重する社会への思いが込められていた。

5 氏名の人格権的把握と民法改正要綱案

在日韓国人がNHKに対して、ニュース報道において自分の氏名を日本語読みしないでほしいと申し入れたにもかかわらず、日本語読みしたことの違法性が問題になったケースがある。1988年2月16日、最高裁判所は、理由づけの中で、「氏名は、社会的にみれば、個人を他人から識別し特定する機能を有するものであるが、同時に、個人からみれば、人が個人として尊重される基礎であり、その個人の人格の象徴であって、人格権の一内容を構成するもの」だから、その氏名を正確に呼称されることについて法的保護を受けうる「人格的な利益」を有するとした。

この判決を素直に読めば、氏名を構成する氏も人格権の一内容になる。個人を氏のみで呼ぶことが多い日本では、結婚改姓を強制されることは、自分

▶9 📖
加藤一郎『男女の同権』家族法大系Ⅰ（有斐閣、1959年）323頁。

▶10　女性差別撤廃条約
国連女性差別撤廃条約16条1項gは、「夫及び妻の同一の個人的権利（姓及び職業を選択する権利を含む）」とする。民法750条は、夫または妻の氏のどちらかを夫婦の氏にするのだから、形式的には平等である。しかし、96％が夫の氏を称する現状では、妻が自己の氏を夫婦の氏にすることは困難をきわめる。国連女性差別撤廃委員会は、2003年7月、2009年8月、2016年3月と3回にわたり、日本政府に対して選択的夫婦別氏制度の導入を勧告している。

▶11 そのほか、免許・預金・不動産の登記・パスポートなどめんどうな名義変更の手続などの実際的な不利益もある。また、夫の氏に改姓し、夫を戸籍筆頭者とする戸籍に登録されることが、「入籍」と受け止められ、明治以降の家意識に基づく嫁役割の強制につながり、女性としての自立した生き方を阻害するようなケースも生む。平気で妻を「嫁」と言う若い人もいる。

▶12 ただし、当時は日本語読みする慣行だったので、NHKには違法性がないとされた。

▶13　人格権
人格権とは、生命・身体・自由・名誉・氏名・信用など人格に関わることで、他人の侵害から法的に保護される人格的利益をいう。

の氏を変えたくないと思っている人の人格権を侵害することになる。

こうした社会や法的判断の変化を受けて、1991年1月、法制審議会は婚姻・離婚制度の見直しに着手し、中間報告（論点整理）や民法改正要綱試案を公表し、二度の意見募集（パブリックコメント）を行い、1996年2月、「民法の一部を改正する法律案要綱」を答申した。婚姻の際に夫婦同氏、夫婦別氏を自由に選択できる選択的夫婦別氏制度を導入するものである。

しかし、選択的でも夫婦別氏を認めることは、「家族の崩壊を招く」、「家族の一体感が損なわれる」、「親子の絆が弱まる」などとして、強硬に反対する声が上がり、現在まで、政府は法案を国会に提出しないでいる。いつまでたっても法制化されないことから、当事者の人たちが、国会議員が立法しないことに重大な過失があるとして、国家賠償請求訴訟を提起した。

6　新たな展開

最高裁大法廷は、夫婦同氏を強制する民法750条を違憲とは判断しなかったが（→コラム❼-2）、氏を改める者に人格的不利益が生じること、夫の氏を選択する夫婦が圧倒的多数であることには、社会に存する差別的な意識や慣習による影響があるかもしれないこと、夫婦同氏制のために婚姻をすることが事実上制約されることを認め、立法に当たって考慮すべき事情だと指摘した。本判決は本件規定について合憲のお墨付きを与えるものではない。

国会での質疑では、政府側は、世論が賛否拮抗しており、慎重に判断すべき事項と応えるのみである。ところが、2017年12月の内閣府世論調査によれば、選択的夫婦別氏制度導入に賛成42.5％と過去最高値となり、反対は29.3％と過去最低値となった。70歳未満すべての年代で賛成が反対を大きく上回った（→44頁資料Ⅱ）。もはや世論は賛否拮抗とはいえない。2018年3月には、4組の事実婚カップルが「婚姻後の夫婦の氏」欄の「夫の氏」および「妻の氏」の双方にチェックを入れた婚姻届の受理を命ずる審判を求めて裁判を提起した。法改正を求める人々の動きはさらに続いている。

→14　**選択的夫婦別氏制度**
　自由に選択できるが、婚姻後には、別氏から同氏、同氏から別氏への変更を認めない。また、別氏を選択する場合、婚姻の際に、子の氏を父または母の氏のどちらかに定めておく。なお、すでに婚姻している夫婦も、改正法施行後1年以内に夫婦共同の届出をすれば、別氏を選択できる。

→15　**国家賠償請求訴訟**
　国または公共団体の公権力の行使に当たる公務員が、その職務を行うについて、故意または過失によって違法に他人に損害を加えたときは、国または公共団体が、これを賠償する責任がある。国会議員が憲法に反するような法律を改正しなかったことが立法の不作為として、違法性があるかが裁判で争われる。

→16　2018年1月、民間企業の男性経営者が、妻の氏を夫婦の氏としたために、自社株の名義変更などで過大な出費が生じたことを示し、婚姻後に旧姓を戸籍上の氏として使用できないことを平等原則違反として国家賠償請求訴訟を提起している。同年6月、ニューヨーク州において夫婦別姓で婚姻した日本人夫婦が、国に対して婚姻関係の確認を求める訴えを起こした。戸籍は夫婦同氏を前提とするため、この夫婦を戸籍に登録することができない。その結果、自分たちが法律上の夫婦であることを戸籍で証明することができないからである。

コラム❼-2　2015年12月16日最高裁判所大法廷判決

違憲ではないとした主たる理由は、①家族は社会の自然かつ基礎的な集団単位だから、氏をその個人の属する集団を想起させるものとして1つに定めることにも合理性があり、氏が親子関係など一定の身分関係を反映し、婚姻を含めた身分関係の変動に伴って改められることがありうることは、その性質上予定されているのだから、婚姻の際に「氏の変更を強制されない自由」が憲法上の権利として保障される人格権の一内容であるとはいえないこと、②750条は文言上性別に基づく法的な差別的取扱いを定めていないこと、③750条は婚姻の効力の1つであり、直接、婚姻の自由を制約するものではないこと、④嫡出子であることを示すために子が両親双方と同氏である仕組みを確保することにも一定の意義があると考えられ、結婚改姓による不利益は、旧姓の通称使用が広まることにより一定程度は緩和されうるものだから、夫婦同氏制は、直ちに個人の尊厳と両性の本質的平等の要請に照らして合理性を欠く制度であるとは認めることはできないこと、である。

5名の裁判官が違憲と判断した理由は、①96％が夫の氏を称することは、意思決定過程に現実の不平等と力関係が作用しているのであり、その点に配慮をしないまま夫婦同氏に例外を設けないことは、多くの場合妻となった者のみが個人の尊厳の基礎である個人識別機能を損ねられ、また自己喪失感といった負担を負うこととなり、憲法24条2項に立脚した制度とはいえないこと、②こうした負担を避けるために法律婚を選択しない者を生じており、本件規定は婚姻の自由を制約すること、③氏の家族の呼称としての意義を強調することは、まったく例外を許さないことの根拠になるものではなく、家族形態の多様化している現在、そうした意義や機能をそれほどまでに重視することはできないこと、④通称は便宜的なもので、公的な文書には使用できない場合があり、通称使用は婚姻によって変動した氏では当該個人の同一性の識別に支障があることを示す証拠であること、などである。

8 同性カップルも結婚できるのか

> **設例** 同性カップルが共同生活をするときに、何か困ることがあるだろうか。好きな人と共同生活をする点では異性も同性も同じなのに、なぜ同性カップルの場合は婚姻が認められないのだろうか。

1 共同生活の保障とは

　同性カップルが一緒に暮らす際に、生活費や日常生活の分担、将来、万一、関係を解消するような場合の財産の清算などを自分たちで決め、契約を結ぶことができる。

　しかし、一緒に暮らすためにマンションなどを借りようと思っても、同性カップルに対する偏見から、オーナーや不動産業者が賃貸借契約を拒むかもしれない。共同生活には不測の事態がつきものである。たとえば、交通事故などで一方が死亡した場合、他方は保険金を請求できるか、最愛のパートナーを奪われたことに対して加害者に慰謝料請求できるか。一方が失業したり、病気などで自立できない場合、他方には扶養の義務はないのか、他方の健康保険などを利用できるのか。一方が病気で入院したような場合、他方は病院を訪れ看病したり、手術や医療行為の同意などの権利があるのか。一方が亡くなった場合、他方に葬儀やお墓についての権利があるのか、生存者が高齢で自立不能であれば、亡くなった者の遺族年金を受け取ることができるのか、亡くなった者の相続人に対して財産の配分を請求できるのか。

　共同生活の保障とは、こうした不測の事態が起こっても、パートナーとしての権利や義務が確保され、社会的に認められることを意味する。現在の日本では、婚姻がこれを保障する。同性カップルに婚姻を認めることができれば、問題は解決する。

2 同性による婚姻（同性婚）を認めた国・地域

　2001年のオランダをはじめとして、ベルギー（2003）、スペイン、カナダ（2005）、南アフリカ、ノルウェー、スウェーデン（2006）、ポルトガル、アイスランド、アルゼンチン（2010）、メキシコ（2011）、デンマーク（2012）、ブラジル、フランス、ウルグアイ、ニュージーランド、英国（2013）、ルクセンブルク、米国、アイルランド（2015）、コロンビア（2016）、フィンランド、マルタ、ドイツ、オーストラリア（2017）、オーストリア、台湾、エクアドル（2019）、コスタリカ（2020）と続いた（NPO法人EMA日本参照）。2017年5月、台湾の司法院大法官は2年以内に同性婚を可能とする立法を命じていた（→ ころむ❽-1）。台湾はアジアで初めて同性婚を導入した。

　これらの国々では、まず、婚姻とは別の生活パートナーとして法的な登録

→**1 賃貸借契約**
　貸主が借主に自己の物（土地、家、自動車など）を使用させ、借主は貸主に賃料を支払う契約。

→**2** 男性Aと男性Bは45年間共同生活をしてきたが、養子縁組や遺言の前にAが急逝した。Aの妹はAの相続人として財産を相続し、Bが葬儀・納骨に参加することを拒んだことから、BはAの妹に対して、慰謝料と生前にAと約束していた財産の引渡しを求める裁判を起こしている。

を認め、婚姻に類似した権利義務を保障することから始めた例が多い。同性カップル、異性カップル共に登録を認める例と（フランス、オランダ、ベルギー、ポルトガル、ルクセンブルク、米国の一部の州など）、同性カップルに限る例がある（デンマーク、スウェーデン、ノルウェー、アイスランド、フィンランド、ドイツ、スイス、イギリス、チェコ、南アフリカ、ニュージーランドなど）。登録制度の内容は各国によって多少の違いはあるが、共同生活に関する財産的な権利義務はほぼ承認されている。

同性カップルが現実に共同生活をしている事実を人々が認識し、その生活実体が異性カップルの場合と変わらないことがわかり、社会的に承認され、次のステップとして婚姻が認められるようになる。たとえば、「異性または同性の二人は婚姻をすることができる」という規定である。

3 婚姻の意義の変化

こうした制度化を可能とした背景として、婚姻の意義の変化がある。かつて婚姻は、生殖・保育を確保するために存在した。現在でも、夫婦が子を生み育てることは、社会的に期待されてはいる。しかし、夫婦に生殖能力があっても、避妊や人工妊娠中絶により親とならない自由がある。高齢や身体的な事情で生殖能力のない夫婦も婚姻することができる。性関係を持つことさえ婚姻の必要条件とはいえない。このように婚姻と生殖の一体性が失われると、婚姻は主として夫婦の個人的利益の保護を目的とするものになる。

婚姻が当事者に与える法的・経済的利益としては、夫婦相互の扶養の権利、夫婦財産上の権利、配偶者相続権、離婚給付の権利、社会保障上の各種の受給権、税法上の特典などがある。心理的・社会的利益としては、夫婦の人間関係の安定、情緒的満足、社会生活上の地位の強化などがある。個人がこれらの利益を求めて婚姻しようと考えたときに、異性カップルであれば、生殖や性関係の可能性がなくても、さらに臨終婚のように共同生活の可能性すらなくても婚姻を認めながら、同性カップルであれば、自然の生殖能力を

➡3 PACS (le pacte civil de solidalité、民事連帯契約)
フランスで1999年に導入された。2人の成年者間でカップルの生活を組織するために結ばれる契約で、裁判所の書記課に届け出て、書記官が登録する。異性、同性を問わず、利用できる。

➡4 Lebenspartnerschaftsgesetz
ドイツで2001年に導入された。生活パートナーとして身分登録所（日本の戸籍係）で登録する。同性カップルのみ利用できる。2017年10月、同性婚が認められたので、廃止された。

➡5 フランスでは、"mariage pour tout"（すべてのひとのための婚姻）が承認のためのキーワードとなった。

➡6 📖
青山道夫・有地亨編『新版注釈民法(21) 親族(1)』（有斐閣、1989年）178～179頁〔上野雅和〕。

➡7 税法上の特典
所得税・住民税の配偶者控除、相続税の減免など。

コラム8-1 台湾司法院大法官の解釈とその背景

2017年5月24日、司法院大法官（憲法裁判所）は、同性間で婚姻を認めていない民法の婚姻に関する規定につき、憲法が保障している婚姻の自由および平等権の趣旨に違反しているとした。その理由は次のとおりである。

「婚姻適齢にある配偶者のない者は、本来結婚の自由を有しており、それは『結婚するかどうか』と『誰と結婚するか』の自由が含まれる（中略）。この自己決定は人格の健全な発展及び人間の尊厳の護持に関わり、重要な基本権であり、憲法22条（婚姻の自由）の保障を受けるべきである」。「現行婚姻章が一男一女の永続的結合関係だけを規定し、性別を同じくする両名に同様の永続的結合関係を成立させていないのは、性的指向を分類の基準として、同性に性的指向が向く者の婚姻の自由を相対的に不利にする差別的取扱いである」。「性別を同じくする両名の間では、自然には子どもをもうけることができないが、これは性別を異にする両名が客観的に子どもを産めないか、主観的に子どもを産まないことと結果は同じである。ゆえに後代を延続させることができないことをもって、性別を同じくする両名に結婚させないのは、明らかに非合理な差別的取扱いである」（鈴木賢「アジアで一番乗り、台湾で同性婚実現へ」法律時報89巻9号〔2017年〕5頁）。

鈴木教授によれば、この背景には、2015年5月の時点で、大都市、高雄市、台北市、台中市、台南市、新平市など1年半で11都市、総人口の約82％に当たる市で同性パートナーシップ登録制度（戸籍註記制度）が導入されたこと、2017年5月の時点で2,142組（そのうち約8割が女性同士）の同性カップルがこの制度を利用したこと、キリスト教関連団体が大規模な反対の示威活動を展開するようになると、賛成派も、総統府前広場周辺に25万人を動員する大集会で対抗したことなど、当事者の積極的な行動とそれを支援する輪の広がりがあった。

除けば夫婦の実質を伴っていても婚姻を拒否することに合理的な根拠はあるだろうか。

上記の国々・地域では、個人の婚姻の自由、幸福追求を優先した。これを制限する国家的、社会的利益を証明することができなかった。婚姻は、生殖・保育の場から個人の幸福追求の1つの選択肢になった。婚姻の意義の変化は日本でも妥当する。そこで当事者と当事者を支援する人たちが様々な取り組みを始めた。

4 同性婚の承認へ向けて

2015年7月、同性婚人権救済弁護団は、当事者455名の氏名を明らかにして、日本弁護士連合会に対して、内閣総理大臣・法務大臣に同性婚法案を国会に提出するよう勧告することおよび衆議院議長・参議院議長に同性婚法案を制定するよう勧告することを求めて、人権救済を申し立てた。

確かに憲法24条1項は、「婚姻は、両性の合意のみに基づいて成立し」と規定する。しかし、その趣旨は、明治民法の家制度の下、婚姻には戸主の同意が必要であり、また男30歳、女25歳までは父母の同意も必要であり、婚姻が当事者の自由な意思ではなく、親や戸主の意向のままに決められることが慣例となっていた事実をふまえ、これをなくすために規定されたものである。異性カップルのみに婚姻を保障する規定ではないのだから、民法で同性による婚姻を認めたり、特別法でパートナー登録制度を設けることは、憲法には違反しない。人が自己の性的指向に基づいて、パートナーと親密な関係を形成し共同生活を営むことを、個人の尊厳として保障すべきだとすれば、そして婚姻の役割が人格的な結びつきの安定化にあるとすれば、同性カップルを異性カップルと区別する必要はないように思われる。

2016年11月、日本家族〈社会と法〉学会のシンポジウム「家族法改正～その課題と立法提案」で、「異性又は同性の二人の者は、婚姻をすることができる」という婚姻の性中立化規定が提案され、異論をみなかった。2017年9月、日本学術会議法学委員会「社会と教育におけるLGBTIの権利保障分科会」は、「提言 性的マイノリティの権利保障をめざして―婚姻・教育・労働を中心に―」を公表し、婚姻の性中立化を実現する民法改正を提言の1つとして明記した。

5 パートナーシップ証明

いくつかの地方自治体が同性カップルに公的な証明書を交付する制度を立ち上げた。東京都渋谷区(2015年3月)、世田谷区(同年9月)、三重県伊賀市(2016年4月)、兵庫県宝塚市(同年6月)、沖縄県那覇市(同年7月)、政令指定都市である札幌市(2017年6月)、福岡市(2018年4月)、大阪市(同年7月)など2020年4月20日で47自治体に増えた(虹色ダイバーシティ調べ)(→うちむ❽-2)。

この制度のタイプとしては、①区長が、当事者がパートナーシップ関係にあることを確認してパートナーシップ証明書を交付するタイプ(渋谷区)、②当事者が区や市の担当職員の面前でパートナーシップ宣誓書に記入して当該職員に提出すると、職員が収受印を表示した宣誓書の写しとパートナーシップ宣誓書受領証を当該カップルに交付するタイプ(世田谷区、伊賀市、宝塚市、札幌市、福岡市、大阪市など)、③市長が、申請者がパートナーシップの関係に

➡ 8 臨終婚
死期が迫っている人との婚姻。当事者が署名した婚姻届を他人が戸籍係に提出してもよいので、可能になる。

➡ 9 人権救済
個人や団体が日本弁護士連合会(日弁連)に対して人権が侵害されているので救済してほしいという申立をすると、日弁連は人権侵害の有無について調査し、何らかの措置をとるべきかどうか判断し、警告、勧告、要望などを出す。法的な強制力はないが、法の専門家の団体である日弁連の判断であり、メディアも報道するので社会的影響力は大きい。

➡ 10 📖
同性婚人権救済弁護団編『同性婚―だれもが自由に結婚する権利』(明石書店、2016年)。

➡ 11 📖
南方暁「婚姻法グループの改正提案―婚姻の成立」家族〈社会と法〉33号(2017年)96頁以下。

➡ 12 日本学術会議ウェブサイトで、提言から検索、ダウンロードできる。日本学術会議については51頁➡6。

➡ 13 2018年6～7月、相続法改正に際して、同性カップルや事実婚の保護が議論された。改正法には盛り込まれなかったが、衆議院・参議院の各法務委員会では、「多様な家族の在り方を尊重する観点から、特別の寄与の制度その他本法の施行状況を踏まえつつ、その保護の在り方について検討すること」という附帯決議がなされた。特別の寄与については、100頁参照。

あることを確認すると、パートナーシップ登録簿へ登録した上で、登録者に対してパートナーシップ登録証明書を交付するタイプ（那覇市）がある。

いずれもパートナーに法的な権利や義務を生じさせるものではないが、世田谷区長が区内の事業者に対してパートナーシップ証明書を尊重し、公平、適切な対応するよう協力を要請したり、那覇市でも、市営住宅の入居、医療機関での手続などで活用することが市の広報で明記されている。民間企業も、こうした動向を受けて、生命保険の死亡保険金受取人への同性パートナー指定、携帯電話の家族割、航空会社のマイレージ合算、クレジットカードの家族カードの発行、企業内の福利厚生で同性カップルを婚姻と同様に扱うなど進展がある。

▶14 渋谷区の場合、条例でパートナーシップ証明を制度化したので、区民および区内の事業所が公平かつ適切な対応をしない場合には、改善を勧告し、勧告に従わないときは、関係者名を公表することができる。ただし、現時点で公表例はない。

6 展　望

同性婚や同性パートナーシップの公的承認の意義は、導入に至る過程での議論、導入後の周知によって、同性カップルの共同生活の存在を目に見える形で示し、同性愛をはじめ性的マイノリティへの偏見や差別を取り除くことにある。またパートナーシップから同性婚へと公的承認を拡大していくことは、共同生活の保障を得る点で重要な意義がある。

ただし、それはカップル至上主義を目指すものではない。セクシュアリティは、個人の人格的生存にとって不可欠なものである。それぞれの生き方を保障するためには、まず、差別なく、シングルで生きることの保障があり、その上でカップルとなった場合の共同生活保障として、パートナーシップ証明や同性婚の導入などが位置づけられるべきである。

それらが導入されたとしても、利用するためには、自分が同性愛者であることを公にしなければならない。性的マイノリティに対する偏見が強い現状では、相当の覚悟と勇気がいる。当事者を支える仲間や支援者の輪が広がり、積み重なることによって、台湾に続いて日本でも、同性婚を認める制度を導入する可能性が生まれるのではないだろうか。

▶15　2018年5月末の時点で、渋谷区28組、世田谷区71組、伊賀市4組、宝塚市0、那覇市21組、札幌市42組、福岡市18組が利用している。2022年9月末で3,456組に広がった（虹色ダイバーシティ調査）。なお2023年1月4日時点で、制度を導入する自治体は、東京都など252に広がっている。

コラム❽-2　パートナーシップ証明書

LGBTアクティビストの東小雪さんは次のように記述している。「2015年11月5日は、生涯忘れられない日となった。日本で初めて、同性カップルに『パートナーシップ証明書』が地方自治体から交付されたのだ。私は、結婚式を挙げて約3年になるパートナーの女性とともに、朝の7時頃から渋谷区役所仮庁舎前に並んだ。……窓口で区の職員から『おめでとうございます』と手渡された、表彰状ほどの大きさの紙。今でも思い出すと胸が熱くなり、涙が出そうになる。実際、周囲で記念撮影をしてくれていた仲間たちは、証明書を受け取った当の私たちよりも先に泣き出していた。そのくらい、この紙は私たちにとって重みがあるものだった」

（東小雪「渋谷区パートナーシップ証明書を取得して」月報司法書士533号〔2016年〕36頁）。

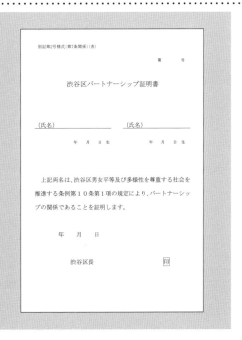

9 「男は仕事、女は家庭」をどう思うか
▶ 性別役割分業と社会の仕組み

設例 就職し活躍していても、出産をきっかけに退職する女性が後を絶たないのは、なぜだろうか。家庭生活はパートナー同士が協力するものではないのだろうか。

1 家制度から個人の尊重へ

明治民法の家制度の下では、男性と女性の役割が明確に区別されていた（→コラム❾-1）。婚姻をすると、夫が一家の主人として夫婦の財産を管理し、子の親権者となる。妻は「無能力者」とされ、夫の同意なくして契約など重要な法律上の行為をすることができない。妻には相続権もない。家の存続が何よりも重視され、妻に子どもができない場合には、夫は妻以外の女性との間に子をもうけ、あと継ぎを確保することが公然と許されていた。他方、妻は夫以外の男性と交われば、姦通罪として処罰の対象となった。

日本国憲法の制定、施行に伴い、民法の家族に関する規定は抜本的に改正された。1947年5月3日に憲法が施行されたが、民法改正の作業が間に合わない。そこで、「日本国憲法の施行に伴う民法の応急的措置に関する法律」が作られ、妻の無能力規定、家に関する規定、家督相続、夫婦関係規定で両性の本質的平等に反するものの不適用、成年者の婚姻について父母の同意の不要、親権の父母共同行使、配偶者相続権の確立などが規定された。

当時の地方新聞では、「男女あすから平等 家に関する規定廃止」（中國新聞1947年5月2日）、「新憲法実施のよろこび 男女の権利は同じ 結婚は父母の同意なくできる」（大分合同新聞1947年5月3日）、「堅苦しい戸主権よさらば 男女は完全平等に」（新潟日報1947年5月4日）と報じている。

上記の応急的措置に関する法律の内容を基準に改正された民法（家族に関する部分）の大きな特徴は、明治時代以来の家制度を廃止して、男女の平等を進めたことであり、家族を団体としてではなく、夫と妻、親と子、親族相互の個人と個人の権利義務関係として規定し、個人を基礎と置いたことである。いわば個人主義に立つ家族法である。

2 家族モデルの登場と性別役割分業

しかし、氏と戸籍に関する制度が、家族を団体として把握することを可能にした。夫婦同氏・親子同氏の原則が採用され、しかも氏は戸籍編製の基準とされ、戸籍は1組の夫婦およびこれと氏を同じくする子ごとに編製されたから（→7頁コラム❷-1）、夫婦・親子が同じ氏を名乗り、同じ戸籍に記載されることとなった。つまり、夫婦とその間に生まれた子が1組の家族として把握され、家族のモデルとして認識されていく。

▶1 無能力者
能力とは、自分1人で有効に法律行為（土地の売買、借金、裁判、労働契約など）をすることができる資格をいう。明治民法では、女性は婚姻すると、夫の同意がなければ、上述のような重要な法律行為をすることができなかったので、無能力者とされた。

▶2 姦通罪
姦通とは、配偶者のある者が配偶者以外の者と性交すること。明治刑法は、妻が夫以外の男と性交した場合、夫が妻と妻の相手方を告訴（警察に対し犯罪事実を告げて、犯人の処罰を求めること）したときに、処罰することができた。1947年、憲法14条の法の下の平等に反するとして廃止された。

▶3 憲法24条「1項 婚姻は、両性の合意のみに基づいて成立し、夫婦が同等の権利を有することを基本として、相互の協力により、維持されなければならない。
2項 配偶者の選択、財産権、相続、住居の選定、離婚並びに婚姻及び家族に関するその他の事項に関しては、法律は、個人の尊厳と両性の本質的平等に立脚して、制定されなければならない。」

加えて、住民基本台帳は住民票を世帯単位で作成し、世帯員には世帯主との続柄が記載された。戸籍筆頭者の96％が夫であるように、住民票でも、ほとんどの場合、夫が世帯主となった。世帯主であることが職場からの家族の扶養手当の支給基準になったり、世帯主が国民健康保険の届出義務者や保険証交付請求権者とされた。こうして家族を団体として把握するシステムが維持されるとともに、夫婦と子という家族モデルに、夫を「主人」と見る家父長意識が重ねられていく。

これは1960年代からの高度経済成長期の家族モデルと一致した。夫が勤労者として稼ぎ、妻は家庭に入り、家事・育児・介護に従事するという性別役割分業型の家族である。そこには独特の生活様式がある。

つまり、家事・育児に従事する主婦は、家事労働が無償の労働であるため、自分で生計を立てることができないから、生計維持者としての夫を必要とする。他方、夫は自分で育児や介護を担えない。長時間残業、休日・深夜勤務が恒常化する職場環境では、育児・介護・自分の世話係として、主婦を必要とする。男と女が結婚し夫婦一体となって初めて生計の維持と家庭の維持が可能になる。まさに二人三脚であり、一方が病気や事故でころぶと生活が崩れてゆくもろさを抱えていた。だから、夫は万一に備えて妻子のために懸命に働き、妻は「愛」という名で夫の健康管理に気を配り、子どもを育てた。

性別役割分業型家族を前提にして、日本社会は高度経済成長を果たした。企業が従業員の家族に送ったテキストはそのことを明らかにしている（→うらむ❾-1）。外で働く夫と家庭の内で家事・育児・介護を担う妻を社会の基礎的な単位とするものである。

税制も社会保障制度もこの基礎的な単位に基づいて設計された。たとえば、サラリーマンの専業主婦世帯について、夫の所得から一定額（現在は、38万円）を控除した残額に、所得税を課税する制度（配偶者控除制度）がある。世帯にとっては、減税効果がある。社会保障では、専業主婦は被扶養者として、夫の健康保険を利用したり、夫の死亡に際して遺族年金（夫の受給額の

❖4　日本国憲法の施行に伴う民法の応急的措置に関する法律
1947年4月19日公布。5月3日から12月31日まで効力を持った。1948年1月1日から改正民法が施行された。

❖5　住民基本台帳
住民の居住関係を公証する制度。選挙人名簿の登録、義務教育その他住民に関する事務の処理の基礎となる。（→72頁❖3）

❖6　妻の地位の確保
夫が不貞をすれば、妻は相手の女性に慰謝料請求ができ（→79頁うらむ⓮-2）、女性が子を産んでも婚外子として法的、社会的差別があり（→2頁）、夫が妻に離婚を求めても有責配偶者からの離婚請求として、離婚は否定された（→73頁）。妻の地位を厚く保護した。

うらむ❾-1　夫と妻の役割分担

明治時代、国定教科書『尋常小学修身書』（1910年）「男子の務めと女子の務め」の章である。「男子は成長の後、家の主人となりて職業を務め、女子は妻となりて一家の世話をなすものにて、男子の務めと女子の務めとは、その間に異なる所あり。……女子が内に居て一家の世話をなし、家庭の和楽を図るは、やがて一国の良風美俗を造るゆえんなり。女子の母として子どもを育つることの良否は、やがてその子の人となりに影響し、しいては国家の盛衰にも関係するものなり。されば女子も男子と同じく己が務めの大切なるを思い、常にその本分を全うせんことに心がくべし」。

高度経済成長期、1964年に大手の電力会社が社員の妻に行った「家庭人教育」のテキストである。「会社をひけて我が家の玄関の戸をあけただけで、ほっと心の休まるような家庭があって、今日の疲れが回復し、明日への活動力の源となる。夫が妻に望むこと第1条　毎日にこにこ顔で送り出し、毎晩にこにこ顔で迎えること、第4条　家庭での化粧を忘れぬこと、第8条　会社が大事か家庭が大事かなどと追い詰めいないこと、第13条　家庭において亭主関白にしてやること……」（木下律子『王国の妻たち』〔径書房、1980年〕より）。

1980年代、大手の宅配便会社が従業員の家庭に届けた『主婦の健康管理術』である。「拝啓　主婦様　あなたの能力が夫、家庭を支えます。夫には一生懸命働いてもらわなくては困ります。だから夫が元気でいるために、あなたがしっかり健康管理に気をつけましょう。一家の主婦は家計のやりくりから、家族ひとりひとりの面倒をみ、炊事、洗濯、掃除など、家庭を維持していくための活動、いいかえるならば家事のすべてを担当しています。夫がすこやかに職場で全力投球し、子どもを丈夫に育て、お年寄りの世話をし……」（桜井陽子・桜井厚『幻想する家族』〔弘文堂、1987年〕より）。

→7 成年に達した国民はすべて保険料を納めて国民年金基礎年金の将来の受給権を得るが、被保険者（会社員や公務員）の配偶者で年収130万円未満の者（被扶養配偶者）は、保険料を負担しないで受給権を得る。ほとんどがサラリーマンの主婦である。

→8 批准
条約に署名した後、政府が条約の内容を審査し、国家が条約に拘束されることに同意を与えること。批准には国会の承認を経なければならない。

→9 男女雇用機会均等法
二度の大きな改正を経て、現在は、①募集・採用、②職場での配置・昇進・降格・教育訓練、③福利厚生、④職種・雇用形態の変更、⑤退職勧奨・定年・解雇・労働契約について、差別的取扱いを禁止する。

→10 基本法の4原則
男女共同参画社会基本法は、①男女が性別による差別的取扱いを受けないこと、②社会における制度または慣行が男女の社会活動の選択に及ぼす影響をできる限り中立なものとすること、③政策または方針の立案・決定に共同して参画すること、④家族を構成する男女が、相互の協力と社会の支援の下に家庭生活の活動とその他の活動を両立すること、という4つの原則を定めている。

約7割ていど）を受給したり、保険料を納めることなく、国民年金基礎年金の受給権を取得できるなどである。こうした家族への優遇政策である。

また当時は、女性は男性と同じ条件で就職できなかった。たとえば、大手企業は公然と「大卒男子のみ募集」を行い、女性には、若年定年制、結婚退職制があり、たとえ勤めることができても、結婚や出産を機会に退職し、家庭に入ることが事実上強制されていた。

3　家族の多様化と男女共同参画

1985年、国連女性差別撤廃条約の批准に合わせて、男女雇用機会均等法が成立し、以降、女性の雇用労働者化が進んだ。女性の場合、なおパートなど非正規の比率が高いという限定はつくものの、1997年以降、共稼ぎ世帯が専業主婦世帯を上回り、家庭生活も個人のライフスタイルも多様化している。単身者、ひとり親世帯、高齢の夫婦だけの世帯が増え、家族の形態も多様化している（→資料❾-1）。

1999年、男女共同参画社会基本法が成立した。前文は、「男女が、互いにその人権を尊重しつつ責任も分かち合い、性別にかかわりなく、その個性と能力を十分に発揮することができる男女共同参画社会の実現は」、「21世紀の我が国社会を決定する最重要課題と位置づけ、社会のあらゆる分野において、男女共同参画社会の形成の促進に関する施策の推進を図っていくことが重要である」とする。

政府は男女共同参画社会を実現するために、5年ごとに男女共同参画基本計画を策定している。第1次（2000年12月）では、「個人がどのような生き方を選択しても、それに対して中立的に働くよう、社会制度・慣行について個人単位の考え方に改めるなど必要に応じて見直しを行う」と記され、税制、社会保障制度の見直しを挙げている。以来、第4次の基本計画（2015年12月）まで同様の記述が続いているが、見直しは実現していない。

職場では相変わらず長時間労働が常態化し、家庭との両立が難しいことから、女性は結婚や出産をきっかけに退職する人が多い。出産前に働いていた女性のうち46.9％が第1子出産後に離職していた（2010〜2014年に出産した女性）。離職し家庭に入ると、前述のような税や社会保障のメリットがある。メリットのために女性が就労を自粛する→専業主婦のいる男性労働者中心の職場の雇用環境は変わらない→女性は結婚・出産・育児で退職する→家庭に入る→雇用環境は改善されない、という悪循環が続いている。

4　両立支援は育児支援

こうした悪循環を断つためには、働く女性が安心して出産し、男女が共に育児を担うことのできる仕組みが必要である。労働基準法は、出産に関して、産前6週間・産後8週間の休業を保障する。出産手当金は1日につき賃金の2/3が支払われ、社会保険料が免除される。男女雇用機会均等法は、妊娠、出産を理由とする退職など不利益取扱いを禁止する。

育児に関しては、育児介護休業法が制定され、男女を問わず、原則1年取得でき、3歳未満の子の養育者は、労働時間の短縮措置、所定外労働の免除、小学校就学前の子の養育者は、年5日の看護休暇、時間外労働の制限、深夜業の制限なども可能である。事業主は、こうした権利を行使した労働者

に対して不利益取扱いをしてはならない。当初は、育児休業中は無休だったが、徐々に育児休業給付金が増額され、休業6か月までは休業前賃金の67％、それ以降50％の保障がある（2014年）。しかし、民間企業の男性の育児休業取得率は、13.97％である（2021年）。過去最高だが、女性は85.1％（同年）であり、拡差は大きい。

育児休業給付金は休業前の賃金が基準であるため、共働き世帯では、給与の低い方が取得した方が得である。男女の賃金格差[13]がある現状では、妻が取得することになる。また、あくまでも休業であり、勤続年数にカウントされないから、職場のキャリア形成には役立たない。キャリア志向の男性の場合、利用に消極的になる。非正規労働者は育児休業を使いにくく、出産により退職する傾向があるが、そのほとんどは妻であり、夫は育児休業をする必要がない。

これに対して、たとえば、ノルウェーでは、父、母にそれぞれ10週間休業を割り当てる、パパ・ママ・クォーター制である。1週間の内、父が2日、母が3日とか柔軟に取得できる。父が取得したときは母が、母が取得したときは父が働くことができる。働きながら育児ができる。49週間の休業を選択した場合、賃金保障は100％である。賃金保障は政府と事業所が負担する。育児は社会が支えるものという考え方が浸透している。

日本では、育児は家族が担うプライベートなものという意識が根強い（→86頁）。都市部では、保育所が不足し、公的な統計では、待機児童が26,081人（2017年）いる。孫の世話をする祖父母がいなければ、働くこともできなくなる。2年前話題になった「保育所落ちた、日本死ね」というツイートは、その切実さを物語っている。公的な保育所の増設、保育士の待遇改善、育児休業給付金の100％保障、育休中でも父母が交互に働ける仕組み、労働時間の管理など制度の拡充を行い、男女が共に家庭と仕事の両立が可能となる改革が必要である。

→ 11 103万円の壁
サラリーマンの配偶者の年収が103万円を超えると、所得税・住民税の配偶者控除の対象にならないため、たとえば、パートで働く主婦が103万円を超えないように勤務を休んだりして調整することが多い。103万円の壁という。主婦の経済的自立を妨げる面もある。

→ 12 パパ・ママ育休プラス
父母共に育児休業を取得する場合、1歳2か月まで育児休業取得可能期間を延長することができる。男性の取得促進のためだが、利用は少ない。

→ 13 男女の賃金格差
男性を100とした場合、女性の賃金は73.0（2016年）。

資料9-1 統計に見る家族の多様化

(単位：％)

年	1970	2000	2005	2010	2015	2020
単独世帯	10.8	27.6	29.5	32.4	34.6	38.0
（内65歳以上）	−	(6.5)	(7.9)	(9.3)	(11.1)	−
夫婦と子から成る世帯	46.1	31.9	29.8	27.9	26.9	25.0
夫婦のみ	11.0	18.9	19.6	19.8	20.1	20.0
ひとり親と子	6.4	7.6	8.3	8.7	8.9	9.0
その他	25.8	14.1	12.8	11.1	9.4	7.7
（内三世代世帯）	−	(10.1)	(8.6)	(7.1)	(5.7)	−

＊ 5年ごとに行われる国勢調査による世帯構成の変化

多様化の要因として、①出生率の低下（1.43）、②平均初婚年齢の上昇（男31.1歳、女29.4歳）、③第1子を産む女性の平均年齢の上昇（30.7歳）、④50歳時の未婚率の上昇（男23.4％、女14.1％）、⑤20万超の離婚件数（216,798件）、⑥高齢化率（65歳以上の総人口に占める割合）の上昇（27.7％）（①⑥2017年、他2016年）がある。

10 相手を支配しないこと
▶DVを考える

> **設例** 夫婦げんかとDVはどこが違うのだろうか。DVの問題点、被害者の保護とDVの防止を考えてみよう。

1 DVとは何か

　DVとは、ドメスティック・バイオレンス（Domestic Violence）の略語で、日本では配偶者の一方から他方への暴力を意味する。暴力には、身体への暴力（なぐる、けるなど）、精神的な暴力（威圧的な言葉や無視などで心を傷つけるなど）、性的な暴力（無理やり性的行為をするなど）、経済的な暴力（生活費を渡さないなど）がある。

　単なる夫婦げんかではない。DVは、配偶者の一方が暴力によって相手を支配することであり、支配と服従の関係がある。自分の思うようにことが運ばなかったとき、仕事や家事・介護などでストレスや疲れがたまったとき、人間関係がうまくいかないとき、社会から評価されていない、あるいは見放されたような孤立感にさいなまれるとき、生活が経済的に苦しくなり、どうしようもなくなったときなどに、つい立場の弱い身近な存在に当たってしまい、それがエスカレートして暴力に至り、被害を受けた方が逃げ出すことができず、暴力が常態化する。誰にでも加害者になる可能性がある（→コラム⑩-1）。実際には、夫から妻、男性から女性へのケースが多い。

2 特徴と背景

　DVの特徴を挙げる。第1に、家庭という密室で行われるため、暴力が極限に至るまで、表面化しにくい。たとえば、妻が夫に経済的に依存しているため、子を連れて家を出ることができなかったり、高齢者の介護をしていて逃げ出せないという事情がある。暴力によって女性が自信をなくし、生活力を奪われ、社会的に孤立させられ、男性への恐怖心を植え付けられたりしているため、暴力の繰り返しを恐れて、沈黙してしまう。

　第2に、社会のルールやモラル、職場や世間の目などが届かないために、暴力が加害者の中で容易に正当化され、責任転嫁されやすい。臨床心理士の信田さよ子さんは、多くの夫は暴力の後で「言葉に出さなくてもわかるのが妻だろう。殴るしかない身にもなってほしい」と言いはなち、妻に「優しさが足りず夫を怒らせた私が悪い」という加害者意識を植え付けると指摘する。

　第3に、家庭生活はプライバシーが最大限に尊重されるべき空間だから、当事者の自治にゆだねられており、行政や警察などの公権力、医師や保健師などの第三者が介入すべきではないと考えられてきた。既存の制度でも、加害者に対して、刑法の暴行罪、傷害罪、強姦罪などで逮捕、処罰し、二度と

➡1 **DVのサイクル**
　米国の心理学者レノア・ウォーカーが提唱した。すべてのケースに当てはまるわけではないが、DVのサイクルには大きく3段階があるとする。まず、①緊張が蓄積する期間、男性の緊張度が増し、ピリピリしてくる。やがて、②暴力の爆発期を迎え、男性は暴力という形で高まった緊張を解く。その後、女性に対して大げさすぎるほど謝罪したり、二度と暴力をふるわないと宣言したり、優しくなってプレゼント攻勢をしたりする。③ハネムーン期という。しかし、③は終わり、①からのサイクルが繰り返され、次第にサイクルの速度が増し、暴力の頻度が高まり、その程度も深刻化する（『ドメスティック・バイオレンス』〔→コラム⑩-1〕13頁）。

➡2 📖
　信田さよ子「逃れられない被害者たち」日本経済新聞 2007年17日。

そのような行為をしないよう自覚させることはできたが、「法は家庭に入らず」という建前が尊重され、実際に加害配偶者が逮捕、処罰されることは、まれだった。被害者が暴力の事実を口に出しにくく、かつ加害者から被害者へ責任転嫁が行われる中で、家庭における自治の尊重を説くことは、結果として暴力を隠すことになる。

第4に、夫から妻へのDVはジェンダーの問題と密接に関係している。まず、夫と妻の関係には、その社会の一般的な男と女の力関係が反映する。力強さの現れとして男の攻撃性を評価する文化（闘う男のプラスイメージ、マッチョ）、男が常に女より優先する社会慣行や性別役割分業の中で、夫は自覚しないまま、社会における男・夫の優位性を利用する。もともと暴力は、抵抗される可能性の乏しい者に対して加えられる。それが、女を見下し、妻に暴力をふるうことにつながる。夫から妻への暴力には構造的な原因が潜んでいる。このことは親密な関係にある恋人や友人にも当てはまる。

3 DV防止法の必要性

DVは、日常的に被害者の身体の安全、精神的自由・人格を侵害し続けている。1990年代、悲惨な事例が次々と報道され、DVが社会問題として発見された。これらが明白な人権侵害であることが認識され、必要な範囲で公権力が介入すべきであると考えられるようになった。2001年、「配偶者からの暴力の防止及び被害者の保護に関する法律（以下、DV防止法）」が制定され、2004年、2007年、2013年と3回改正された。

DV防止法は、前文において、「配偶者からの暴力は、犯罪となる行為をも含む重大な人権侵害であるにもかかわらず、被害者の救済が必ずしも十分行われてこなかった」と指摘し、「配偶者からの暴力の被害者は、多くの場合女性であり、経済的自立が困難である女性に対して配偶者が暴力を加えることは、個人の尊厳を害し、男女平等の実現の妨げとなっている」と記す。

DVの特性を公的に表現したものとして、大きな意味を持つ。DVが人権

▶3 強姦罪
暴行又は脅迫によって、13歳以上の女子を姦淫する罪。2017年、強制性交等罪に改められた。判例は、婚姻が破綻していたケース、夫が友人と一緒に妻を強姦したケースで、夫婦間でも強姦罪が成立することを認めた。

▶4 クマラスワミ報告と北京行動綱領
1994年、国連人権委員会は、女性に対する暴力の特別報告者としてラディカ・クマラスワミ（スリランカの法学者）を任命した。彼女のチームが1996年に「DVに関する報告」をしたが、そこでは、DVは、家族間および個人的関係における女性に対する暴力であり、家族のメンバーが家族の女性に対して行うジェンダーに基づいた肉体的、心理的および性的虐待行為のすべてを指している。

1995年、北京で開催された国連世界女性会議では、女性への暴力がテーマの1つとして掲げられ、「北京行動綱領」において、女性に対する暴力は、「男性による女性支配及び差別」という両性間の「歴史的な不平等な力関係」の現れであり、「文化的様式」と「伝統的慣行」に由来すると明示された。

こらむ⑩-1　DVの実態調査

1992年7～12月、実務家・研究者・市民が中心になった「夫（恋人）からの暴力」調査研究会が日本で初めての「夫から妻への暴力」に関するアンケート調査を行った。関係者による手渡しアンケート796通である。それによれば、①加害者の職業は、会社員・事務職約40％、専門職15％、技術・作業職13％、販売職13％、大企業の管理職11％等。②同居中の暴力が88％、その後別居・離婚した人は43％、その時1回限りの暴力は24％、子どもへの暴力ありが63％。③暴力がふるわれた原因は、「妻の言動が気に入らない」84％、「夫がイライラ・疲れていたから」48％、「夫（男）の権威が傷ついたから」45％。

どんな男性にもこうした暴力がありうること、暴力をふるわれても別居・離婚ができない女性が半分を超えること、子どもも暴力を受けること、暴力をふるう原因が夫の気分次第であることなどが明らかになった（「夫（恋人）からの暴力」調査研究会『ドメスティック・バイオレンス〔新版〕』〔有斐閣、2002年、初版は1998年〕参照）。

内閣府男女共同参画局「配偶者等からの暴力に関する事例調査」（2001年2～3月、暴力を受けた経験のある女性62名からの直接聞き取り調査）でも、同様の分析がなされた。これらの調査がDV防止法を成立させるきっかけとなった。

内閣府「男女間における暴力に関する調査」（2016年、全国20歳以上の女性1,401人、男性1,272人）では、身体的暴行、心理的攻撃、性的強要のいずれかを1つでも受けたことがあるかの問いに対して、「あった」女性23.7％（何度も9.7％）、男性16.6％（何度も3.5％）である。男性も女性から暴行や攻撃されることが少なくないことが明らかになったが、男性の場合、まだまだ被害を相談しにくい現状がある。

侵害行為と位置づけられたことによって、これまで暴力を受けてもやむをえない、あるいは自分が悪いと思い込んできた女性たちが、やはり不合理なことであり、自分に非はなかったのだと認識できるようになった。「法は家庭に入らず」の原則が克服され、警察の協力も得やすくなった。

4 DV防止法の仕組み

配偶者（事実婚の配偶者、離婚後の元配偶者も含む）の身体に対する攻撃や、言葉による脅しがあった場合に、被害配偶者が配偶者暴力相談支援センターや警察へ相談をしたり、通報をすると、警察は、暴力の制止や被害発生防止の措置をとり、本人から被害を防止するための援助を受けたい旨の申し出があり、これが相当と認められるときは、必要な援助を行う。2013年の改正で、生活の本拠を共にする交際をする関係にある相手方からの暴力（関係解消後も引き続き受ける場合を含む）にDV防止法が適用される。

また、裁判所に対して、次の3つの保護命令を申し立てることができる。①住居から加害者を退去させる命令（2か月）、②被害者本人、必要性が認められた場合には子、被害者の親族・支援者の住居、勤務先、学校、その他の場所について、加害者のつきまとい、徘徊、電話やファックス、電子メール送信などでの接触を禁じる命令（6か月）、③被害者に対する面会の要求、著しく粗野または乱暴な言動、電話・ファックス・電子メールの送信などの禁止（6か月）である。保護命令に違反すると、1年以下の懲役または100万円以下の罰金という刑事制裁がある。

以上のように、警察や司法が介入する被害者の保護は、暴力から逃れたい配偶者の安全の確保であり、被害者の転居と、加害者のつきまといの防止である。加害者から逃げようとしたときなど危険度が高まるときに、これらの保護命令によって、追跡、報復、連れ戻し、子の連れ去りなどの加害者の行為を規制できる。また、加害者の支配からの離脱を図ることで被害者の精神的不安定をなくすことができる。被害者をエンパワメントし、被害者と加害者の関係を変化させ、その後の離婚手続の円滑化、生活再建支援にもよい影響を及ぼし、加害者に対しては、現実直視を促す効果もある。

5 制度上の課題

DV防止法では、都道府県がDVの防止および被害者の保護のための施策の実施に関する基本計画を定めることを義務づけ、配偶者暴力相談支援センター、警察、福祉事務所その他関係機関が連携を図りながら協力するよう努めるものと定める。また、センターが業務を行うに当たって、民間の団体（緊急の一時保護を行うシェルターなど）との連携も規定され、福祉事務所は、生活保護法、母子及び寡婦福祉法等による、被害者の自立を支援するために必要な措置を講ずるように努めなければならないとされている。

しかし、まだまだ制度上の課題がある。たとえば、台湾では、地方法院（地方裁判所）内に、家庭内暴力事件相談所が開設されている。各地方政府の社会局の家庭内暴力および性的侵害防止センターが社会福祉団体に、こうした相談所の設置、被害者が出廷する場合の付き添いや指導、心理相談などを委託している。また、地方法院で、日本のような保護命令のほかに、被害者・加害者の治療、被害者の治療代の加害者負担、家族問題の解決、たとえば、

---

5 警察の協力
警察署の生活安全課が対応する。定期的な見回り、転居するときの見守りなど、本文記述のこと以外も行う。

6 生活の本拠を共にする交際
アパートやマンションで一緒に暮らしているような場合。暴力の支配下にあり、逃げ出すことが難しいので、DV防止法が適用される。

7 2か月では転居が困難などの事情がある場合には、再度、命令を発することができる。なお、②③についても再度申立てができる。①と異なり、制限事由はない。

8 エンパワメント
落ち込んでいる人を励まして、平常に戻すこと。

9 戒能民江「DV防止法」『講座・ジェンダーと法 3 暴力からの解放』（日本加除出版、2012年）15〜16頁。

10 シェルター
DVから逃れた被害者が、日常生活をする住居を確保するまで一時的に避難する場所。被害者を支援する民間団体が確保する例が多い。

親権者の指定、子の引渡し、面会交流、養育費分担などを命じることができる。ワンストップ対応である。

　韓国では、家庭暴力犯罪の処罰などに関する特例法があり、加害者への保護処分として、相談所への相談委託がある。DV加害者について、矯正・治療プログラムによって矯正が可能な場合、裁判官は専門的な相談機関への相談委託を決定する。加害者の治療であり、治療を受けない場合には、職権によりまたは検事、被害者、相談機関の長の請求により、裁判所は相談委託を取り消し、検察庁の検事に事件として送致するので、強制力が働く。プログラムは、個別面談、グループワーク、夫婦面談、家族キャンプなど、6か月、約20回、60時間かけて行う。

　またDVに関して加害者治療を受けてもなおDVを繰り返す加害者もいる。DV被害が生じてからの事後的な治療では、被害それ自体の発生の防止にはならない。そこで、相手を暴力などで支配しなくてもよいコミュニケーション能力と自分を守る方法を高校生までの間に修得してもらうことが、究極のDV防止につながると認識されるようになった（→コラム⑩-2）。たとえば、台湾では、家庭暴力防止法60条において、高校以下の学校は、毎年、4時間以上の家庭暴力防止に関する授業を行わなければならないと定める。

　日本にはワンストップ対応も、加害者治療も命じる制度もない。被害者が加害者から逃げること、すなわち、安全確保が中心であり、被害者は自助努力で生活を再建し、離婚手続などをとらなければならない。DV防止教育も一部の地方自治体や民間団体が取り組んでいるにとどまる（→コラム⑩-2）。国は当事者任せ、他人任せにするのではなく、費用をかけて制度を改革し、ワンストップ対応、加害者治療、DV防止教育を実現する責任がある。DV被害者やDVの中で育った子どもたちが受けた被害の治療、トラウマからの回復に要する費用総額よりも、かえって安上がりであることは、オーストラリアの報告書が実証している。

◆11　ワンストップ対応
被害者の保護命令、加害者の処罰、離婚や子の監護など、民事、刑事、家事に関することを、裁判所の1つの法廷で対応すること。米国ワシントンDCのDVコートが有名。

◆12　保護処分
韓国の家庭暴力犯罪の処罰などに関する特例法（2011年8月4日改正、2012年8月5日施行）では、保護処分として、①接近の制限、②電気通信利用の接近行為制限、③親権行使の制限、④社会奉仕・受講命令、⑤保護観察、⑥保護施設への保護委託、⑦医療機関への治療委託、⑧相談所への相談委託が定められている。

コラム⑩-2　DV防止教育

　たとえば、ニュージーランドでは、警察が地域の学校・支援機関・民間団体と連携し、交通安全と同じ意味で、暴力防止教育が必要だとの認識から、Keeping Ourselves Safe（自分を守ろう）という教育プログラムを開発した。年齢別に5つの教材、① Knowing What To Do（5～7歳）、② Getting Help（8～10歳）、③ Standing Up For Myself（11～12歳）、④ Dealing With Risk（13～14歳）、⑤ Building Safe Relationship（15～17歳）を用いて、警察官と教員が2：3の比率で授業を担当する。

　日本では、たとえば、佐賀県が「佐賀県DV未然防止教育事業」として、中学・高校各学年別に講義とグループ学習を実施し、滋賀県草津市は「デートDV防止」授業を市内の中学校・高校で実施するなど、地方自治体が独自に取り組んでいる。デートDVとは、デートをするカップル、つまり結婚していないカップル間に起こる暴力のことで、夫婦間のDVと同じように支配・被支配の関係がある。また、DV防止に取り組む民間団体が中学・高校に授業を提供している（出前授業）。たとえば、「NPO法人DV防止ながさき」（長崎県）は、2004年からデートDV予防教育を提供しており、2016年には中学47回、高校45回、大学6回など合計17,309人が受講した。2018年には、全国80団体以上の賛同を得て「デートDV防止全国ネットワーク」が設立される予定である。

　DV防止ながさき編集のパンフレット「あなたと私の心とからだを大切にするために」には、好きな人とおつきあいすることはステキなこと、だけど、つらいと感じたことはない？イヤなことはNo！と言っていいんだよ、あなたは悪くない、どんな理由があっても暴力を受けてはいけないのです、DVにならないために対等な関係が大切、対等な関係をつくるために言葉で気持ちを伝えあおう、といったメッセージが記されている。

● 資料Ⅱ　内閣府世論調査（2017年）

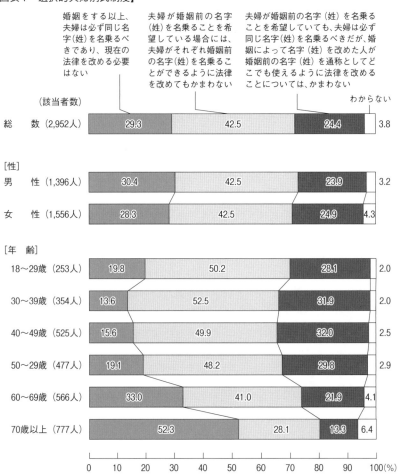

【図表1　選択的夫婦別氏制度】

【図表2　導入反対、賛成、通称使用可の経年比較】

(％)

	1996年	2001年	2006年	2012年	2017年
①導入に反対	39.8	29.9	35.6	36.4	29.3
②導入に賛成	32.5	42.1	36.6	35.5	42.5
③通称使用可	22.5	23.0	25.1	24.0	24.4

　2017年調査では、60歳未満全体では、①現在の法律を改める必要はない16.8％、②夫婦がそれぞれ婚姻前の名字（姓）を名乗ることができるように法律を改めてもかまわない50.0％であり、トリプルスコアで②が支持されている。70歳未満全体では、①21.1％、②47.7％であり、ダブルスコア以上で②が支持されている。世論の大勢は導入賛成である。②を支持した人で実際に夫婦別氏を選択するという希望者は、全体で19.9％だが、人の選択に寛容な意識の反映であり、家族の多様性を承認し、少数者の排除から包摂へ、社会の変化のきざしを読み取ることができる（分析に関して、二宮周平「選択的夫婦別氏制度実現の方向性─内閣府世論調査と2つのタイプの別姓裁判（1）」戸籍時報768号〔2018年〕12頁以下参照）。

第III部
親子になる・子どもと暮らす

11 血がつながってなくても親子なのか
▶ 法律上の父の決め方

> **設例** 親子とは何だろうか。血のつながり（血縁）だろうか。それとも親子として暮らしてきた関係性、絆だろうか。法律上の親子関係は、どちらを重視しているのだろうか。

1 血縁の親と法律上の親

親が子を育てる出発点は、わが子という血のつながりである。法律はこの親子のつながりを権利と義務で構成する。親には子を監護教育し、扶養する義務を課し、子には親に対して監護教育や扶養を請求する権利、親の財産を相続する権利を与える。だから、どのような場合に法律上の親子関係が生じるのかが重要になる。基本は血縁だが、法の世界では、血縁があっても親子関係が生じず、血縁がなくても親子関係が生じることがある。母と父との違い、婚内子と婚外子の違い、子の利益に対する考え方の違いが反映している。

2 母子関係

日本の民法は、法律上の母子関係の成立に関して、婚外子の認知に関する規定しかない。1962年4月27日、最高裁は、婚外子と母の法律上の親子関係について、「原則として、母の認知を待たず、分娩の事実により当然に発生する」と解釈した。母子の場合は、出産（分娩）の事実から血縁が明らかになる。婚内子も婚外子も、法律上の母子関係は分娩の事実により発生する。

しかし、今は、生殖医療技術を用いれば、①女性が第三者から卵子の提供を受けて出産したり、②夫婦の体外受精卵を第三者の母胎に着床させ、その女性に妊娠、出産してもらうこと（代理懐胎→50頁）が可能である。分娩した母と血縁の母が一致しないケースが出てきた。法律上の母子関係はどのように定めればよいのだろう。①では出産した女性が子を育てたいと思い、②では出産を依頼した夫婦が子を育てたいと思っている。法律上の母子関係は、血縁ではなく、子を育てたいという意思に基づいて成立することになるのだろうか。この問題については、Ⅲ部⓬で改めて考えてみたい。

3 父子関係

父子の場合は、母子と異なり、事実によって血縁を明らかにすることが難しい。そこで民法は、妻が婚姻中に懐胎（妊娠）した子については、夫の子と推定し、そうでない子については、父が認知することによって法律上の親子関係が成立することとした。現在では、遺伝子鑑定（DNA鑑定）をすれば、血縁の有無を明らかにすることができる。しかし、遺伝子鑑定を実施して血縁の事実が明らかにならなければ、法律上の親子関係が成立しない、出生届

➡1 「嫡出でない子は、その父又は母がこれを認知することができる。」（民法779条）

➡2 DNA鑑定
人の染色体のDNA（ディオキシリボ核酸）の内、遺伝子情報を持たないイントロン部分に変異が多いことに着目し、その一致あるいは相違を検出する方法。この技術の進展により、血縁関係の存否は限りなく100%（たとえば、99.99998%）に近い確率で証明することができるようになった。

も出せないというのは、鑑定費用も手続のための時間もかかって現実的ではない。だから、推定と認知には今でも意味がある。

推定制度について、民法772条1項は、「妻が婚姻中に懐胎した子は、夫の子と推定する」と規定する。この規定は、法律上の父を推定する意味と、妻が婚姻中に懐胎した子に「嫡出子」としての地位を付与する意味とがある。この二重の意味を示すために、民法772条1項の推定を「嫡出推定」と呼ぶ（→うらむ⓫-1）。

ところで妻が婚姻中に懐胎したことの証明も簡単ではない。そこで民法772条2項は、婚姻成立の日から200日経過後に出生した子、死別や離婚など婚姻解消の日から300日以内に出生した子は、婚姻中に懐胎したものと推定する。2項の推定があって初めて1項の推定が機能する。推定の積み重ねだが、これによって、夫が出生前に死亡したときでも、夫の家のあと継ぎを確保し、離婚したときでも、前夫に父としての責任を果たさせることが可能となる。その意味で、子の利益にもなる規定だった（→うらむ⓫-2）。

こうして婚内子の場合、嫡出推定により、子は出生の時点から法律上の父を持つ。婚外子の場合、父が認知して初めて子は法律上の父を持つ。父が認知しない場合には、子は父の認知を求める裁判を起こさなければならない。認知がない限り、父子間に血縁があっても、法律上は父がいない子になる。父子関係の成立に関して、婚内子と婚外子には大きな格差がある。

4 嫡出否認の訴え：法律上の父子関係の否定

妻が婚姻中に懐胎した子は夫の子と推定されるが、実は夫以外の男性の子だったなど推定が事実に反することもある。こうした場合には、事実を明らかにして推定を覆すことができる。これを嫡出否認という。現行民法は、①夫だけが、②子の出生を知って1年以内に、③嫡出否認の訴えという裁判によって、推定を覆し、法律上の父子関係を否定することができる。これを嫡出否認権という。

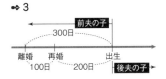

→3

→4 子、その直系卑属（子、孫など）またはこれらの者の法定代理人（子の親権者など）は、認知の訴えを提起することができる。ただし、父の死亡の日から3年を経過したときは、その男性が血縁上の父だとわかっていても、認知の訴えを提起することができない（民法787条）。

→5 嫡出否認の訴え
嫡出否認の訴えは、夫が子の出生を知った時から1年以内に提起しなければならない（民法777条）。

うらむ⓫-1 できちゃった結婚：妻が婚姻前に懐胎し、婚姻後に出産した子

妻が婚姻前に懐胎し、婚姻後に出産した子、いわゆる「できちゃった結婚」で生まれた子の父は誰なのだろう。「妻が婚姻中に懐胎した子」ではないから、嫡出推定の適用を受けない。明治民法の立法者は、婚姻前に懐胎した子については、父母の認知によって初めて法律上の親子関係が認められ、準正という規定＊によって嫡出子の身分を取得すると考えていた。しかし、当時は、あと継ぎの確保のため、妻の妊娠がわかってから婚姻届を出すという慣行があった。婚姻届をしてから子が生まれたのに、出生届の他に認知届が必要だということは、一般の人々には理解できないことだった。

紆余曲折を経て、1940年1月23日、大審院連合部（今の最高裁大法廷）は、父母の内縁関係中に懐胎し、婚姻後に出生した子について、父母の認知の手続は不要であり、出生と同時に当然に父母の嫡出子としての身分を有するとした。

戸籍係に出生届が提出されたときに、戸籍係には、この子が内縁関係中に懐胎した子かどうかを確かめる権限がないことから、司法省（今の法務省）は、内縁関係の有無にかかわらず、婚姻後に出生した子をすべて「嫡出子」として出生届を受理するという通達を出した。他方で、妻が婚姻前に懐胎した子については、夫を父とする推定を受けないことから、母は父欄空白の「嫡出でない子」の出生届もできるとした。夫の子として届け出るか否かを、母が選択できる。

＊ 準正とは、婚外子に「嫡出子」としての地位を与えるための制度。①すでに認知されている子の父母が婚姻する場合、②父母の婚姻後に、子が認知される場合に、嫡出子とする。婚外子に法的、社会的差別があることを前提にして、婚外子の保護を図るためだが、婚外子の法的差別をなくし、さらに「嫡出」「非嫡出」という概念を撤廃した国々（欧米諸国）では、準正という制度はなくなった。

たとえば、夫が妻の産んだ子を自分の子だと信じて家庭生活を営んでいるときに、第三者がこの子は夫の子ではないと主張して父子関係を争うことができるとしたら、家庭の平和は崩壊するかもしれない。子は保護者としての父を失い、嫡出子としての法的地位を失う。また、夫が否認権を行使しないで1年を過ぎると、誰も推定を覆すことができず、夫と子の法律上の親子関係が確定し、子の法的地位を安定させることができる。こうして血がつながっていなくても法律上は親子になり、子は保護者を確保することができる。

しかし、否認権を行使するかしないかは夫の意思に左右される。妻が夫の子として育てたいと思っても、夫が否認権を行使すれば、あきらめざるをえない。妻が夫と離婚し、血縁の父と再婚し、子と血縁の父の間に法律上の親子関係を成立させたいと思っても、夫が否認権を行使しなければ、あきらめざるをえない。子も、法律上の父が否認しない限り、血縁の父との間に法律上の親子関係を成立させることができない。夫＝父の意思だけ尊重され、妻や子の意思が軽視されている。そこで、各国とも、妻や子に否認権を認める法改正をした。日本は、裁判所が解釈によって否認権の厳格さを緩和した。

5　解釈による解決とその限界

【ケース1】 夫A、妻Bは夫婦仲が悪くなり別居した。Bは男性Cと出会い、同居した。その後、離婚することができ、BはCと再婚した。再婚して150日目に子Dが生まれた。離婚後300日以内の出生だから、Dの法律上の父はAである。CがDの法律上の父になるためには、AとDの法律上の父子関係を否定する必要がある。しかし、Aが否認権を行使しない。どうすればよいだろうか。

裁判所は、夫婦が別居し事実上の離婚状態にあるなど、妻の懐胎期間中に同棲がなかったことが外観上明白な場合には、民法772条の嫡出推定は適用されないとした。したがって、嫡出否認の訴えの適用もない。夫（父）と子の間に法律上の親子関係があるかどうかについて利害関係のある者は、誰でも、いつでも、夫（父）と子との間に親子関係が存在していないことを確認する訴えを起こすことができる。上記の事例では、前夫A、妻B、子D、Bの再婚相手のCがこの訴えを起こすことができる。

【ケース2】 妻の懐胎期間中に夫婦は同居していたが、妻が夫以外の男性の子を出産した。夫はその事実を知ったにもかかわらず、子への愛着から否認権を行使しない。妻は子を連れて別居し、やがて離婚し、子の血縁の父と同居し、再婚した。血縁上の父を法律上の父にすることができるだろうか。

2014年7月17日、最高裁は、このようなケースについて、懐胎期間中に事実上離婚などの状態にはなかったのだから、子からの親子関係不存在確認の訴えは認められないとした。DNA鑑定によって前夫と子との間に血縁がないことが明らかであり、子が血縁の父と同居し監護教育を受け、前夫が子と関わることが事実上不可能であっても、法律上の父は前夫である。しかし、父が誰かは、子にとって大切なアイデンティティであり、子の人格に関わることである。血縁の父を法律上の父にする機会を子に保障するためには、解釈による解決には限界がある。たとえば、①妻が婚姻中に出生した子の父は夫とする、②夫・妻・子は父子関係を否定する裁判を起こすことができるなどの法改正が必要である。

➡6 たとえば、韓国は、嫡出否認権を妻に認め（大韓民国民法846条）、台湾は、妻と子に認め（中華民国民法1063条2項）、ドイツは、父子関係を争う権利を妻、子、血縁上の父にも保障し（ドイツ民法1600条1項）、フランスは、親子関係を争う権利を、出生証書に合致する身分占有（子がある者から生まれたと思わせる明確な社会的事実から、子とその者の間の親子関係を法律上推定する考え方。フランス民法311条の1）がある場合には、子、子の父母の一方、真実の親に、身分占有がない場合には、利害関係を有するすべての者（同333、334条）に認める。

➡7 1969年5月29日、最高裁は、子が離婚後300日以内に出生したが、2年半以上前から夫婦は別居し、事実上離婚状態にあった事案で、この考え方を示した。嫡出推定が適用されないので、子には推定される法律上の父がいないこととなり、子は血縁の父に対して認知の訴えを起こすことができる。最高裁は認知の訴えを認めた高等裁判所の判決を正当とした。

➡8　否定の訴えの期間制限
たとえば、夫・妻は子の出生を知って2年以内、子は成人到達後2年以内までとして、父子関係否定訴訟ができる期間を限定することが考えられる。

6　認知制度と婚外子の利益

　婚外子と父との法律上の親子関係は、父が認知することによって成立する。その手続はとても簡単で、父が戸籍係に認知届を出すだけでよい。血縁上の親子関係が存在することの証明もいらず、母や子の同意もいらない。その代わり、母や子は、血縁の事実がないことを証明すれば、いつでも認知無効の訴えを起こすことができる。

　それでは、認知した者自身も無効の訴えを起こせるだろうか。男性が婚外子のいるフィリピン人女性と婚姻し、子を日本に呼び寄せるために、実の子でないことを知りながら認知したが、2年あまりで婚姻が破綻したことから、男性が認知無効を主張した。2014年1月14日、最高裁は、血縁がない場合、認知は原則として無効であり、認知者が血縁がないことを知りながら認知した場合でも、自らの意思で認知したことを重視して認知者自身による無効の主張を一切許さないと解することは相当でないとして、訴えを認めた。しかし、大橋正春裁判官は、本件の場合、認知無効が認められると、子は日本国籍を失いフィリピンに強制送還されるおそれがあり、子の地位が認知者の意思によって不安定になることを指摘し、無効の訴えを認めないとした。子の保護になる場合には、血縁がなくても法律上の父子関係を認める。

　婚内子の場合、嫡出否認の訴えができる期間を経過すれば、誰も父子関係を争うことができず、父子関係が確定する。血がつながっていなくても法律上は親子である。これに対して、婚外子の場合、血がつながっていなければ、認知者自身も含めて、利害関係があれば、誰でもいつでも認知無効を主張することができ、法律上の父子関係は不安定なままである。父子関係の否定についても、婚内子と婚外子の間には格差がある。たとえば、認知によって成立した法律上の父子関係についても、一定期間を経過すれば誰も争うことができないようにして、養育環境を安定させ、子の利益を保護するという考え方もある。こうした法改正が必要である。

➡9　認知される子が成年であるときは、その子の承諾が必要である。成人するまで放置してきた父の身勝手を防ぐためである。また、胎児を認知するときは、母の承諾が必要である。妊娠中に男性が勝手に認知届をして母の名誉を傷つけることのないようにするためである。

➡10　認知無効の訴え
　子その他利害関係人は、認知に対して反対の事実を主張することができる（民法786条）。これを認知無効の訴えとする。

➡11　認知無効の期間制限
　たとえば、認知者・母は、認知から2年以内、子は成人到達2年以内までとして、認知無効の訴えを起こすことのできる人と期間を限定することが考えられる。さらに父の認知について、たとえば12歳以上の子の同意を得る、12歳未満の場合は母の同意を得るとして、父の一方的な認知を制限することも考えられる。

コラム⓫-2　嫡出推定と認知制度ができた理由

　文明の発達により器具を用いるようになった人類は、食料や獲物の余剰を蓄えることが可能となった。余剰は富として所有の対象となる。所有物を個人が独占するときに「私有財産」が生まれる。私有財産は自分の死後、誰かに承継されなければ、奪い合いが生じ財産を失ってしまうかもしれない。では誰に承継させるのか。それは自分の子、血のつながったわが子である。エンゲルスは、文明期以降の一夫一婦を基本とする単婚家族は、富を男性が所有し、父として自己の子に相続させるために発生したとする（エンゲルス『家族、私有財産及び国家の起源』第2章「家族」参照）。

　女性が産んだ子が自分と血がつながっていることを確保する手段は、女性が自分以外の男性と交わらないことである。そのために婚姻制度を設け、女性を妻として婚姻の中に取り込み、貞操義務を課し、違反した場合には姦通罪として処罰する。妻が他の男性と交わる可能性は限りなく小さくなり、妻が婚姻中に懐胎した子を夫の子と推定することができた。嫡出推定は、男性が自己の相続人を確保するための制度だった。血縁がない場合には、夫だけがその子を否認することができるのも、父系の相続を確保するためである。明治民法以降、現在も、夫が子の出生前または否認の訴えを提起しないで死亡した場合には、相続権を害される者および3親等内の血族は、否認の訴えを起こすことができる。明治民法の起草者は、夫の子でない者が夫の子と決まってしまえば、相続その他の点で重大な結果が生じるからだとする。

　他方、妻が男子を産めない場合には、夫は女性を妾として囲い込み、自分の子を産ませた。明治初期、妾制度は欧米諸国から批判され、廃止された。そこで女性との間に生まれた子を認知して相続できるようにした。どの子を認知するかは男性の意思次第である。認知もまたあと継ぎ確保の制度だった。

12 カップルに子どもができない場合
▶ 生殖補助医療の利用と子の出自を知る権利

> **設例** カップルに子どもがなかなか生まれない場合、医療的な技術（生殖補助医療）を用いて妊娠し子どもをもうけてもよいのだろうか。

1 生殖補助医療の利用

　生殖補助医療には大別すると2つの種類がある。①精液を注入器を用いて直接子宮腔に注入する方法（人工授精）、②人為的に卵巣から取り出した卵子を培養器の中で精子と受精させ、受精卵（胚）を子宮腔や卵管に戻す方法（体外受精）である。②の場合、卵子を採取するために排卵誘発剤を使用する。その副作用、採卵による身体の侵襲（傷つけること）、反復実施による生活リズムの混乱など、女性の被るリスクは高い。

　夫婦が第三者の精子や卵子を用いる場合も問題がある。精子の提供（AIDという）の場合、生まれた子と夫との間に血縁はなく、卵子の提供の場合、妻と子の間に血縁がない。①を用いれば、夫の精子で第三者の女性に産んでもらうことが、②であれば、夫婦の体外受精卵で第三者の女性に産んでもらうことが可能になる（代理懐胎という）。これらの場合、法律上の親子関係はどうなるのだろう。精子や卵子の提供者、代理懐胎者に費用を支払うのだろうか。そうだとすれば、お金のある人が貧しい人を利用しがちになるのではないか。そもそも生命を誕生させる精子・卵子を他人が利用したり、出産のために第三の女性の身体を利用してもよいのだろうか。

2 日本の現状

　現在、日本には上記の生殖補助医療に関する法律はない。日本産科婦人科学会の会告（自主規制）により、法律婚・事実婚夫婦について①②の実施を認める。ただし、AIDは法律婚夫婦にのみ認める。第三者からの卵子提供、代理懐胎は誰にも認めない。

　そこで治療ができない不妊症、たとえば、卵巣の機能不全で妊娠が困難な女性（ターナー症候群）、先天的に子宮のない女性（ロキタンスキー症候群）、がん等のため子宮を摘出した女性たちとそのパートナーが、あるいは同性カップルが子を持ちたいという切実な思いから、国内で実施されていない生殖補助医療を認める国へ行って、これらを実施してもらう例が後を断たない。さらに、①②の精子・卵子であれば、ネットで購入でき、それが凍結されて国際宅配便で配達され、それを自分であるいはプライベートに医師に頼んで使用することも可能である。リスクも含めてすべて当事者まかせである。

　他方で、体外受精の出産率は11.7％、AIDの出産率10.1％であり、利用すれば必ず子どもが生まれるわけではない。それにもかかわらず、妊娠する

➡1 **AID**
AID（Artificial Insemination by Donor）とは、第三者の提供精子を用いた人工授精のこと。DI（Donor Insemination）ともいう。

➡2 **代理懐胎**
代理懐胎を認める国として、たとえば、米国の一部の州（カリフォルニア、ネバダ、マサチューセッツなど）、英国、オランダ、ベルギー、カナダ、オーストラリア、ニュージーランド、ロシア、ジョージアなど。

➡3 AIDで生まれた子の法律上の父は、「妻が婚姻中に懐胎した子は夫の子と推定する」という民法772条を適用し、夫となる。第三者の卵子の提供を受けた場合には、分娩した者が母となる。

➡4 **体外受精・AIDによる出生数**
日本産科婦人科学会によれば、2017年の体外受精関連で出生した子は56,617人、総出生児に占める割合は6％（約16人に1人）。AIDで生まれた子は、毎年、90～100人前後。

のを期待して何年も不妊治療を受け続ける人もいる。カップルが子どもと家族をつくりたいのであれば養子縁組、子育てをしたいのであれば里親などの利用もある。パートナーと２人で生活するという選択肢もある。当事者の身体の事情や年齢なども考慮しながら、自分らしい生き方ができるよう、適切な情報提供と専門のカウンセラーの支援などが必要だが、全国的に普及していない。

3　生殖補助医療に関する公的な議論

　日本でも国の機関で議論がされてきた。2000年12月、旧厚生省の生殖補助医療技術に関する専門委員会は、①生まれてくる子の福祉を優先する、②人をもっぱら生殖の手段として扱ってはならない、③安全性に十分配慮する、④優生思想を排除する、⑤商業主義を排除する、⑥人間の尊厳を守る、という6原則を示した。これを受けて、2003年4月、厚生科学審議会生殖補助医療部会は、法律婚に限定して、①人工授精、②体外受精に関して第三者の精子・卵子・受精卵の利用を肯定したが、③代理懐胎を禁止した。①②では、第三者の精子・卵子・受精卵を用いるが、親になりたい女性が自らの子宮で懐胎、出産するのに対し、③では第三者の女性に依頼主夫婦の子を産んでもらうことから、他人の身体（子宮）を懐胎・出産の道具として利用し、懐胎の継続・出産という生命の危険もありうる多大なリスクを負担させるからである。

　2008年4月、法務省・厚生労働省から諮問を受けた日本学術会議の生殖補助医療の在り方検討委員会は、対外報告「代理懐胎を中心とする生殖補助医療の課題〜社会的合意に向けて」で、代理懐胎を法律によって原則的に禁止し、違反をすれば処罰するとした。他方、子宮摘出など代理懐胎以外に自分たちの血のつながった子をもうけることのできない夫婦の場合に限って、臨床データを得るために、公的管理の下に試行的に実施することを認めた。2014年6月、自民党の生殖補助医療に関するプロジェクトチームは、これに沿った法案をまとめたが、まだ実現されていない。

▶5　島根県では、①児童相談所・乳児院・児童養護施設、②産科婦人科・生殖医療施設、③行政（不妊や養子等の相談窓口・保健センター等）が協働し連携して、不妊当事者カップルに3つの選択肢（自然にゆだねる、養親・里親になる、不妊治療をする）を保障する仕組みを築いている。「島根モデル」という。

▶6　**日本学術会議**
　内閣総理大臣の所轄の下、政府から独立して職務を行う特別の機関。日本の人文・社会科学、生命科学、理学・工学の全分野の約84万人の科学者を内外に代表する。会員210名と連携会員約2,000名で構成される。研究成果を「提言」という形で社会に発信する。

▶7　学術会議のウェブサイトからダウンロード可能。

▶8　**公的管理**
　国が設立したまたは認可した医療機関で、提供者の氏名、提供を受けた人の氏名、実施した医療と医療機関、その年月日、生まれた子の氏名、生年月日、健康状態などを登録する機関を指す。

コラム⑫-1　AIDで生まれた子どもたちの苦悩

　成長してから、自分がAIDで出生した事実を知った人たちが、自助グループを作り、当事者の立場から、AIDに関する問題の解決へ向けて、声をあげている。次のような声である。

　自分がどのようにして生まれてきたのか、自分のルーツは誰なのかを知りたいのに、遺伝情報など生物学的なルーツに関しての情報を得ることすらできない。自分は何者かというアイデンティティの喪失を体験する。出自を隠されていたことにより、親や医療に怒りや悲しみなどの感情を持つこともある。長い間、親が隠していたということ、隠したいと思っていることにショックを受ける。子にとっては親は最も信頼できる存在のはずなのに、その関係の中に嘘があったということが一番悲しい。

　事実を知る年齢が遅くなればなるほど、子に与える影響は大きく、自分の土台が崩れしまうような感覚を味わう。多くの親は告知した後も、その話題を極力避けるようにする。そういう親の、さらにまだ隠したいという態度を見ることで、自分がそんなにも親が隠したいと思っているような技術で生まれてしまった恥ずかしい子なのかというふうに感じてしまう。親が自分を認めてくれていないと感じてしまう。事実を告げると子を傷つけるといわれるが、では子を傷つけることをどうしてやるのだ、と逆に聞きたくなる。そういう意識で親たちがこの技術を捉えていること自体がおかしい。子が望んでいることと、親が子のためにこれがよいだろうと思ってやっていることが違う。生殖医療を進めるのであれば、まずは生まれた子の声を聞いてほしい。……（非配偶者間人工授精で生まれた人の自助グループ・長沖暁子編『AIDで生まれるということ　精子提供で生まれた子どもたちの声』〔萬書房、2014年〕より）

4 子の出自を知る権利

生殖補助医療の利用に際して何よりも重視されるべきであるのは、生まれた子の利益である。AID で生まれた子どもたちが、成長した後に偶然その事実を知って苦悩する例が報告されている（→うらむ⑫-1）。適切な時期に子に対して AID で生まれたことを知らせていれば（告知という）、こうした事態を防げたかもしれない。この告知を支える法的根拠が子の出自を知る権利である。この権利には、①AID で生まれたこと、②提供者の個人情報を知ることの 2 段階がある。②まで可能になれば、精子提供者が減るおそれがあると指摘されるが、人為的な手段を用いて子をもうける以上、優先すべきは、やはり子の利益ではないだろうか。

子の出自を知る権利は、自己のアイデンティティの確立に関わる権利として人格権に基づくものと位置づけられているが、それだけではない。子の出自を知る権利に対応して、育ての親は子の成育状況に配慮しながら、出自について告知する責任を負う。その前提として、子と育ての親との間に安定的な親子関係が確立していることが不可欠である。信頼と愛情に基づく安心感の中で告知されることによって、子は自分の居場所と自己の存在を確信することができる。すなわち、育ての親に、告知しても子が安心できるような養育環境、親子関係を築く責務を課すことにより、子の利益を守るのである。

血のつながりがなくても親子関係を築けることは、養子制度をはじめ、人々がこれまで経験してきたことである。家庭養護促進協会で赤ちゃん養子に長年取り組んできた岩崎美枝子さんは、「事実」と「真実」を区別する。血のつながりがあるかどうかは「事実」であるが、子にとっての真実とは、「私はこの親たちに望まれ、必要とされ、愛されている」ということであり、「実際に今その子どもを愛し、育てている人」が「本当の親」であると語る。つまり AID によって生まれたことを知ることは「事実」を知ることであり、「実際に親子が同じ思いで過ごし合った経験」によって「親子の絆」が形成され、「人間同士の信頼の基礎」が築かれる。このことが親子としての「真実」である。

代理懐胎の場合、依頼者夫婦の受精卵を用いることから、遺伝学的な父母は当該夫婦であり、養育上の親と遺伝学上の親は一致する。実際に分娩する女性は当該夫婦の妻ではない。しかし、誰が胎内で育て分娩したかは、子にとって出自に関わる内容である。養育する親はなぜ代理懐胎を求めたのか、どうやって子を愛し、親子の絆をつくってきたのか、代理母はどのような理由で子を産んだのか、どんな人なのか、こうした家族形成のプロセスを子に語ることは、子のライフヒストリーを満たすことになる。AID に関して考察した子の出自を知る権利は、代理懐胎の場合にもあてはまる。

さらに同性カップルに生殖補助医療の利用を認めること（→うらむ⑫-2）は、同性間の生殖行為で子は生まれないのだから、子に出生のプロセスを語らざるをえなくなる。これによって、子の出自を知る権利の保障と、提供者・代理懐胎者の情報提供が浸透する可能性があるように思う。

5 精子・卵子の提供者、代理懐胎者の尊厳：育みへの協働

これまで多くの場合、男女の親密な関係が築かれ、合意の下に生殖行為が

➡ **9　各国の対応**
①②とも可能とする国は、スウェーデン、ノルウェー、フィンランド、オランダ、スイス、英国、オーストラリア、ニュージーランドなど。①にとどめる国は、フランスなど。スウェーデンでは一時的に提供数が減少したが、その後、既婚者の男性が家族の了解を得て提供するなど提供数は回復した。フランスでは、①を伝える際に医療機関の専門家が養育親と子のカウンセリングをする。

➡ **10　アイデンティティ**
アイデンティティとは、自分は何者なのかという自己認識のこと。自分の父母は誰なのか、どんな人で何をしているのかを知ることは、自分自身を認識し、理解する 1 つの情報である。

➡ **11　家庭養護促進協会**
大阪と神戸で 50 年以上にわたって、里親や養親の開拓と支援をしてきた民間団体（公益社団法人）。

➡ **12　マシュー君の話**
オーストラリアで暮らすマシュー君（16 歳）は、米国の代理母から生まれた。彼は、「自分が代理出産で生まれたことは小さい頃から何度も聞いている。産んでくれた女性とは今でも電話で話すけれど、僕にとってパパとママの友人。もちろん母親とは思っていないよ」と話す。両親は、大人になって知ると心の傷になる、マシューには何でも話そうという方針だったという（朝日新聞 2015 年 1 月 6 日）。

➡ **13**　ニュージーランドでは、子には出自を知る権利があり、他方、提供者には生まれた子の情報を得る権利があることから、双方合意の下に、子と提供者の交流が可能である。

なされ、生命が誕生し、共に子育てをしてきた。生命の誕生に関わる者は、誕生後の育みにも関わってきた。このことは、生殖補助医療にも妥当する。

　つまり、子の出自を知る権利を子に保障することは、提供者・懐胎者が自分の存在を明らかにして、子の成長に関わることを可能にする。たとえば、提供者・懐胎者が子を養育している親（養育親）から子の成長の情報を得る、子と会って交流するなどである。子が提供者・懐胎者と交流することを、提供者・懐胎者の家族が受け入れることによって、養育親の家族と提供者・懐胎者の家族が交流し、仲良しになったら、子は、自分が医療者も含めてたくさんの人たちの協力と愛情に支えられて出生したこと、自分の成長をたくさんの人たちが見守っていることを知り、生殖補助医療で生まれたことに誇りを持つことができる。

　代理懐胎者にとっても、重要な意味がある。代理懐胎者は、懐胎中に胎児と心理的な絆が生じたり、身体的な影響があり、出産後に子を手放すことへの罪障感・喪失感が生じることがある。育みへの協働という視点は、こうした代理懐胎者の苦悩を救済する。代理懐胎者と子との交流は、代理懐胎者が代理懐胎という行為に自ら誇りを持つことを可能にする。代理懐胎者の尊厳に関わる問題である。この保障があって初めて代理懐胎は肯定的に捉えられる。

　結婚すれば子をもうけて当然、女性は出産すべきと考える人が多い日本において、生殖補助医療について法制化する場合には、その前提として、不妊に対する理解を深め、生殖補助医療の利用は、生き方についての多様な選択肢、カップルのみで生きる、養子縁組をする、里親になる、地域の子育てに協力するなどの1つであり、優劣はないことを認識する必要がある。その上で、①子の出自を知る権利を確保し、②提供者や代理懐胎者の尊厳を守り、③提供を受ける者・依頼者が安心して利用できるシステムを構築すべきである。この順序を間違えてはならないと思う。

➡ 14　インドの代理出産
かつて商業的代理出産を認めていたインドでは、代理母が出産した後、子どもは依頼者に渡され、出生証明書には依頼者の名前が記載されるため、代理母の名前はどこにもない。出産後も子どもへの母乳栄養を希望する依頼者もいるが、それでも依頼者が新生児を伴って帰国した後は、代理母との関係性は一切絶たれる。写真すら送られてこない。他方、代理母は産んだ子のことを忘れていないという（日比野由利『ルポ　生殖ビジネス―世界で「出産」はどう商品化されているか』〔朝日新聞出版、2015年〕より）。

➡ 15　名誉おばさん
ゲイカップルのために代理出産をしたアンバーさんは、既婚者で3人の子がいる。誰かの役に立ちたいと思って決心したという。代理出産契約、体外受精卵の着床、出産のプロセスで依頼者のカップルと親密になり、出産後も交流が続く。彼女は、「私はあの子の『名誉おば』というか、かわいい姪ができたような気持ちです」と語る（杉山麻里子『ルポ　同性カップルの子どもたち』〔岩波書店、2016年〕62～71頁）。

コラム⑫-2　同性カップルの利用

杉山麻里子『ルポ　同性カップルの子どもたち』（岩波書店、2016年）によれば、米国では、この10年間で子どもを育てる同性カップルは倍増し、10万組以上にのぼり、ベビーブームをもじった「ゲイビーブーム（gayby boom）」という造語がメディアで使われるまでになっているという。2011年1月、レズビアンカップルに育てられた19歳のザック・ウォールズは、州議会の公聴会で次のように発言した。「私はあなたのお子さんと何も変わりはありません。私の家族はあなたの家族と何も変わりはありません。……私は19年間生きてきて、同性カップルに育てられたことを感づかれ、それを指摘されたことは一度もありません。なぜだかわかりますか。両親の性的指向は、私の人格形成に全く影響がなかったからです」と。子が自分の成長に自信を持ち、育ててくれた親を誇りに思う。人口比でいえば圧倒的に少数でも、自己の生い立ちを公の場所で包み隠さず話すことができる。話すことによって自己肯定ができる。それを支援する団体がある。ここには開放的で率直な、お互いを認め合う米国社会の良い面が現れているように思う。

同性婚を認めるベルギー、オランダ、英国、ニュージーランドでも生殖補助医療の利用を認める。たとえば、英国では、女性同士のカップルの場合、一方が生殖補助医療（精子提供）によって懐胎した場合、他方パートナーも子の法律上の親となり、男性同士のカップルが代理懐胎によって子をもうけた場合、カップル双方が法律上の親となる。これらは裁判所の親決定手続による。子の法的保護者は「父と母」から「親」へ展開している。子にとって必要なことは、自己の養育環境を安定的に確保し、成長を支えてくれる大人の存在であり、性別を問わない。同性親と子の間に法律上の親子関係を確立することによって、親としての責任、子育てをよりまっとうさせることができる、という発想である。

13 親が子どもを育てられない場合
▶ 養子と里親

> **設例** 親が子どもを育てられない場合、誰が子どもを育てるのだろうか。

1 受け皿は

　経済的な事情、別居・離婚・死別など家族の事情、事故・病気や精神疾患、アルコール中毒や薬物中毒など様々な事情で、親が子どもを適切に育てることができない場合がある。そのような場合、祖父母やおじおばなど親族の援助を得られないことがある。そうした場合に備えて、乳児院や児童養護施設がある。施設では経験を積んだ専門的な職員が交代で子に対応する。しかし、1対1の関係の方が子は甘えやすかったり、安心感が強くなる。また、集団生活になじみにくい子もいる。できるだけ家庭的な環境で暮らす方が望ましい。その受け皿となるのが養子と里親である。

2 養子制度とは

　養子制度は、血のつながりのない人同士の間に法律上の親子関係をつくる制度である。その目的は時代と社会によって異なる。子の保護を目的とする養子制度は、第一次世界大戦後のヨーロッパから始まった。戦争から生じた大量の孤児に対して、できるだけ家庭を保障しようとした。第二次世界大戦後、この方向はさらに進み、養子制度は基本的に子のための制度であり、福祉制度の中に位置づけられている。

　大まかに見れば、次のような仕組みである。民間あるいは行政の養子縁組あっせん機関が養親希望者を登録し、縁組対象の子がいた場合には、子と希望者の相性をチェックし、一定期間、希望者が試験的にその子を養育した上で、司法機関あるいは行政機関の判断によって養子縁組を成立させる。親子としてふさわしい年齢差が必要であり、実親と子の法律上の親子関係は終了する。養子縁組の解消は原則認められず、養子縁組の登録ではプライバシーが保護される。

3 日本の特徴

　日本の養子制度は、江戸時代以来、家の承継を目的としており、あと継ぎにふさわしい大人を養子として迎えることが多かった。生まれたばかりの赤ちゃんを養子にする場合には、養子であることがわからないように養親の実子（嫡出子）として出生届をして育てることがあった。日本は、婚姻と同様に、養子縁組も戸籍係に縁組届を提出し、戸籍係が受理すれば成立する。養子となる者が15歳未満の場合には、法定代理人が代わりに承諾する。この場合も含めて養子となる者が未成年の場合には、家庭裁判所が子の利益にな

➡ 1 **乳児院や児童養護施設**
　児童福祉法に基づいて設置される児童福祉施設。乳児院は満1歳未満の乳児、児童養護施設は満1歳から満18歳までの児童を対象に、保護者がいない児童、虐待されている児童その他環境上養護を要する児童を入所させ、これらの児童を養護するための施設。

➡ 2 　わらの上からの養子ともいわれる。実子でないのに実子として出生届をしても、法的には何の意味もない。虚偽の出生届であり、これによって戸籍に実子として記載されても、法律上の親子関係が成立するわけではない。しかし、利害関係のある人が法律上の親子関係が存在しないという裁判を起こさない限り、戸籍の記載どおりに扱われる。

➡ 3 **法定代理人**
　未成年者には、裁判を起こしたり、契約を結んだりする資格がないので、親権者や後見人が子に代わって法律行為を行う。代理という。

るかを確認した上で縁組の許可をする。ただし、自己または配偶者の子・孫等を養子にする場合には、家裁の許可は不要である。たとえば、再婚相手の連れ子や自分の孫を養子にする場合である。子に不利益になることはないと考えられたからである。

資料⓭-1のaは、養子となる者が成人の場合、未成年だが家裁の許可のいらない場合の合計である。養子縁組の98％を超える。bは家裁の許可のいる未成年養子縁組、cは実親が子を育てられない特別な事情がある場合に家裁の審判で成立する縁組（特別養子縁組、→56頁）である。日本の養子は、①あと継ぎや扶養を目的とする成年養子と、②連れ子養子や孫養子が圧倒的に多く、③子の保護を目的とする養子は極端に少ない。

制度としての特徴は、協議による離縁も認められ、縁組の要件として親子の年齢差は必要ではなく、縁組の効果として養子と養親の血族との間に親族関係が発生する上に、実親との法律上の親子関係もそのまま続く。つまり、実親子と養親子と二重の親子関係が成立する。やはり①のような大人同士の養子縁組を念頭に置いて設計されていたことがわかる。

4　子のための養子といえるか

連れ子や孫養子の場合、家裁の許可はいらないのだろうか。再婚相手の連れ子と縁組をするケースでは、子どもの気持ちよりも、親子となって家庭を安定させたいという、再婚する夫婦の気持ちが優先されている。突然、養子だ、親子になったといわれても、子は戸惑うかもしれない。離婚して別居している実親を慕い交流を続けたいと思っているかもしれない。祖父母と孫という親族関係があるにもかかわらず、孫を養子にするのはなぜだろう。自分の氏を継がせたり、孫（長男の子）を相続人にして、長男の家族の相続分を増やしたり、相続税を節約したりなど、子の利益よりも祖父母、父母の思いが優先することも多い。

どちらも、本当に親子としての関係を築けるか、子どもにとってプラスに

→4　法律上の婚姻が認められていない同性カップルが、お互いに相続人になり、病気や事故のときの付き添いや手術の承諾などができるように養子縁組を利用することがある。カップルであるのに法律上の親子関係が発生するのだが、大人同士の親子に認められる権利義務は扶養と相続に限られるので、実質的な「親子」になるわけではない。今日の社会では、同性カップルは公序良俗に反する存在ではない（→34頁）。成年養子を認める以上、同性カップルの利用を妨げるべき理由はない。

→5　養子縁組をしない場合、再婚相手Aと連れ子Bは、姻族1親等の関係にある。姻族とは、配偶者の血族または自分の血族の配偶者をいう。Aから見ると、Bは自分の配偶者（たとえば妻）の血族（子）であり、Bから見ると、Aは自分の血族（たとえば母）の配偶者（夫）である。こうした場合、AがBを監護教育し、扶養する法律上の義務は生じない。養子縁組をすると、こうした義務が生じる。

資料⓭-1　養子制度の利用実態

年　次	a 縁組届件数	b 未成年養子縁組許可件数	c 特別養子縁組認容審判件数	b＋c（aに対する比率）
1952	107,051	32,007	—	(29.9)
1955	101,963	26,983	—	(26.5)
1965	82,176	15,018	—	(18.3)
1975	86,844	6,771	—	(7.8)
1985	91,186	2,804	—	(3.1)
1990	82,007	1,502	738	2,240 (2.7)
1995	79,381	1,111	521	1,632 (2.1)
2005	88,511	1,037	307	1,344 (1.5)
2010	83,228	926	325	1,251 (1.5)
2015	82,592	728	544	1,272 (1.5)
2016	78,910	744	495	1,239 (1.6)
2021	60,229	515	683	1,198 (2.0)

＊　なお法務省民事局調査（2010年1月1日～3月31日までの3か月間の養子縁組届出受件数）によれば、当事者双方が日本人である件数30,613件中、養子が成年11,952件（39.0％）、養子が未成年18,661件（61.0％）である。

→ 6　相続税
　遺産には相続税が課されるが、3000万円×相続人の数で算出される金額が遺産額から控除されるので、相続人の数が多いほど、相続税は低くくなる。ただし、相続人としてカウントされる養子は2人までに制限されている。脱税の防止である。

→ 7　親権者
　未成年者を監護教育し、子の財産を管理し、子のために契約を結ぶ権限を有する者（→58頁）。

→ 8　法律上の親子関係が終了することから、実親は特別養子縁組成立の審判・決定が出るまで、同意を撤回することができる。養親希望者は、審判が出るまで、「同意が翻ったらどうしよう」と心配になる。そして、連絡のとれなかった実親が出てきて同意しないと言った場合には、縁組の申立てを取り下げざるをえない。事前に実親とていねいに面談し、納得して同意してもらい、同意を撤回できる期間を定め、その後は撤回できないようにする必要がある。

→ 9　2019年6月法改正があった。①養子候補者の上限年齢を15歳に引上げる、②実親が裁判所で特別養子縁組に同意した場合、家裁調査官による事実調査を経た上で家裁に書面を提出して同意した場合、同意をしてから2週間経過後、実親は同意を撤回することができない。

→ 10　家庭養護促進協会（→52頁→ 11）では、縁組のあっせんだけではなく、縁組成立前のケースワーク、成立後の支援、養子への真実告知（産みの親ではないとの告知）、養親子の権利保障などに取り組んでいる。

なるかについて、特に孫養子の場合には、親権者は養親＝祖父母になり、実親は親権者ではなくなるのだから、家庭の事情や子の意思などを考慮し、専門家（家裁調査官やカウンセラー）が慎重に調査した上で、最終的には、家裁の判断を仰ぐべきである。実親が子の監護教育をすることが可能な場合に、あえて養子縁組を成立させる必要はない。親が子どもを育てられないから養子縁組をするのであり、それは、次に述べる特別養子のような内容ではないだろうか。未成年養子は特別養子に純化した方がよいと思う。

5　特別養子：子のための養子制度

　1987年、実親による監護が著しく困難または不適当であったり、その他特別な事情があり、子の利益のために特に必要がある場合に、家庭裁判所の審判で成立する特別養子制度が創設された。その内容は、①養子となる者は原則として6歳未満、養親となる者は夫婦で、原則として25歳以上であること、②縁組を成立させるには、養親となる者が養子となる者を6か月以上の期間、監護した状況を考慮しなければならないこと、③養子と実親との間の法律上の親子関係を終了させ、原則として離縁を認めないこと、そのために、実親の縁組への同意が不可欠であること、④戸籍の父母との続柄について、男子は「養子」、女子は「養女」ではなく、「長男」「長女」などと記載することである。養親が唯一の親だからである。子の保護に特化した養子制度であり、欧米型に近い。制度創設以来30年近く経過した。児童相談所や民間の養子縁組あっせん団体が関与するケース（→コラム⑬-1）が増加している。2014、15年の2年間で成立した特別養子縁組の87.0％に及ぶ。

　特別養子に関しては、社会的なサポートが必要である。たとえば、特別養子制度は、養子であることを隠す制度ではないから、適切な時期に親は子に養子であることを伝えた方がよい。他人の口から養子であることを告げられるほど、子にとって辛いことはない。AIDの場合と同様である。いつ、どのような状況の下で、どのようにこのことを伝えていくのか、児童相談所や専門家が関わる仕組みが必要である。

　また審判を行うまでの6か月の試験養育期間は、それまで特定の大人との関係を持ちにくい環境で育った子どもにとって、養父母が本当にすべてを任せてよい人なのか、養父母への絶対的な安心と信頼を確認するために、わざと大人の嫌がる行動をするなどの「ためし行動」や、常に抱っこを求めたり、使っていなかったオムツやほ乳瓶を使ったりなどの「赤ちゃん返り」をすることがある。こうした時期にも専門家の支援が必要である。

6　家庭養育の場としての里親制度

　里親とは、保護者のない児童または保護者に監護させることが不適当であると認められる児童を養育することを希望する者である。次のようなプロセスを経る。①児童相談所に希望について相談する。②児童養護施設などで研修（実習）を受ける。③申込書を提出し、家庭の状況につき訪問調査を受ける。④児童相談所長の面接を受ける。⑤都道府県・政令指定都市の児童福祉審議会で審査を受け、里親として認定されてから、里親登録をする。⑥里親基礎研修と児童養護施設で実習を受ける。⑦里親の希望、家庭状況と子どもの条件などを考慮して、児童相談所が子どもを委託する。

里親は児童福祉に関する制度の1つとして社会的な養護を担うことから、子の養育を委託された里親には、国から委託措置費が支払われる。月額90,000円と52,370円（子の一般生活費）である。しかし、この制度は日本社会に浸透していない。2021年度で、登録里親18,082世帯、実際に子を養育している家庭は4,692世帯、養育されている子は5,832人である。養護施設に養育委託されている子は23,631人、乳児院は2,472人であり、里親に委託されている子は、これらの子どもたちの22.8％（里親委託率という）である。

　その背景には、里親制度への誤解がある。里親は、養子制度とは異なり、法律上の親子関係はつくらない。しかし、「親」という表現がつくからか、実親の方で、里親＝養子と思い込み、里親委託をすると、子どもを里親に取られてしまうという強い不安から、施設入所には同意しても、里親委託には同意しないことがある。確かに里親の中にも、将来の養子縁組を目的にする人もいる。だからといって、勝手に縁組ができるわけではない。最終的には子にとって何がベストかを考えて判断すべきことであり、まずは家庭環境の中で子が育つことができるように配慮する義務が、実親にはあるように思う。

　里親制度に詳しい村田和木さんは、里親制度を、子ども自身が「生まれてきてよかった」と思えることを目的とし、次の世代を担う子どもたちを社会の一員として健全に育てていく社会的養護の一環として位置づけることが大切だと指摘する。これによって、「里親＝子どものいない夫婦」から「子どもたちを守る大人集団」へと社会の認識も変わっていくと語る。

　2017年7月、厚労省は、「新しい社会的養育ビジョン」を公表し、その中で、就学前児童の75％以上を里親に委託する目標を設定し、養育に特に重要な時期にある3歳未満児は5年以内、3歳以上も7年以内に目指すとした。就学後の児童についても10年以内に50％以上を掲げる。目標の実現に向け、遅くとも2020年度までに里親への支援体制を強化し、研修制度の充実や里親支援員の配置などに取り組むとする。社会の認識を変える契機になると思う。

➡11　里親
　里親には、家族と暮らせない子どもを一定期間自分の家庭に迎え入れて養育する養育里親、養育里親の内、虐待や非行、障害などの理由により専門的な援助を必要とする子どもを養育する専門里親、養子縁組によって子どもの養親となることを希望する養子縁組里親、実親が死亡や行方不明などにより養育できない場合に、祖父母など親族が子どもを養育する親族里親がある。

➡12　各国との比較
　少し古いが、2010年の里親委託率は、オーストラリア93.5％、米国77％、英国71.7％、カナダ63.6％、フランス54.9％、ドイツ50.4％、イタリア49.5％、韓国43.6％である（2010年前後、当時の日本は12.0％）。

➡13　📖
　村田和木『「家族」をつくる—養育里親という生き方』（中公新書、2005年）。

こらむ⑬-1　赤ちゃんポストと「内密出産」

　熊本市の慈恵病院は、2007年から、親が育てられない子どもを匿名で預かる「こうのとりのゆりかご」（赤ちゃんポスト）を設けている。ポストのそばに児童相談所や保健センターへの相談を促す掲示をする、赤ちゃんを預かったらすぐに児童相談所に連絡する、安全や健康への配慮をするなどを条件としており、児童相談所につなぐ仕組みの1つである。約10年で130人が預けられたが、妊娠を知られたくないために検診を受けず、医療機関にかからず1人で出産する例が多いことから、予期せぬ妊娠で孤立する女性が安全に出産できる仕組みを検討している。たとえば、女性は身元を記した書類に封をして行政機関に預け、病院では匿名で出産し、子が一定の年齢になるまで開封せず保管して匿名性を守る一方、子は特別養子縁組をし、養親の家庭で育つという構想である。特別養子縁組の活用を前提とする点で、これまでの赤ちゃんポストよりも、子の保護を促進、確保することができる。

　ドイツでは、2014年5月から、女性が身元を明かさないで出産する「内密出産」を可能にした。女性は事前に相談所において、子との生活を可能にする方法など詳細な面談が提供される。その上でなお内密での出産を希望する女性は、出産手続上の仮名、子の男女別の名を決め、相談所は子の出自に関する証明書を発行した上でこれを封印する。母の配慮権（日本では親権）は停止され、親は行方不明として扱われ、養親希望者との間に養子縁組が成立し、実母との法律上の親子関係は終了する。子は16歳になると、出自に関する証明書を閲覧する権利を持つ。ただし、母が開示を拒む場合には、家庭裁判所が閲覧権について判断する。内密出産をする母の利益と子の権利のバランスをとる。出産する女性に対して十分な説明をした上で内密出産を認める一方で、子の安定的な養育環境として養子縁組を活用し、子の出自を知る権利を一定の範囲で保障する仕組みである。

14 親権とは何か
▶ 子どもの成長を保障する責任

設例 親には子どもを育てる責任がある。民法820条は、「親権を行う者は、子の利益のために子の監護及び教育をする権利を有し、義務を負う」と規定している。「親権」という表現は、親の権利と読める。しかし、条文は「親権を行う者は」、「義務を負う」とも規定する。親権とは何なのだろうか。何のための権利なのだろうか。

1 親権とは何か

親権の内容は、①未成年の子の監護および教育、②子の財産を管理し、子に代わって契約をすることである。①には、アルバイトの許可なども含まれる。②は、たとえば、子が祖父母から贈与された財産を減少させないように管理する、病院に連れて行って医療を受けさせる、就学先を決めるなどである。①②について、他人が介入するのを防ぐために権利と表現するのであり、親権を放棄したり、他人に譲ったりはできない。子の利益に反する親権の行使も許されない。

かつて父が家族の財産を管理・支配していた時代には、父は子を支配し、子は父に服従すべきものと考えられていた。「親権」という表現は、その名残りである。しかし、子の利益、子の福祉を守ることの重要性が認識されるにつれて、親権を、子の利益を守る親の義務として、親の義務性を強調するようになった。さらに子どもの権利条約は、保護の客体から権利の主体へと子ども観を転換した（→14頁）。子を権利を行使する主体と位置づけるのだから、親権者が①②を行うときには、子の発達状況に応じて子の意思を尊重することが求められる。日本でも、子ども観の変化に伴い、親権という表現を見直すとともに、親権者が①②を行うときには、子も決定に参加することを保障するフランスやドイツのような規定を設ける時期に来ている（→コラム⓮-1）。

2 共同親権と単独親権

明治民法の家制度の下では、父が親権者だった。1947年の民法改正により、父母の平等の観点から、婚内子の場合には、父母が共同親権者であり、共同で親権を行使することとされた。共同行使だから、父母双方の合意が必要になる。一方の不適切な、あるいは恣意的な行使を他方が拒否することができる。親同士が相互チェックを通じて、よく相談し話し合うことが前提とされている。

ところが、離婚すると、父母どちらかの単独親権となる。明治民法では、婚姻中、父が親権者であり、離婚後もそのままだった。しかし、民法改正に

➡1 後述の親権停止、親権喪失などで対応するが、民法は特に財産に関して、親権者の利益と子の利益が対立する場合（たとえば、子の財産を担保にして親が借金するなど）を想定し、あらかじめ特別代理人を選任し、その人が子の代理をする仕組みを設けている。財産的に困った場合には、親といえども、100％信用できないからである。

➡2 たとえば、フランス民法では、親権の行使に際して、「両親は、子の年齢及び成熟度に応じて、子に関する決定に子を参加させる」と規定する。ドイツ民法では、親の配慮権（→コラム⓮-1）の行使に際して、「親は、子の発達段階に照らして適切である限りにおいて、親の配慮の問題を子と協議し、合意に努める」と規定する。

より、どちらが親権者になるか協議しなければならなくなった。協議が調わないときは、家庭裁判所が判断する。改正当時の家族の実情では、離婚後も父母が子の監護教育について協力し合う関係など想定されなかった。立法担当者は、「普通には考えられないことです。立法で手当をする実益があるかどうか疑問ですね」と語っていた。

1960年代半ば頃までは、離婚後の親権者は父が多かった。家の子という意識である。しかし、高度経済成長期以降、夫婦と子を中心とする家族が標準になり、家の子から夫婦の子へ転換してくると、離婚後、親権者にならなかった方が子とのつながりを求め始める。家裁に対して、離婚の際の親権者指定、離婚後の親権者変更、子との面会交流を求める申立てがなされるようになる。

3 単独親権の問題点

家裁が離婚に際して親権者を指定する際には、あるゆる事情を総合的に考慮する。たとえば、①父母側の事情として、監護能力、監護態勢、監護実績（継続性）、同居時の主たる監護者、子との情緒的な結びつき、愛情、就労状況、経済力、心身の健康、性格、生活態度、暴力や虐待の有無、居住環境、保育あるいは教育環境、親族等監護補助者による援助の有無、祖父母など監護補助者に任せきりにしていないか、監護開始の違法性の有無、面会交流の許容性などであり、②子の側の事情として、年齢、心身の発達・健康状態、親との情緒的な結びつき、子の意思などである。

①の事情は、父母双方が子の親権者でありたいと思い、調停や審判になった場合には、お互いの監護能力の優劣を争う、そのために過去の言動を事細かに指摘して相手方の人格をおとしめる、監護実績を作るために子との同居を確保し、別居親に会わせようとしない、さらには実力行使で子を連れ去るといった事態を招くことがある。親権者になれないと、子と会うことができなくなるのではないかという不安が、親権争いをより激化させる。子は父母

→ 3 親権の共同行使
　親が婚姻している場合には、父母が共同して親権を行使することを原則とするので、医療契約やアルバイトの許可は父母の署名が必要だが、父母の一方が共同の名義でこれらの行為をした場合には、他の一方の意思に反するときでも、有効である。

→ 4 📖
　座談会「親族法の改正」法律時報31巻11号（1959年）87頁〔村上朝一〕。

→ 5 親権者変更
　親権者の親権行使が不適切だと判断する場合には、子の親族は、家庭裁判所に対して、親権者を他の一方に変更することを請求することができる。単独親権者にならなかった親も親族として親権者変更を請求することができる。虐待や育児放棄など子の監護状況が子の利益に反するような事情がない限り、親権者変更は認められにくい。

→ 6 面会交流
　親が別居・離婚した場合に、別居した親と子が会ったり、メール・手紙や携帯電話・スカイプなどで交流すること（→80頁）。

うらむ⓮-1　親権という表現の妥当性

　英国では、親であることから生じる日常的な実態を反映し、親の立場にある者の多様な責任を強調するために、「監護権 custody」から「親責任 parental responsibility」へ、ドイツでは、子が自立した個人に成長するために子を保護し援助する義務を伴うことを的確に表現するために、「親の権力 elterliche Gewalt」から「親の配慮 elterliche Sorge」に、フランスでは、男女平等を実現するとともに子の利益保護をより進めるために「父権 puissance paternelle」（puissance には権力という意味がある）から「親の権威 autorité parentale」に変更された。オーストラリアでは、英国同様に「監護権 custody」という言葉は用いられず、親双方の親責任を前提として、ペアレンティング（parenting 養育）と呼ばれる。親が親責任を果たせない場合には、親以外の者が「後見（guardianship）」として子を保護する。

　日本では、1950年代に親権廃止論が主張されたことがある。家制度が廃止され、親権も子に対する親の支配権ではなくなり、子の保護を目的とする義務的なものまで進化したのだから、子を親の所有物のように考える権威・権力といった伝統的な要素が根強くしみこんでいる「親権」という名で呼ぶことは不適当だとした。そこで親権を後見に統一する提案が示された。後見とは、親権者がいない場合に家庭裁判所が後見人を選任し、後見人は子の監護教育と財産管理を職務とするが、家裁が職務内容を監督する制度である。後見とすることで、親の自分勝手な監護教育や財産管理を防ぐ確率が高くなる。社会の意識を改革するための問題提起だったが、親であるにもかかわらず後見人とされることへの違和感から、実現には至らなかった。

　しかし、名は体を表すという。私見は、子を養育することは親の責任と考えるので、「親権」を「親責任」に変更し、責任の内容として養育と財産管理を定めるのがよいと考える。「監護」は親の監督としての意味づけが強すぎると思う。

の深刻な葛藤に直面し、辛い思いをする。

離婚に詳しい弁護士は、離婚紛争にあっても、「父母がそれぞれ、子に対してその責任や役割をどう果たしていくべきか」と発想する前に、「いずれが親権者として適当か」のし烈な争いを招く現行法の枠組みは、時代に合わないと指摘する。→8

4　共同親権へ向けて

親権者を親が協議で定める場合も、家裁が定める場合も、父母が親としての責任を自覚し、子の意思や利益を優先的に考えることができる仕組みが不可欠である。親権を巡って父母が対立し、勝ち負けを決める場から、父母が離婚後の子の生活をいかに支えるかの方策を見出す場、離婚後の親子関係の形成へ向けて父母が調整する場への転換である。そのために親権を巡る争いを生じさせない仕組みとして、離婚後も、婚外子の場合も、父母を親権者とし、共同して親権を行使することを可能とする法改正が議論されている。親権を子の視点から考えれば、子の父母に対する権利および父母の子に対する責任は、法律上の親子であることに依拠するものであり、父母が婚姻しているかどうかとは関係ないからである。

しかし、共同親権といっても、父母の一方が子と同居して現実の養育者となることが多いことから、日常の養育者、養育費の負担、面会交流の方法、子のために父母が協議する事項などについて合意する必要がある。こうした合意形成が可能かどうか。夫婦間の葛藤が高かったり、DVで妻がおびえていたりなど、夫婦による合意形成が困難なケースでは、共同親権にすることによって、夫側の要求をより強化させ、母子の生活の安定を阻害するのではないかという危惧も表明されている。→10

こうした危惧を取り除くためにも、離婚に際しての親ガイダンス、心理面を含む早期の相談対応、DV被害者に対する迅速な保護と加害者に対する矯正・治療プログラムなどの環境整備が必須である。このような整備費用を国や地方自治体が負担することについて社会的な了解を得るためには、離婚後も、非婚の場合も、子には父母の養育を求める権利があり、父母には子に配慮し、子を援助し、子の成長を見守る責任があるという意識を定着させていく必要がある。共同親権ないし共同親責任の法制化はその1つとなるように思う（→コラム⑭-2）。

5　親権者変更と子の意思の尊重

前述のように親権の行使に際して子が参加する考え方は、親権者の変更についても子の意見を聴き、配慮、尊重することにつながる。次のケースでその意味を考えてみたい。

父・母・子の3人家族。B市で共同生活。子が3歳の時に、事情があって母が家を出た。父が子育てをしていたが、子が5歳の時に父母が離婚し、母が子の親権者と定められた。子はB市の父の下からA市の母の下へ。その後、母は父と子の交流を保障し、月に一度、夏や冬の休みの時には父方で宿泊することもできた。子は父が大好きで、父母の離婚時からずっと父と暮らしたいと父に話していた。子が小学6年生になったとき、父は子の気持ちを尊重して家裁に親権者変更を申し立てた。

調停では、家裁調査官が子の意思を調査することができるが、親権者である母が拒

→7　二宮周平・榊原富士子『離婚判例ガイド〔第3版〕』（有斐閣、2015年）193頁。

→8　棚村政行編『〔第2版〕面会交流と養育費の実務と展望』（日本加除出版、2017年）165頁〔山田攝子〕。

→9　共同親権の協議事項
共同親権の場合の協議事項としては、就学、長期のアルバイト、入院治療、海外への子の帯同、宗教の選択などである。協議ができない場合には、家庭裁判所が決定する国（フランス、北欧など）、家裁の判断で決定権を父母の一方に与える国（ドイツ）などがある。

→10　日常の養育者、面会交流の実施などを合意する段階で対立や紛争が生じるのだから、争いの場面が変わるにすぎず、葛藤を低減するとはいえないとの批判もある。

んだため、裁判官は父の強い求めを受け入れ、子どもの手続代理人（→17頁コラム❹-2）を選任した。手続代理人である弁護士は、何度も子と面談や電話相談を重ね、最終的に、子がB市で暮らせるよう親権者変更を行うべきであるとの見解を述べた。家裁は、親権者変更の基準である父母双方の監護能力・監護環境が同等である場合において、子が年齢相応以上の精神的発達を遂げているときには、子の意思は十分に尊重されるべきであるとして、親権者を父に変更することを認めた。

しかし、高裁は、子は父母のはざ間でどちらの言うことに従うべきか葛藤状態にある、二者択一を迫られて父の下に行くことを選択した、子は母が家を出た時と離婚に伴う母への引渡し時と二度の喪失体験をしているのだから、これ以上負担をかけるべきではない、中学1年でも甘えん坊で、母による監護が必要である、父方への移転に伴う環境の激変は子に不利益であるなどとして、父への親権者変更を認めなかった。→11

母や祖父母と暮らしている子が別居している父と暮らす意思を表明することが、どれだけ子にとってストレスになるか、想像に難くない。よほどの覚悟がなければ、その意思を第三者に伝えることはできない。家裁はこうした意思を尊重したが、高裁は子の意思を聴こうとしなかった。君はまだ未熟だ、大変な状況にあるのだから、裁判官が判断してあげる、という保護者としての発想（パターナリズム）が根深い。→12

子は中学生になった。甘えん坊かもしれないが、母との生活、父との生活を経験している。引っ越し、転校のリスクは覚悟の上である。私見では、父母それぞれに子を監護する能力と環境がある場合には、家裁のように子の意思を尊重して親権者を父に変更してよいと考える。子が父と暮らしてみて、やはり母がよいと思えば、また母に親権者を変更する。それは変更というよりも交替に近い。やがて子は成人になる。試行錯誤は、子にとって貴重な体験になるのではないだろうか。それともこれは無責任な言い方だろうか。

子の成長・発達に対応して子の独立性を認め、その意思を尊重する仕組みがなければ、子の利益のための親権とはいえないように思う。

→11 二宮周平「親権者変更と子の意思の尊重—子ども手続代理人の役割」戸籍時報762号（2017年）9頁以下。

→12 高裁は、親権者変更の事案だから、子の監護状況に変化があり子の福祉に反する特段の事情がない限り、現状を維持すべきとの立場から、家裁調査官に対して監護状況の調査を命じた。調査官は、母親、祖父母、中学校の担任から話を聴き、監護状況は良好との調査報告書を提出した。

コラム⓮-2　子どもの権利条約と親の共同責任

離婚後および婚姻関係の場合の単独親権については、子の福祉の立場から批判する学説も多い。たとえば、「離婚により、夫婦の絆は断たれても、親子の監護の絆は断たれてはならない。同様に、父母の未婚（非婚）も親子の監護の絆を断つ理由とならない。子は、いかなる場合にも、父母に対し、監護を求めることができるとしなければならない」とする。

子どもの権利条約の前文は、「児童が、その人格の完全なかつ調和のとれた発達のため、家庭環境の下で幸福、愛情及び理解のある雰囲気の中で成長すべきであることを認め」と記し、これを確保する1つとして、7条は、「児童は……できる限りその父母を知り、かつその父母によって養育される権利を有する」と規定し、18条は、「締約国は、児童の養育及び発達について父母が共同の責任を有するという原則についての認識を確保するために最善の努力を払う」と規定する。父母による養育を子の権利とするのだから、子は、父母が離婚したり、非婚であったりしても、父母に対して養育を求めることができ、他方、父母は婚姻の有無にかかわらず、子の養育について共同の責任があるということである。

従来のように子を保護の対象と捉えるのであれば、離婚後は、子を引き取る方が親権者として子を監護教育して保護することでも足りるかもしれない。かつては、欧米諸国も日本同様の単独親権型だった。しかし、離婚後も婚外子の場合も父母の共同とし、DVや児童虐待など共同が明白に子の利益に反する場合は、例外として父母の一方が単独で責任を担うという制度を導入している。韓国、台湾も共同にすることが可能である。制度は時代を反映する。女性の経済的な自立化、家族の多様化は、離婚後の家族のあり方にも変化をもたらしている。子自身に成長発達する権利があり、親権者にはこれを支える責任があることから、共同化が導かれる。改正が必要であると考える。

15 児童虐待から子どもを守るには

> **設例** 資料⑮-1を見てほしい。児童相談所（以下、児相）が児童虐待として対応した件数は、統計を取り始めた1990年から27年連続で増加している。児童虐待とは何なのだろうか。なぜ親や保護者は子を虐待するのだろうか。虐待を受けた子をどのように保護すればよいのだろうか。

1 児童虐待とは

児相の児童相談の統計では、児童虐待は、親や親に代わる保護者による、①身体的虐待（叩く、抓る、蹴る、殴るなど）、②性的虐待（猥褻な行為をするまたは猥褻な行為をさせるなど）、③心理的虐待（子に対する激しい暴言や拒絶的な対応、子が同居する家庭における配偶者に対する暴力〔DV〕、その他子に心理的外傷〔トラウマ〕を与える言動など）、④保護の怠慢・拒否（ネグレクト）（心身の正常な発達を妨げるような減食や長時間の放置、保護者以外の同居人による虐待行為の放置など）とされている。

特に2014年以降急増しているのは、「児童虐待」が社会的に認知されるようになり、教育機関、医療機関、警察などからの通告、虐待親やその家族からの相談が増えていることによる。かつては①身体的虐待が多かったが、④ネグレクトが増え、最近では、③心理的虐待が過半数を超えるようになった（→資料⑮-1）。子どもの目の前で配偶者（事実婚を含む）に暴力をふるう「面前DV」について、警察が「心理的虐待」に該当するとして、児相に積極的に通報したことによる。警察からの通告は、2016年で5万4813件（前年度比42%増）。相談対応全体の45%、しかも、通告の7割弱が面前DVだった。

このように通報の推奨によって統計は変化する。しかし、数値を心配するよりも大切であるのは、児童虐待から子を守ることである。そのためには、児童虐待の特徴を見る必要がある。

2 児童虐待の特徴

第1に、家庭という密室で行われるため、虐待が極限に至るまで、表面化しにくいことである。特に性的虐待の場合が深刻である。小学生の女子が父親から性的虐待を受けていたあるケースでは、女子は児相の職員、家裁調査官の語りかけには応じず、精神科医のカウンセリングを受け、7回目にして初めて口に出した。性的虐待では、虐待を受けている子自身が、はじめは可愛がられていると思い、虐待と認識しにくい。子が親の一方に話しても、信じてもらえないことも多い。「否認」の心理といわれるもので、実の親がわが子に対して性的虐待をするなど、「あっていいはずがない」→「あってほしくない」→「あるはずがない」として、否認する。その結果、客観的な事実の探求がなされず、子どもは被害を受け続け、エスカレートしていくおそ

→1 **身体的虐待**
たたく、つねる、ける、なぐる。漢字で表すと、暴行の具体的なイメージがわくように思い、本文では漢字を用いた。

→2 **トラウマ**
心的外傷（精神的な傷つき）。心的外傷が後になってストレスを生じさせる場合に「心的外傷後ストレス障害（PTSD）」という。米国のベトナム戦争帰還兵が自殺をしたり、社会生活を営むことが困難になる事例が多数認められたことから、社会的に広がった概念。

→3 ここでは、わかりやすくするために、児童相談所の統計上の分類に、（ ）で児童虐待防止法の定義を簡略に挿入した。

→4 📖
榊原富士子・池田清貴『親権と子ども』（岩波新書、2017年）181頁。

れがある。トラウマとして心の底に沈殿し、成人してから性的虐待を受けていたと自覚するケースもある。

第2に、虐待が加害者の中で容易に正当化され、責任転嫁されやすいことである。児童福祉司の川崎二三彦さんは、虐待をしていると通告された子の保護者は、実際に子がけがをしているような状況であっても、虐待とは認めようとせず、「しつけ」であり、子の方で約束を破ったからだと言うことがあり、子自身も「僕は悪いことをした。悪い時は二、三発殴らないとだめ」と話すことがあると語る。

しかし、しつけに体罰（暴力）が伴うときは虐待である。精神科医の森田ゆりさんは、体罰の6つの問題を指摘する。体罰は、①大人の感情のはけ口であることが多い、②恐怖感を与えることで子どもの言動をコントロールする方法である、③即効性があるので、他のしつけの方法がわからなくなる、④しばしばエスカレートする、⑤それを見ているほかの子どもに深い心理的ダメージを与える、⑥時に、とり返しのつかない事故を引き起こす、である。

第3に、児相の虐待相談における主たる虐待者の統計では、実母の比率が高い。夫＝父親が日常的に育児に参加しない社会では、子育ては母親に任され、母親は自分の仕事や生きがいをとりあえず横に置いて、子の一挙手一投足に気を配る毎日となる。病気やけがなどがあると、母親なのに何をしてたんだと責められる。そのストレスが虐待の1つの要因となる。

こうした特徴をふまえて、子を虐待から保護するとともに、子が安心できる親子関係をつくり上げる必要がある。その主たる役割は児相が担っている。

3 虐待から子どもを保護する仕組み

児相は、保護者などからの相談や虐待を発見した者の通告などによって、虐待の事実を把握すると、調査を開始して子や保護者を指導し、必要があれば、保護者の意思に反しても子を一時的に保護する。児相に併設された施設や適切な者に最長2か月間、子を預ける措置で、一時保護という。その上

➡5 PTSDと損害賠償

不法行為による損害賠償請求権は、被害者が損害および加害者を知った時から3年間行使しないとき、不法行為の時から20年間行使しないときは、時効によって消滅する。児童期に性的虐待を受け、20年以上経過した後に、精神科医の診断で、性的虐待によるPTSDに起因するうつ病であることがわかったケースで、裁判所は、うつ病が本件性的虐待行為に起因すること、おじが加害者であることを知ったのは、2011年2月頃であり、訴え提起が4月だから、時効消滅していないとして、加害者であるおじに対して治療関連費用919万9126円、慰謝料2000万円などを認めた。

➡6 📖
川崎二三彦『児童虐待―現場からの報告』（岩波新書、2006年）。

➡7 📖
森田ゆり『しつけと体罰』（童話館出版、2003年）。

資料⓯-1 児童虐待相談件数

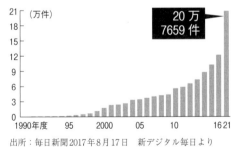

▼児童虐待相談の対応件数
20万7659件
出所：毎日新聞2017年8月17日 新デジタル毎日より

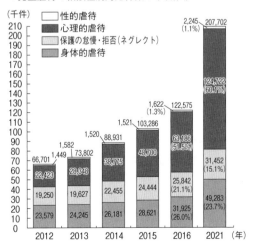

▼児童虐待の相談種別対応件数の年次推移
出所：厚生労働省「平成28年度福祉行政報告例の概況」（2017年11月15日）

資料⓯-2 児童保護の仕組み

出所：榊原富士子・池田清貴『親権と子ども』（岩波書店、2017年）186頁。

で、子を親の下に置いたままで保護する（在宅保護）ことが妥当な場合は、保護者への指導を続け、親子を分離する必要がある場合には、保護者の同意を得て、里親に養育を委託したり、乳児院・養護施設などへ入所させる。保護者の同意がなくても、虐待や著しい監護の怠りがあり、その者に監護させることが著しく子の福祉を害する場合には、児童相談所長は家裁の承認を得て、里親委託や施設への入所措置をとることができる（→資料⓯-3）。

こうした児童福祉法上の措置をより効果的に行い、子の安全を確保するために、児童虐待防止法が様々な工夫を定めた。

(1) 早期発見　学校・施設・病院等の教職員、医師、保健師、弁護士等に早期発見に努める義務を課し、また広く一般国民に「児童虐待を受けたと思われる者」を発見した者は速やかに福祉事務所や児童相談所に通告しなければならないとした。そして、医師、弁護士等の職務にある者については、刑法上の秘密漏示罪を適用しない。

(2) 立入調査　児童虐待が行われているおそれがあると認めるときは、児相等の職員は立入調査をし、必要な場合には、警察の協力を得ることができる。また保護者が正当な理由なく、立入調査を拒む場合には、裁判官へ許可状を請求して、住居に立ち入って児童を捜索することができる。

(3) 親権の制限　養護施設などに入所している子について、保護者から親権に基づいて取戻しを強く要求されると、施設としては子を親元に帰さざるをえず、その結果、虐待が繰り返され適切な保護を阻害するケースもある。そこで被虐待児について一時保護や施設入所などの措置がとられている場合には、児童相談所長は保護者について当該児童との面会や通信を制限することができ、保護者の同意なしで入所措置がとられている場合には、知事は、子どもへのつきまとい、施設近辺でのうろつきを罰則付きで禁止できる。

4　親権の停止・喪失、財産管理権の喪失

民法には、児童虐待など親権者の親権行使が不適切な場合に親権を制限する仕組みがある。

(1) 親権停止　父や母による親権の行使が困難または不適当であることにより子の利益を害するときには、家裁は親権停止の審判をすることができる。停止は2年以内である。たとえば、生後1年の赤ちゃんが手術をしなければ数か月以内に死亡することが予想されるにもかかわらず、親権者が、手術により左右の視力が失われることを知り、障がいを持つ子を育てていく自信がないとして手術を拒んだケースがある。病院から連絡を受けた児相の所長が家裁に親権停止の申立てをすると、家裁は、仮の措置として職務代行者を選び、職務代行者が手術の同意をすることができる。

(2) 親権喪失　父や母による虐待または悪意の遺棄があるとき、その他父や母による親権の行使が著しく困難または不適当であることにより子の利益を著しく害するときには、親権喪失の審判をすることができる。親権を行使する者がいなくなるときは、未成年後見人を選任する。喪失原因がなくなったときには、喪失の審判を取り消すことができる。

(3) 管理権喪失　父や母による管理権の行使が困難または不適当であることにより、子の利益を害するときは、管理権喪失の審判をすることができる。たとえば、児童養護施設で暮らしている高校生が、卒業後、アパート

➡8　たとえば、継父による性的虐待を実母が阻止しない事例、母が病気の子を看病することに親のアイデンティティを求め、子の病状を重くしている事例、父母から実兄に対する度重なる暴行によって児童本人（4歳）が心的障害を受け、その記憶が残る環境において、父母が暴力を用いる指導を行う可能性がある事例などがある。

➡9　福祉事務所
　福祉事務所とは、生活保護、児童福祉、母子および寡婦福祉、老人福祉、身体障害者福祉および知的障害者福祉に関する援護、育成または更生の措置に関する事務を司る社会福祉行政機関。都道府県および市（特別区を含む）は設置が義務づけられている。

➡10　秘密漏示罪
　医師、薬剤師、助産師、弁護士などは、正当な理由がないのに、業務上知りえた人の秘密をもらしたときは、6か月以下の懲役または10万円以下の罰金に処せられる（刑法134条）。

➡11　刑法では、虐待した親を暴行罪、傷害罪、強制わいせつ罪、強制性交罪、監護者わいせつおよび監護者性交罪、それらの未遂罪、保護責任者遺棄罪などで処罰して再発を防止する。13歳以上の者への強制わいせつ、強制性交等は、暴行又は脅迫を用いることが犯罪成立の要件だが、18歳未満の者を現に監護する者であることによる影響力があることに乗じてわいせつな行為や性交等をした者は、強制わいせつ、強制性交等罪に問われる。暴行又は脅迫を要件としない。2017年の法改正で導入された。

を借り、就職したいと思っているのに、親権者がこれらに同意しないため、契約を結ぶことができないような場合に、管理権を喪失させ、未成年後見人を選任し、後見人が同意することで対応する。

しかし、これらの制度は、あまり利用されていない（→資料⑮-3）。親族関係が希薄になり、関わろうとする親族が減少していること、児童相談所長は、児相の支援による親子関係修復の可能性を考え、親と敵対関係にならないように、申立てを控える傾向があることなどによる。

ところで2011年の法改正により、子が未成年でも判断能力がある場合には、子自身が申し立てることができるようになった。実際に子が家裁に行って申し立てることは難しいので、児相や民間の児童保護団体の職員・スタッフと相談し、児相・団体と連携している弁護士の協力を得て申し立て、手続を遂行することになる。子の権利主体性の視点からは、親権の行使に対する子自身の異議申立てをサポートする必要がある。

5　規制から支援へ

以上述べたことは、子を守るための制度である。しかし、子にとって必要なことは、親が愛情を持って子を養育し、子が安心して甘えることのできる養育環境である。虐待を行った親も、子にとっては大切な親である。親の虐待行為を事前に防ぎ、親が養育者として立ち直れるように、親子の分離が必要な場合でも、再び一緒に暮らせるようにサポートすることが求められる。現在、各地域に要保護児童対策地域協議会が設けられている。市区町村の子育て支援課、学校・幼稚園・保育所、医師・保健師、児相、弁護士会、警察、民間の子ども保護団体などがメンバーとなり、個別ケースの検討会議で要保護児童への対応や保護者の支援を協議する。それでも対応が困難なケースがある。その場合は、家裁と児相が連携し、親権停止中の親権者への具体的な改善措置を定めたり、それでも改善の見込みのない親権者に対しては、親権喪失や児童養護施設・里親への養育委託など速やかに対処する必要がある。

⊷12　職務代行者
家庭裁判所は、親権喪失、親権停止または管理権喪失の申立てがあった場合において、子の利益のために必要があると認めるときは、親権喪失などの審判が効力を生ずるまでの間、親権者の職務執行を停止し、またはその職務代行者を選任することができる。児童相談所と連携している弁護士や児童相談所長が選任されることが多い。

⊷13　未成年後見人
未成年者の監護教育、財産管理を行う権限と責任のある人。親権者は遺言で定めることができる。指定がない場合は、家庭裁判所が親族その他利害関係人の請求によって、未成年後見人を選任する。不正が行われないように、家裁は未成年後見監督人を選任したり、後見人に後見事務について報告させるなどして監督する。

⊷14　申立権者は、子、子の親族、未成年後見人、未成年後見監督人、検察官、児童相談所長である。

資料⑮-3　親権停止、親権喪失、管理権喪失、児童福祉法28条審判の申立・認容件数

▼申立件数（認容件数）

年	abc合計	a 親権喪失	b 親権停止	c 管理権喪失	d 28条審判
2012	237（31）	111（17）	120（14）	6（0）	300（244）
2013	310（91）	111（25）	185（63）	14（3）	276（188）
2014	273（82）	110（34）	153（43）	10（5）	279（211）
2015	261（81）	63（21）	192（58）	6（2）	254（209）
2016	314（111）	108（25）	202（83）	4（3）	269（199）
2021	363（158）	104（46）	255（107）	4（3）	451（335）

出所：司法統計年報家事篇より作成

＊2021年の申立権者（認容件数）

	親族	児童相談所長	子
親権喪失	101（19）	16（16）	6（2）
親権停止	128（19）	118（87）	15（8）

● 資料Ⅲ　協議離婚届

この離婚届を一方が役所に出すだけで離婚ができます！

出所：離婚届の書式に注意事項を書き込んだ（離婚アラートより）。

第IV部
別れと絆

16 知らない間に離婚されていた
▶ 紙切れ一枚の協議離婚

> **設例** 日本では、夫婦は、協議離婚届書を戸籍の窓口に提出するだけで離婚することができる。問題はないだろうか。

1 日本独自の離婚制度

離婚をしたい夫婦は、協議離婚届書（→66頁**資料Ⅲ**）に必要事項を記載して、夫・妻のどちらかがあるいは第三者が市町村の戸籍の窓口に持参する、勤務時間外や土日祝日の場合は夜間受付に投函する、遠隔地であれば郵送する、そして戸籍係が届書を必要事項の記載を点検して受理すると、離婚が成立する。夫・妻そろって戸籍の窓口に出頭する必要はない。

日本以外に協議離婚制度を採用しているのは、韓国・中国・台湾である。韓国では、夫婦双方が家庭法院（日本の家庭裁判所）に出頭し、裁判官が離婚意思の確認をする。中国では、夫婦双方が婚姻登記機関に出頭して離婚を申請する。台湾では、夫婦双方が戸政機関に出頭して離婚登記をする。夫婦の自由な意思に基づくことを司法あるいは行政機関が確認する仕組みである。欧米諸国およびその旧植民地国では、離婚は裁判によるので、双方が法廷に出頭し、裁判所から離婚判決をもらう。

届書という紙切れ一枚で、しかも双方出頭することなく離婚できるのは日本だけである。世界で最も簡単に離婚できる国である。年間の離婚件数の87.5％が協議離婚である。離婚の自由を保障する、出頭しなくてよいのでDV夫など危険な相手と顔を会わさなくてすむ、裁判手続が不要なので時間と費用が節約できる、家族の自治（プライバシー尊重）にも資するなどを理由に現行制度を肯定する人が多い（→**コラム⓰-1**）。しかし、問題がある。

2 知らない間に離婚されることも

戸籍の窓口に誰かが協議離婚届書を提出しにきたときに、戸籍係は、その人が本人かどうかを運転免許証などで確認し、本人でない場合には、本人の住所に離婚届書を受理した旨の通知（本人通知）がなされる。戸籍係は届書の署名が本人によるものかどうかを確認することができない。窓口で戸籍係が届書を提出に来た人に対して、「ご本人が署名したのですか」と尋ねて、「違います」と答える人はいないだろう。戸籍係は、必要記載事項が間違いなく書かれていれば、届書を受理する。署名の確認で偽造の届書を防ぐことはできない。

こうして本人の知らない間に偽造の協議離婚届書が提出され、戸籍係がこれを受理し離婚が成立してしまうことがある。もちろん離婚の届出を他人に頼んだ覚えがない、あるいは届書に署名捺印した覚えがない人は、協議離婚

→ **1** 協議離婚以外の離婚は、家庭裁判所でなされる調停離婚が10％、和解離婚（裁判官の面前で当事者が離婚に合意する）が1.5％、裁判離婚が1.0％前後である。家事調停は、男女2名の調停委員が申立人と相手方双方から話を聞き、双方の話し合いによる解決を目指す制度。双方や子の気持ちを家庭裁判所調査官が調査することもある（→15頁）。

→ **2** しかも、戸籍法施行規則62条によれば、届出人が署名できないときは、代署する事由を記載すれば、氏名の代署も可能である。ますます署名は形式的なものとなる。

無効確認の訴えをし、勝訴すれば離婚を無効とすることができる。しかし、そのためには離婚の届出時に離婚意思がなかったことを証明しなければならない。時間と訴訟費用がかかることを考慮して、裁判をあきらめる人もいる。そのような勝手な行為をする相手方への信頼を喪失し、争わない人もいる。

ところで、離婚届書を偽造して届け出た者は私文書偽造罪、偽造私文書等行使罪に該当し、戸籍に虚偽の記載をさせたことから公正証書原本不実記載罪にも該当する。犯罪だが、これらの罪で処罰された人数は犯罪統計上明らかにされていない。これでは、離婚届の偽造を抑止することは難しい。何よりも離婚届が受理されてしまってから争うのでは、遅い。そこで予防策が講じられた。離婚届不受理申出制度である。

3 離婚届不受理申出制度

この仕組みは、1952年から1976年にかけて、法務省民事局長の回答と通達によって作り出された。自分以外の者から離婚届が提出されても、戸籍係は受理しないように申し出る制度である。離婚届が受理されないので、離婚は成立しない。この仕組みは戸籍法上の制度となり、2008年5月から施行されている。現行制度は次のとおりである。

①離婚届の不受理を希望する者は、本籍地または非本籍地の市区町村の窓口に出頭し、備え付けの専用の不受理申出書に必要事項を記載して提出する。やむをえない事由により出頭できない場合には、本籍地の市町村に不受理申出書を郵送することもできる。

②申出があった届書を提出に来た者がいた場合には、戸籍係が本人確認を行い、確認できなかった場合には、その届出を受理しない。

③戸籍係はこうした届出があったことを、不受理申出をした本人に通知する。

④自らが出頭して離婚届をしない限り、不受理申出の効力は継続する。

確かにこれによって、無断でなされる離婚届を阻止できる。しかし、厳しい批判がある。離婚届が当事者の意思に基づいてなされるようにする手段を

➡3 犯罪行為
私文書偽造罪、偽造私文書等行使罪は、3か月以上5年以下の懲役刑に、公正証書原本不実記載罪は、5年以下の懲役または50万円以下の罰金に処せられる(刑法159・161・157条)。

➡4 その後、婚姻届、養子縁組届、離縁届、認知届についても不受理申出ができるようになった。

➡5 離婚届出等不受理申出件数
2008年5月までは、不受理申出の有効期限が6か月だったので、再度、申出をする当事者もいたため、申出件数は、2007年度47,847件だった。④により制限がなくなったので、申出件数は減少した。2016年度は28,088件である。それでも離婚届の12.8%に相当する。きちんと話し合いのできない夫婦が一定数存在することを推測させる。

こらむ⑯-1 なぜ、このような協議離婚制度になったのか

徳川末期から明治初期までの庶民の慣行では、離婚は、自分たちの所属する家族、親族、地域集団の承認を得るという、共同体の規制の下にあった。明治民法制定過程では、離婚は家の私事であり、一家の恥辱を世間にさらすべきではないという発想から、届出だけで離婚できる仕組みや、扶養料、子の措置、財産の分割等も証書によって定めさせたり、戸籍係が夫と妻の協議が真実であることを確認する仕組みなどが検討されたが、結局は、夫婦の協議で離婚することができ、かつ、戸籍係への届出でよいという現行制度となった。届出制度は、家風になじまない嫁、あと継ぎを産めない嫁を、戸主の判断で戸主が離婚の届出をして、追い出すことができ、家制度にとって好都合だった。

1947年12月の民法改正に際して、裁判所の許可を得る案が検討されたが、裁判所に行くとなると、事実上の離婚が増える、裁判官が当事者の真意を確かめるのは困難である、煩雑な制度を創設することの意義は少ないなどの理由で採用されなかった。

しかし、離婚は一生の重大事である、このくらいの手続を踏むことを面倒がるようでは、まじめに離婚しようという固い決心があるかどうか疑わざるをえないとの反論もあった。いくつかの団体から、協議離婚の形式の下で、実際には舅・姑による追い出し離婚が容易に行われてきた弊害を防止するために、離婚意思を裁判所で確認すべきだとの意見や、新民法により、財産分与、親権者などを定めることになったが、感情の疎隔している当事者間では適正妥当に協議することは困難だから、裁判所で離婚の合意の成立を審査し、その機会に財産や親権者についても適正に協議されたか審査し、協議が調っていない場合には裁判所が協議に代わる措置をとるのが適当であるとの意見もあった。後者は韓国の法改正に近く、真摯な制度設計が考えられていた。

講じないでおいて、当事者の意思に基づかない離婚届が出てきた時に初めて、それを阻止するために作用する制度を作るというのは、本末顚倒もはなはだしい、しかもその制度は、当事者による届出を前提とするものである、と。

この制度を知らなければ、無断離婚を防ぐことはできない。特に日本人と結婚し、離婚に直面している外国人配偶者の問題は深刻である。協議離婚届書は日本語のみであり、かつ届書だけで離婚できる国はないから、たとえば、夫から、学校や保険の書類だと説明されて、離婚届とは思わずに署名する、夫単独の提出で離婚が成立するとは知らなかったなどのケースがある。離婚届で離婚が成立、しかも、子の親権者は夫になっており、外国人配偶者は、日本人配偶者としての在留資格も、日本人子の親としての在留資格もなくなり、帰国を余儀なくされる場合もある。

離婚届を受理したことの本人への通知は日本語のみであり、外国人配偶者には理解できないことが多い。離婚届不受理申出の書面も日本語であり、こうした制度があることを教えてもらう機会もほとんどない。

協議離婚届書や解説、パンフレットの多言語対応について、法務省や外務省は着手していない。とよなか国際交流協会（大阪府豊中市）が中心となり、国際交流や移住者の相談などに対応している民間団体の人たちと、11か国語版で「離婚アラート」というパンフレット（→資料⑯-1）と動画を作った。他方、韓国では、ソウル家庭法院が、離婚に関するパンフレット13か国語版、家庭法院で行われる離婚案内（離婚の子どもへの影響などを解説）のDVD7か国語の字幕付を作成している。多文化共生社会への本気度は、移住者が困ったときに国や行政がどこまで支援できているのかでわかる。

4　財産の分配や子の養育事項を決めない離婚

もう1つ問題がある。夫婦に未成年の子がいる場合には、父母どちらかが子の親権者になるのかを届書に記載しなければならないが、離婚の際の夫婦の財産分与については記載欄がなく、離婚後の親子の面会交流、養育費の分担については取決めの有無チェック欄があるものの、記載しなくても離婚ができるのである。

子どものことについて、父母は離婚をするときは、協議でその一方を親権者と定めなければならない。また、父や母と子との面会およびその他の交流、子の監護に要する費用の分担などを協議で定める。しかし、協議で定めよと言われても、情報もなければ、基準もわからない。一体、どうやって定めたらよいのだろう。夫と妻が対等でない限り、相手の言いなりになるおそれさえある。また子どもは、父母の協議のかやの外に置かれ、自分の考えや気持ち、意見を父母に述べる機会が保障されていない（→18頁）。

このように離婚意思の確認、財産分与や子どもへの配慮、外国人配偶者への配慮などすべてが当事者に丸投げされている。当事者自治という名の「無法地帯」と言っては言い過ぎだろうか。

5　行政の窓口対応：明石市の例

協議離婚したい人は、市町村の戸籍の窓口で協議離婚届書を入手する。その際に、離婚や子どものことについて情報提供することが考えられる。

2014年4月、兵庫県明石市は、協議離婚届書とともに、『こどもの養育プ

→6
島津一郎編『注釈民法（21）』（有斐閣、1965年）102頁〔利谷信義〕。

→7　取決めの有無チェック欄
2012年度から、協議離婚届書に面会交流および養育費の取決めの有無チェック欄が設けられた。2011年に民法766条が改正され、離婚の際に、父母は面会交流や監護費用の分担について協議で定めるとする規定が設けられたからである。取決め有りにチェックした人は、2012年度面会交流55.4％、養育費55.6％から2017年度面会交流64.1％、養育費64.1％に上昇した。ただし、その内容や履行状況は不明である。

→8　民法819条1項「父母が協議上の離婚をするときは、その協議で、その一方を親権者と定めなければならない。」

→9　民法766条1項「父母が協議上の離婚をするときは、子の監護をすべき者、父又は母と子との面会及びその他の交流、子の監護に要する費用の分担その他の子の監護について必要な事項は、その協議で定める。この場合においては、子の利益を最も優先して考慮しなければならない。」

ラン』、『こどもの養育に関する合意書』、『親の離婚とこどもの気持ち』、『こどもと親の交流ノート』などのパンフレットを手渡している。また、パンフレットだけではわかりにくい人のために、市役所本庁内で常設の市民相談室のほかに、専門機関による「こども養育専門相談」を実施している。2016年10月、法務省も、明石市のパンフレットを参照して『子どもの健やかな成長のために～離婚後の「養育費の支払」と「面会交流」の実現に向けて子どもの養育に関する合意書作成の手引きとＱ＆Ａ』を作成し、各自治体に送付した。ただし、各自治体での取扱いは定まっていない。

➡10 明石市のウェブサイトで、「子ども・教育」→「離婚後の子ども養育支援」でそれぞれダウンロード可能。

6　当事者の合意形成、真の協議の保障：韓国の制度改革

韓国は、2008年6月、子の福利のために次のような制度を実施した。
①協議離婚をしようとする者は、家庭法院が提供する「離婚に関する案内」を受ける。中心は、離婚が子どもに与える影響や親としての責任など子の養育に関わる情報提供である。
②家庭法院は、対等な協議の難しい当事者には、専門的な知識と経験をそなえた相談機関の相談を受けるよう勧告する。
③未成年の子がいる場合には、離婚案内を受けた日から3か月内に、その子の養育に関する事項（養育者の決定、養育費の負担、面会交流）について、①の内容、協議書のひな型と解説を参考に、あるいは相談機関と相談しながら協議書を作成し、家庭法院に提出する。
④家庭法院は、③の協議書が子の福利に反する場合には、補正を命じたり、職権によって必要な事項を定める。養育費負担の合意については、家庭法院が強制執行を可能にする調書を作成する。

③の協議書が確認されて初めて当事者は離婚意思の確認を受けることができ、家族関係登録機関（→6頁➡6）に協議離婚の届出をすることができる。家庭裁判所が関与することで、子どもの養育計画の作成が事実上義務づけられている。日本でも韓国をお手本にした制度改革が必要ではないだろうか。

➡11 家庭法院が民間の専門的な相談機関に相談を委託する。毎年、公募され、審査される。相談勧告を受けた当事者は、3か月に10回（1回2～3時間）の専門相談（カウンセリグ等）を受ける。費用は裁判所が負担する。

➡12 たとえば、未成年の子のいる夫婦の離婚については、韓国のような協議書の作成を義務づけ、家庭裁判所で離婚意思と協議書の内容を確認する仕組みである（→うらむ⑯-1）。裁判官の数が足りないというのであれば、定年退職した裁判官を協議離婚確認裁判官として再雇用（給与は下げる）することだって考えられる。韓国の司法予算は国家予算の0.4％、日本は0.5％。要は、離婚弱者をつくらないという、やる気の問題である。

資料⑯-1　離婚アラート

＊　ウェブサイトからダウンロード可能である。
出所：リコン・アラート（協議離婚問題研究会）パンフレット

17 有責配偶者からの離婚請求は認められるのか

18歳から考える家族と法

設例 民法が定める5つの離婚原因のどれかがあれば、一方が反対でも離婚することができる。裁判離婚である。裁判で争われることが多いのは、第5号「婚姻を継続し難い重大な事由」である。裁判所は、どのような事実があれば、5号の事由があると認めるのだろうか。かりに5号の事由があるとしても、婚姻の継続を難しくさせたのが離婚を請求する方だった場合でも、離婚は認められるのだろうか。暴力や虐待、侮辱、理由のない家出、不貞行為などで婚姻を破綻に導いた責任のある配偶者（有責配偶者という）からの離婚請求は認められるのだろうか。

➡1 **離婚原因**
民法770条1項が離婚原因を定める。「夫婦の一方は、次に掲げる場合に限り、離婚の訴えを提起することができる。
1号 配偶者に不貞行為があるとき。
2号 配偶者から悪意で遺棄されたとき。
3号 配偶者の生死が3年以上明らかでないとき。
4号 配偶者が強度の精神病にかかり、回復の見込みがないとき。
5号 その他婚姻を継続し難い重大な事由があるとき。」

➡2 **不貞行為**
配偶者以外の人と性的関係を持つこと。夫婦には貞操義務がある。貞操義務に反するので、法律の世界では条文に従い「不貞」というが、世間では「不倫」ともいう。

➡3 **住民登録**
住民は、生活の本拠地で住民登録をすることが多い。住民登録は、納税、選挙、子どもの就学、国民年金の納付など重要な行政上の義務やサービスを受ける基礎となる。住民登録をすると、住民票の写しの交付を請求することができる。住民票には世帯主との続柄欄があり、婚姻をしていないカップルの場合、一方が世帯主になり、他方を「妻（未届）」、「同居人」と記載するなども可能である。

1 破綻認定の難しさ

破綻認定の難しさを具体的に示す次のような事例がある。

【ケース】 夫Xは婚姻し、妻Yと子どもが2人いる。Xは単身赴任先の福岡で妻Y以外の女性Zと親しくなり、この女性と20年近く事実上の夫婦共同生活をしている。Xは、①妻に対して離婚を口に出さず、②毎月、多額の送金をし、③東京へ出張の際には妻の元に立ち寄り、衣食の世話を受けたり、一緒に買い物や観劇をしたりしていた。こうした事実から、妻はいずれ夫が自分の所に戻ってくるだろうと確信している。しかし、夫は定年退職に当たり、残りの人生を考え、妻に離婚を請求した。

第1審において、夫は、福岡の住所で住民登録をしており生活の本拠は福岡である、住民票ではZを「妻（未届）」と記載し、職場にもZを配偶者として届け出ている、自分の収入の大半はZとの生活に使っている、同居は20年にも及ぶなどの事実を証明し、XとZが事実上の夫婦関係にあるのだから、当然、Yとの婚姻は戸籍上のものにとどまっている、すなわち破綻していると主張した。第1審は、夫の主張を認め、5号の事由に当たるとした。

妻は控訴し、控訴審において、前述の①②③の事実に加えて、子どもや親族の結婚式、家族の法事、天皇・皇后の園遊会などにXとYが夫婦として出席している、Xの仕事仲間とY方で毎年、新年会をしているなどの事実を証明し、単身赴任の夫婦と同じような生活実態がある、すなわち婚姻は破綻していないと主張した。控訴審は、妻の主張を認め、単身赴任の夫婦と同じで婚姻は破綻していない、5号の事由は存在しないとしてXの離婚請求を棄却した。

事実は同じでも、その法的評価が裁判官によって異なる（→コラム⑰-1）。この事案のように、過去にまで遡りお互いの生活の細部にまで立ち入り、プライバシーをさらけ出しても、離婚が認められるとは限らない。さらに、5号の事由があると判断されても、それだけで離婚できるとは限らない。有責配偶者からの離婚請求を認めないとする最高裁の判例があったからである。

72　第Ⅳ部　別れと絆

2 有責配偶者からの離婚請求を否定する判例

　1950年代前半の離婚裁判である。夫婦間に子はいない。婚姻から12年後、夫が女性と関係を持ち、子をもうけた。妻がこれを知って激怒し、夫の靴を便所に投げ捨てる、頭から冷水を浴びせるなどしたため、夫は家を出て女性と同居した。妻も実家に戻り、2年経過した。夫からの離婚請求に対して、1952年2月19日、最高裁は、「夫が妻を差し措いて他に情婦を持ち、それがもとで妻との婚姻関係継続が困難になった場合、それだけで夫の側から民法770条1項5号によって離婚を請求することは許されない」とした。さらに、「もしかかる請求が是認されるならば、妻は全く俗にいう踏んだり蹴ったりである。法はかくの如き不徳義勝手気侭を許すものではない」とまで述べた。

　家制度廃止から間もない当時、家風になじまない、あと継ぎを産めないなどの理由によって、妻を追い出す離婚（追い出し離婚）が後を断たず、離婚後の経済的自立も困難な状況では、破綻について責任のない妻を法的に保護し、婚姻道徳を示す必要があった。この判決によって、妻たちは、自己に非がない限り、一方的に離婚されることはないという保障を得た。多くの女性たちから歓迎された法理だった（→コラム⓱-2）。

　しかし、離婚請求を否定したからといって、夫が妻の許に戻って夫婦関係が回復するわけではない。20年、30年と続く別居の長期化は、法律上の婚姻関係の空洞化を意味するだけではなく、重婚的内縁を生じさせたり、そこで子が生まれることもある。法が現実の夫婦共同生活を規律することができなくなってしまう。

　その後、裁判所は、①婚姻破綻について、原告より被告により多くの落ち度があったり、原告、被告双方に破綻について責任がある場合には、離婚請求を認める、②別の原因で婚姻が完全に破綻した後で、夫が女性と同居し子をもうけても、その同棲は婚姻を破綻させる原因となったものではないことから、離婚請求を認めるなどの対応をした。その結果、原告と被告がお互い

▶ **4 判　例**
　判例とは、裁判官が裁判をする場合の判断基準となる裁判例（先例）のこと。最高裁判所の判断は、高裁・地裁・家裁などの下級審裁判所を拘束することが多い。最高裁と違う判断をしても、当事者が控訴、上告をすると、最後は最高裁が判断するのだから、かつての判断に問題がない限り、同じ判断が繰り返される。しかし、社会的な事情の変化により、最高裁がかつての判断と違う判断をすることがある。判例変更という。

▶ **5 重婚的内縁**
　法律上の配偶者のある人が、配偶者以外の人と事実上の夫婦共同生活を営む関係を重婚的内縁という（→27頁コラム❻-2）。

コラム⓱-1　夫と妻の行動への評価

　第1審は、夫は心底では自分を愛しており、認知症になった場合には自分が世話をするという妻Yの夫の心情についての理解は、思い込みに基づくもので、客観性を欠いており、Yは夫婦関係が形骸化していることを冷静に把握すべきであるとする。成人し頼りになる子どもらがいるから離婚をしてもその地位や身分に大きな影響はないこと、夫Xは自分名義の土地建物をすべてYに財産分与すると申し出ており、さらにYの要求があればできる限りこれに応えたい旨も述べていることなどから、離婚によって精神的苦痛、社会的評価の喪失、経済的な苛酷な状況は生じないとした。
　控訴審は、夫が社会的活動に専念できたのは、夫の裏切りに耐え、夫の社会的立場に配慮し、夫に対する愛情を優先して対処してきた妻の貢献によるところが大きいとし、このような妻の態度は、夫が社会的活動をする上で好都合であり、夫は妻の寛大な態度に甘えてきたと評価する。今になって離婚を求めることは、身勝手な態度であり、妻に対する信義を著しく破るものであって、許容することができないと述べる。
　これに対して第1審は、「夫として、また、父として、自らばかりだけではなく、妻や子供らの対面や感情を考え、長年にわたる別居の間に儀式等において世間的には夫婦であるかのように見えるよう行動することはあり得ることであるし、長年にわたり別居してきた妻に対して、これを労り、気遣いすることも、成熟した人格をもった夫のような人物であれば当然とるであろう行動である」と述べる。
　同じ事実であるのに、第1審と控訴審では評価が全く異なる。みなさんはどちらを支持するだろう。いずれにせよ、裁判官の価値判断によって、離婚が認められたり、認められなかったりするのである。

●6　本件の事実関係
　夫X・妻Yは実子がいないことから、女性Zの子A・Bと養子縁組をした。しかし、YはXとZが性的関係を持っていることを知り、夫婦関係は不和となり、Xは家を出てZと同居した。その際、XはYにX名義の家の処分権を与えた。Yはこれを売却し、実兄の家の一部屋を借りて住み、人形店に勤務したが、今は無職。XはZとの間に子C・Dをもうけ、認知し、3つの会社を経営したが、今は退職。別居後、XとYの音信は途絶し、Xからの仕送りもない。X・Yの同居期間は12年、別居期間は36年になる。

●7　離婚後の財産分与
　民法768条「協議上の離婚をした者の一方は、相手方に対して財産の分与を請求することができる。」財産分与の内容は、夫婦財産の清算、離婚後の扶養（補償）、損害賠償である（→76頁〜）。

●8　別居期間
　別居期間は各国によって異なる。たとえば、カナダ、オーストラリアなどは1年、フランスは2年、ドイツは3年である。なお、ドイツでは、当事者間に離婚の合意がある場合は、1年に短縮される。

に相手が有責配偶者であると相互非難したり、破綻が先か不貞が先かを争うなど、5号の認定と同様、当事者のプライバシーを暴き合い、泥仕合となり、裁判が長期化する結果となった。

3　判例の変更

　こうした経緯を経て、1987年9月2日、最高裁大法廷は、有責配偶者からの離婚請求について、婚姻が「夫婦としての共同生活の実体を欠くようになり、その回復の見込みが全くない状態に至った場合には、……戸籍上だけの婚姻を存続させることは、かえって不自然である」といえるが、「離婚は社会的・法的秩序としての婚姻を廃絶するものであるから、離婚請求は、正義・公平の観念、社会的倫理観に反するものであってはならないことは当然であって」、離婚請求は、信義誠実の原則（信義則）に照らしても、容認されるものであることを要するとした。
　当該請求が信義則に反するかどうかの基準として以下の3つをあげた。
　① 夫婦の別居が両当事者の年齢および同居期間との対比において相当の長期間に及ぶこと。
　② 夫婦間に未成熟子が存在しないこと。
　③ 相手方配偶者が離婚によって精神的・社会的・経済的にきわめて苛酷な状態に置かれないこと。
　その後の裁判では、①について、同居期間23年、別居8年の事案で、夫が妻の生活費を負担していたこと、不貞の相手方と別れたこと、離婚後の財産分与として1億円以上の提案をしていること、子2人は成人し、離婚について母の意思に任せる意向であることなどから、離婚請求を認めた。②について、子が高校生だが、3歳の時から父母は別居し、母の下で育てられたこと、父は毎月15万円送金してきた実績があり、財産分与も実現が期待できることなどから、離婚を認めた。③については、夫が妻の住居の家賃や住居購入の補助をしていた事例、4000万円の財産分与と毎月20万円の生活費を約束していた事例など、経済的な配慮が重要視されている。何となく離婚はお金しだいという感じがする。

4　離婚裁判のあり方

　【ケース】では、夫は、妻に対して生活費を送ったり、東京出張の際に妻方に立ち寄ったりなどしたことが、5号に当たらないとされたのだと認識し、仕送りや妻との交渉を一切絶ってしまい、絶縁状態となった。こうした期間が長期化すれば、何年か後には、5号の事由が認定され、信義則に反しない3つの基準が満たされ、離婚請求が認められる可能性が出てくる。相手を遺棄すればするほど有利になるような離婚裁判でよいのだろうか。
　離婚は、単なる夫婦別れではない。これまでの共同生活の清算として財産分与をしたり、子が未成年の場合には、離婚後の親子の交流や養育費の分担などの問題を解決する必要がある。5号の認定や配偶者の有責性をめぐる争いの中で傷ついた者同士が、これらの問題について、冷静に客観的に対応することができるだろうか。
　欧米は、裁判所の判決によって離婚が成立する。判決に至る過程で、夫婦財産の清算や子のための配慮も確認される。主たる離婚原因は、婚姻の破綻

であり、破綻は一定の別居期間で判断される。したがって、日本のようなプライバシーの暴露合戦は、ほとんど存在しない。離婚訴訟の無益な長期化もない。各国が離婚後の共同親権（親責任）や親子の面会交流を原則化する背景には、離婚自体に関する当事者の葛藤を沈静化させる仕組みがある。

日本も1996年2月の法制審議会答申では、離婚原因として新たに「夫婦が5年以上継続して婚姻の本旨に反する別居をしているとき」が付け加えられた。5年は長すぎるように思うが、それでも、まだ法制化されていない。

不貞をした有責配偶者からの離婚請求については、不貞をされた配偶者の感情的な反発もあって、紛争が長期化する傾向がある。その間の婚姻費用や養育費の分担、子との交流、住居の確保など必要な措置が放置されるおそれがある。別居の長期化は、双方の生活を固定化し、共同生活が回復する見込みは小さくなる。客観的に事態を見つめて、別居・離婚後の生活の安定化を図る中で、離婚の合意を形成していく方向が望ましい。

特に未成熟の子がいる場合には、離婚後の親子の交流や養育費の履行を実現可能にするためにも、父母に、自分たちで問題を解決したという自覚、自信を持ってもらうことが重要である。高齢者の場合も、当事者双方が胸を開いて、これまで表してこなかったお互いの思いや辛さ、あるいは至らなかった点はどこにあったのかなどを真剣に語り合い、納得のいくところまでたどり着くほかはない。

原告・被告の弁護士がいたずらに対立をあおらず、当事者の話し合いを確保し、裁判外であるいは家事調停の段階で決着をつけることを目指すべきである。離婚請求された側には辛くても、やはり「覆水、盆に返らず」である。心の離れた配偶者を婚姻に引き留めることは困難である。離婚原因の争いから、夫婦財産の清算、離婚後の自立への補償ないし生活保障など、客観的な公平性の確保に視点を変えるべきである。

9 法制審議会答申
正式な名称は、「民法の一部を改正する法律案要綱」。要綱では、5年以上の別居があっても、「離婚が配偶者又は子に著しい生活の困窮又は耐えがたい苦痛をもたらすとき」、「離婚の請求をしている者が配偶者に対する協力及び扶助を著しく怠っていることによりその請求が信義に反すると認められるとき」は、離婚請求は棄却される。単に別居期間だけで判断しないのである。

10 不貞をした妻からの離婚請求
妻（フランス人）の不貞行為から婚姻が破綻し、妻は子を連れて別居して2年弱になる。同居期間は9年、子は6歳と4歳、夫は会社員、妻は非常勤の語学講師。2014年6月12日、東京高裁は、夫が妻の信頼を失わせる行動をとっており、婚姻破綻の責任の一端は夫にもあることを指摘し、また、妻は働きながら子の養育監護をしており、離婚が子の福祉を害するものとは認めがたいとし、妻の離婚請求は信義則に反するものではないとして請求を認めた。

コラム⑰-2　1955年1月19日の新聞投書（長崎市女性33歳）

「療養生活2年有余を経て、やっと家に帰れた私ですが、帰宅後の夫は、私の退院とほぼ同じころにほかの女に心をうばわれ、久しく待ち望んでいた"そろって家での正月を"という私の希いもうちひしがれたわけです。（中略）暮れも押し迫った27日に、理由として取り上げるべきでもない親類づきあいが悪いの一事を持ち出して、夫は離婚を迫りました。私は承諾を致しませんでした。女と一緒に暮らしている夫に、承諾を与えてやるほど、退院後の私は、寛大な仏心を抱ききれませんでした。

それにしても思う事は、戦後改められた新民法の力強さです。私はこの時ほど、法と私達の生活の結びつきの深さを知った事はございません。（後略）」（朝日新聞学芸部編『おんなの暦「ひととき」三〇年』〔朝日文庫、1984年〕109～110頁より）

当時は、結核に罹（かか）る人が多かった。ストレプトマイシンという特効薬が開発されるまでは「死に至る病」だったが、本投書の女性のように長期間入院して療養し回復する人もいた。明治民法では、妻の不貞行為は離婚原因だったが、夫の場合は、姦通の相手方となって相姦者として処罰されたときに離婚原因となったにすぎない。男女不平等があった。また家制度の下では、妻は夫や戸主からの「追い出し離婚」に逆らえなかった。実家が引き取っても、実家のやっかいになるので肩身が狭かった。1950年代は、離婚後は、飲食店や飲み屋以外に就職することが難しく、児童扶養手当のような社会保障もなかった。

1952年の最高裁判決によって、妻は離婚したくなければ、協議離婚に合意しなければよいし、自分が不貞行為などしていない限り、裁判で離婚が認められることもない。婚姻の継続による生活の保障を得たのである。

夫婦が築いた財産はどのように分けるのか

> **設例** 婚姻中に夫婦の協力で築いた財産は、離婚の際にどのように分けるのだろうか。高齢や病気だったり、専業主婦だったりして離婚後に経済的に自立できない場合、余力のある方に生活を援助する責任はないのだろうか。

1 夫婦別産制の意味と問題点

民法762条1項は、婚姻前から有する財産および婚姻中に自己の名で得た財産、たとえば、相続、贈与、自分の財産からの収益、自分で代価を払って購入した財産、自分で働いて得た賃金などは、その人の特有財産(所有財産)とする。夫婦別産制という。

この制度では、夫が稼いだものは夫のもの、妻の稼いだものは妻のもの、それぞれが管理するという仕組みである(別帰属、別管理)。夫婦がそれぞれ経済的に自立している場合はこれでよいが、妻が主婦として家事・育児・介護を担っている場合には、夫の収入やそれで購入した財産は夫の所有になる。妻の家事労働は無償であり、妻は何の所有財産もない。妻が仕事をしている場合でも、家事労働は妻が担うことが多く、その間、仕事をしている夫の方がより多くの収入を得る。しかし、それは夫の所有財産になる。これで、夫婦は平等といえるだろうか。

こうした問題は、1947年9月、民法改正の審議の時に議論されていた。榊原千代議員は、妻の家事労働を生産に連なるものとして認められないかと質問した。奥野健一政府委員は、妻の内助の功は、配偶者が死亡した場合には、配偶者相続権で、離婚した場合には財産分与で考慮されると答えた。榊原議員は、このことによっては家庭生活における妻の地位は決して高くならず、夫に扶養される立場になってしまい、現在において平等、同等であるためには、家事労働を生産に連なるものとして認める措置がとれないかと再度、質問した。奥野委員は、夫婦財産の共有制をとると、夫が事業等によって莫大な債務を負ったような場合、妻も責任を負わなければならないことになるとし、相続と財産分与で手当をするのが最もよいと答えた。

1961年9月6日、最高裁大法廷もこの政府委員(立法者)の説明を支持した。民法には、財産分与請求権、相続権ないし扶養請求権等の権利が規定されており、夫婦相互の協力、寄与に対しては、これらの権利を行使することによって、夫婦間の実質的不平等が生じないよう立法上の配慮がなされているとする。しかし、婚姻継続中の夫婦の対等性は確保されない。妻は夫の被扶養者、養われる立場なのである。榊原議員の指摘は正しいと思う。せめて離婚の際には、立法者、最高裁大法廷の見解に従い、婚姻中の妻の家事労働など婚姻財産形成への寄与・貢献を、財産分与の中でていねいに評価し、そ

→1 無償労働
炊事、洗濯、掃除、育児、看病、介護など家庭でなされる労働(家事労働)について第三者に頼む場合には、第三者に賃金を払う。有償労働である。しかし、家庭内で家族が担う場合には、賃金は支払われない。せいぜいお小遣い程度である。そこで無償労働という。

→2 配偶者相続権・財産分与
明治民法の時代には、配偶者に相続権が認められなかった(→98頁→2)。離婚の際の財産分与もなかった。2つとも1947年の民法改正の目玉であり、妻の法的保護として支持された。

→3 憲法24条の解釈
こうした判断の前提として、最高裁大法廷は、憲法24条について、継続的な夫婦関係を全体として観察した上で、婚姻関係における夫と妻とが実質上同等の権利を享有することを期待した趣旨の規定で、個々具体の法律関係において、常に必ず同一の権利を有すべきものとの要請まで含んでいないとした。

れに見合った財産が寄与配偶者に分配されるように解釈する必要がある。

2 財産分与の基準と実情

離婚の際の財産分与は、当事者の協議によって決まるが、協議が調わない場合には、家庭裁判所が定める。この協議や審判に際して基準になる規定は768条ただ1つである。夫婦の協力によって得た財産の額その他一切の事情を考慮して、分与の可否、額、方法を定める。財産分与の内容も基準もあいまいである。そこで、判例・学説は財産分与の具体的な内容を論じ、分与額決定の基準にしようとしてきた。それは、①夫婦財産の清算、②離婚後の扶養（援助）、③損害賠償の3つの要素である。

協議離婚に関して、財産分与の最近の統計はない。調停離婚の場合、離婚時の財産給付について取決め有りのケースは、90年代では57％前後だったが、徐々に下がり、2016年には27.9％となった。取決め有りの内、100万円以下25.6％、200万円以下12.8％、400万円以下12.3％などであり、平均額は低い。婚姻期間が25年以上になると、さすがに取決め率が48.6％に上がり、1,000万円以上が24.1％になるが、25年以上の婚姻でもこの程度である。協議離婚の場合には、さらに取決め率、金額は低くなっているものと推測される。だからこそ、離婚時の協議を公平に進めるためにも、婚姻中の無償労働分を取り戻すためにも、財産分与の基礎知識が必要となる。

3 夫婦財産の清算

所有名義のいかんにかかわらず、婚姻後に夫婦の協力によって取得した財産、たとえば、土地、家屋、車、預金、証券、夫婦が共同事業をしている場合の営業用財産などはすべて清算の対象である。ただし、夫・妻が各自、自由に使うことのできるお金で得た財産、たとえば、趣味の品などは対象外だが、相当高額である場合や婚姻後に形成した財産がほとんど消費されている場合には、対象に含めることもある。

➡4 **民法768条**
「1項 協議上の離婚をした者の一方は、相手方に対して財産の分与を請求することができる。
2項 前項の規定による財産の分与について、当事者間に協議が調わないとき、又は協議をすることができないときは、当事者は、家庭裁判所に対して協議に代わる処分を請求することができる。ただし、離婚の時から2年を経過したときは、この限りでない。
3項 前項の場合には、家庭裁判所は、当事者双方がその協力によって得た財産の額その他一切の事情を考慮して、分与をさせるべきかどうか並びに分与の額及び方法を定める。」

コラム⑱-1 離婚時の年金分割

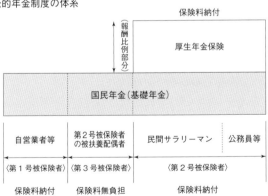
▼公的年金制度の体系

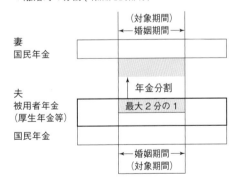
▼離婚時の分割(報酬比例部分)のイメージ

離婚の際に、夫婦の合意により報酬比例部分を夫婦間で分割する。国民年金の3号被保険者（勤労者の配偶者で年収130万円未満、保険料無負担で受給権がある人）については、配偶者の報酬比例部分の1/2について当然に分割される。具体的には、たとえば、婚姻期間中に夫が納付した保険料の1/2を、妻が納付した扱いにし、各自の基礎年金にこの報酬比例部分を上乗せするものである。年金受給開始年齢になると、国民年金基礎年金に加えて、この報酬比例部分の保険料に基づく年金を受け取る。

夫婦が一方の両親その他の家族と共同で農業や自営業などに従事している場合には、その収益およびそれを使って築かれた資産は家族経営の代表者、通常は夫の父親の財産として蓄積され、父親名義になっていたり、実質的には個人経営であるにもかかわらず、形式上は法人となり、収益が法人名義になっていることがある。このような場合でも、資産を父母・夫婦の実質的共有財産とみなして、その一定割合を財産分与の対象としたり、労働者の平均賃金で換算したりして、財産分与を妻に認めることがある。

　退職金も清算の対象である。まだ退職していなくても、退職金の支払いが確実な場合には、離婚時に退職していれば得られるであろう金額や定年退職時に支払われるであろう金額などを対象に、婚姻期間に比例して分与額を定めることが多い。婚姻中の妻の協力を評価するという視点である。妻の協力は年金にも反映する（→つうしむ⓭-1）。

　清算の割合は、現在の判例では、①共働き型、②家業協力型、③専業主婦型を問わず、夫婦平等の見地から、原則として2分の1とする。婚姻中の生活形態、性別役割分業は、夫婦の合意によって定められ、その下で協力がなされているのだから、協力の評価基準は平等と考えるのである。ただし、医師、弁護士、アスリート、芸術家、タレントなど、配偶者の一方の特別の努力や能力により高額の資産形成がなされた事案では、1/2は修正される[7]。

　これらは公平な財産分与を目指したものだが、結果として、家事労働を担ってきた妻への配慮が目立つ。今もなお婚姻、出産に際して退職する女性が多く、財産分与で妻の協力、寄与を保障する必要があるからである。しかし、今後、共稼ぎ夫婦で妻の方が収入が多い場合が増えるだろう。共稼ぎであるのに、妻が主として家事労働を担っていた場合には、家事・育児・介護への寄与度を考慮して清算割合を定める必要がある。

4　離婚後扶養：自立への援助

　離婚後扶養とは、夫婦財産の清算をしてもなお離婚後、経済的に自立できない配偶者に対して、一定期間、扶養を継続することである。妻が専業主婦で乳幼児をかかえていたり、病気や高齢のため再就職が不可能な場合などに、生活費の必要度、夫の支払能力、夫・妻双方の有責性の程度などの事情が考慮されて額が決定される。ただし、現実の協議離婚や調停離婚において、離婚後扶養を考慮して財産分与がなされることは少ない。なぜ離婚後も扶養しなければならないのかの説明が難しく、また、相手方が自立するまで何年も継続することに不安を感じるからである。

　しかし、妻が自立するまでの援助として、期間を限定して分与を認める例もある。1972年11月30日、東京高裁は、妻は実家の援助の下に子どもを養育し、将来はデザイナーとして生計の道を立てようと通信教育を受けているという事案で、夫は月収の3割を最低3年間分支払うべきだとして108万円の財産分与を認めた。45年前の判決だが、今でも参考になる。扶養ではなく、期間を限定した自立への援助[8]と捉えることで、義務者も予定が立ち、合意できる可能性がある。

5　離婚による慰謝料

　離婚されたこと自体を原因として生じる精神的損害の賠償、すなわち離婚

▶5　たとえば、夫が自分の小遣いで購入した馬券や宝くじが当たり、高額（前者は約1億円、後者は約2億円）であることから、これを元に購入した不動産、預金、保険などを実質的な夫婦の共有財産として財産分与の対象とした事例がある。

▶6　債務の取扱い
　住宅ローンなど共同生活を営む上で生じた債務がある場合には、夫婦財産の資産総額から負債総額を差し引いた残額に、清算の割合を乗じて清算額を決定する。住宅ローンの残額が不動産の時価を上回る場合には、当該不動産の価値は0であり、清算すべき資産がないこととなり、財産分与は0となる。

▶7　たとえば、夫が画家、妻が作家でお互いの収入からそれぞれ生活費を出し、約18年間、妻が主として家事・育児をしていた事案で、生活費の負担割合、収入などを総合考慮して、夫婦財産形成に対する妻の寄与割合を6、夫のそれを4とした裁判例がある。

▶8　補償給付
　婚姻生活の性別役割分業は、職業労働を担当する夫に財産と所得能力を増大させるのに対して、家事労働を担当する妻の所得能力を減少させ、夫婦間に資力（財産と所得能力）の格差をもたらす。離婚に際してこの格差を是正するために、妻の所得能力を回復する必要がある。これが補償給付という考え方である。

慰謝料である。判例は、有責行為から生じた離婚について、有責配偶者に損害賠償責任を認める。不貞行為（→こらむ⓲-2）、暴力や虐待などの場合が多い。離婚慰謝料には相場のようなものがある。特別に高収入の夫婦を除いて、1976年以降、平均で200万円前後、最高額は500万円で頭打ちである。夫婦財産の清算を中心に財産分与で増額を図り、慰謝料については、あまり積極的ではない傾向がみられる。それは、有責性の証明が難しいからである。

　離婚に至る経過を考えると、お互いの行動・言動の積み重ね、コミュニケーション不足が背景にあり、どちらかに一方的に非があるというケースは少ない。しかし、離婚慰謝料を認めることは、当事者の責任を追求することであり、そのために夫婦の相互非難を招き、離婚夫婦の人間関係を決定的に破壊してしまうおそれがある。それでは夫婦財産の清算や離婚後の援助、子の問題を相談し合ったり、離婚後の親子の交流や定期的な養育費の給付を実現することが困難になる。

　さらに、離婚慰謝料をどういう場合に認めるのかも問題になる。不貞や暴力、DVなど離婚原因となった行為はそれ自体が不法行為であり、慰謝料や治療費など損害賠償は認められるが、離婚は民法が認める制度であり、過失でも違法でもないのだから、離婚したこと自体に慰謝料を認めることはできないはずである。

　現在の夫婦の経済的な格差などを考えると、離婚慰謝料によって一方的な離婚を強いられる主婦を救済すべきだという意見もありうる。また、離婚に伴う苦痛は確かに存在する。しかし、それは清算と扶養（自立への援助）によって夫婦間の公平が回復する中で慰謝されることではないだろうか。それでも癒されない苦しみは、金銭的に償わせるものではなく、各自の努力で克服するしかない。離婚慰謝料は、一方を加害者、他方を被害者とするものである。被害者としての視点、姿勢を持ち続けることは、離婚後の自立を遅らせるかもしれない。離婚それ自体の慰謝料を認める必要はないと思う。

> **9　不法行為**
> 民法709条「故意又は過失によって他人の権利又は法律上保護される利益を侵害した者は、これによって生じた損害を賠償する責任を負う。」

> **10**　たとえば、妊娠中の妻に殴る、蹴るの暴行を働き、その後も日常的に激しい暴行を加えていた夫の離婚について、離婚慰謝料350万円のほかに、夫の暴行による障害によって生じた入通院慰謝料100万円、後遺障害慰謝料500万円、後遺障害による逸失利益（障害がなければ稼げたはずの利益）1113万円余を認めた裁判例がある。

こらむ⓲-2　不貞の相手方の不法行為責任

　夫婦は相互に相手方以外の人と性的関係を持たないという貞操義務を負う。民法にこれを明示する規定はないが、一夫一婦制の下では、婚姻の合意に含まれるものとして当然の前提とされている。貞操義務に反する行為を不貞行為という。

　判例は、夫婦の一方が不貞行為をした場合には、不貞行為の相手方は、夫婦の他方が被った精神的苦痛を慰謝すべき義務があるとする。ただし、不貞行為をした時点で、当該夫婦の婚姻関係がすでに破綻していた場合には、特段の事情がない限り、不法行為とはならない。不貞行為が不法行為になるのは、「婚姻共同生活の平和の維持という権利又は法的保護に値する利益を侵害する行為といえる」からであり、すでに婚姻関係が破綻していた場合には、上記の権利または法益がないからである。したがって、不貞行為当時、婚姻関係が破綻していなかった場合には、その後、夫婦が別居や離婚に至らなかったときでも、相手方の不法行為責任を肯定する。慰謝料を減額することはあっても、責任自体を否定しない。そして破綻しているかどうかは、別居を基準に判断されている。

　しかし、不貞行為は当事者の自由な合意によって成り立っており、相手方から強制されたものではない。性的関係は個人の人格と密接不可分に結びつく人格的なものである。したがって、婚姻をしても、誰と性的関係を持つかは、配偶者本人が自らの問題として自分で判断することなのだから、配偶者以外の人と性的関係を持つという意思決定をした配偶者自身が貞操義務違反の責任を負うのが筋であり、相手方に責任を転嫁することはできないと考える。さらに言えば、婚姻は人格的な結合だから、貞操義務も自分たちの責任で履行すべきであり、人格的な問題に法は介入すべきではないとすれば、夫婦間でも法的な責任追求はできない。この立場からは、不貞行為による離婚慰謝料も否定することになる。

19 別れた親に子どもは会えるのか
▶親子の交流は子どもの権利

> **設例** 親が別居したり、離婚した後で、子は別居した親と会うことができるだろうか。

1 別居・離婚後の親子の面会交流とは

　面会交流とは、親権者・監護者でないため、子どもを現実に監護教育できない親（別居親）が子と会って話をしたり、遊んだり、手紙や携帯電話、スカイプなどで交流することである。1960年代後半以降、家庭裁判所は、「面接交渉権」として認めてきたが、2011年の法改正により、条文化された。

　厚労省「全国ひとり親世帯等調査結果報告」（2016年11月）では、子と別居している父との面会交流が続いている29.8％（2011年27.7％）、子と別居している母との面会交流が続いている45.5％（同37.4％）であり、離婚によって多くの子が親の一方（特に別居している父）との関係を断たれている現状にある（→コラム⑲-1）。他方、協議離婚時に面会交流の取決めをしていた場合、子と父との面会交流が続いているが64.1％に上がる（子と母の場合も63.6％）。まずは取り決めることが重要であり、2012年4月から協議離婚届書に面会交流および養育費の取決めのチェック欄が設けられ、面会交流の取決め有りにチェックした割合は、2012年度の55.4％から2017年度64.1％に増加していることから、自主的に面会交流を実現するケースが増えるとの期待もあるが、母子世帯で取決め有りにチェックした割合は20.8％にとどまり、チェックしたか不明が49.6％（父子世帯はそれぞれ17.6％、47.9％）もある。

2 面会交流の意義と役割

　面会交流は子の利益のためにある。別居親と子との円満で継続的な交流は、親子関係を保つことであり、子も別居親が自分を見捨てていないことを確信できる。子は家族や様々な人たちとの交流を通じて、愛情と信頼の大切さを体験し、自尊感情を抱き、他者を愛し信頼することのできる力を育てていく。子の成長発達にとって別居親やその家族との交流も欠かせない（→コラム⑲-1）。

　親の離婚を経験した立場から、親の別居・離婚に直面している子どもたちへのサポートをしている光本歩さんは、子の立場から面会交流について、次のように述べている。子が面会交流に求めるものは、親に何かをしてほしいということではない。大切なことは、両親は離婚したけれど、父とも母とも関わりを持ち続けていたということを子自身が認識できていることであり、子どもが「自分の親はどういう人物なのか」を自分自身の目で見て、感じ、理解していることが、子どもが自分の人生と親の人生を良い意味で切り分け、前に進むための力となる。両親が離婚したことにより親子が過ごしてい

▶1　面会交流
　民法766条1項「父母が協議上の離婚をするときは、（中略）父又は母と子との面会及びその他の交流、子の監護に要する費用の分担その他子の監護について必要な事項は、その協議で定める。この場合においては、子の利益を最も優先して考慮しなければならない。」

▶2　誰の権利か
　面会交流について民法に規定がない時期に、家庭裁判所が事件として扱うことができる根拠として、面会交流が誰の権利かが議論された。1980年代には、子育てに関わる親の権利および義務であると同時に、親の養育を受ける子の権利でもあること、両者の利益が対立する場合には、子の利益を第一に考える説が支持を得た。韓国では、2007年の法改正により、「子を直接養育しない父母の一方と子は、互いに面会交流できる権利を有する」として、「子の権利」と規定したことによって、面会交流に消極的な親の合意形成を促進したとみられている。私見も子の権利と考える。

く形が変わったことは事実だが、親子であることを否定したり、なかったことにしたりする権利は、どちらの親にも、どの大人にもないと。

また、面会交流は、離婚後の単独親権制度の下で、別居・離婚後も父母が子の監護教育に関して共に責任を担い、子の成長を支援する方法の1つでもある。別居親も子との交流を通じて人間的な安心と満足を得ることがあり、同居親も子育てを別居親と分担することによって、自分だけの時間を確保したり、思春期の子どもの悩みに対処できるなど、それぞれにメリットがある。

さらに子どもの見守りの役割もある。たとえば、母親が男性と暮らし始めた場合、その男性が児童虐待の加害者となるケースがあるが、別居親（父）が子と面会交流をしたり、連絡を取り合っていたら、虐待の事実をより早く発見できるかもしれない。同居親が育児放棄をしたり、家出をしたような場合には、別居親が家庭裁判所に親権者変更などの申立てをして子を保護することができる可能性もある。

3　家庭裁判所の対応

現在、家庭裁判所は、子の福祉に反するなど特段の事情がない限り、面会交流を認める。たとえば、2013年7月3日、東京高裁は、「子は、同居していない親との面会交流が円滑に実施されていることにより、どちらの親からも愛されているという安心感を得ることができる。したがって、夫婦の不和による別居に伴う子の喪失感やこれによる不安定な心理状況を回復させ、健全な成長を図るために、未成年者の福祉を害する等面会交流を制限すべき特段の事由がない限り、面会交流を実施していくのが相当である」とする。

特段の事情とは、①別居親による子の虐待のおそれ、②別居親による子の連れ去りのおそれ、③別居親による同居親に対する暴力（DV）である。家事調停の早い段階で家裁調査官調査を実施して①～③のような事情の有無を把握し、そうした事由がないと認められる場合には面会交流を認め、円滑に実施していくための条件の検討や環境整備を行うことを基本方針としている。

→3　光本歩「子どもたちのピアサポート」二宮周平編『面会交流支援の方法と課題』（法律文化社、2017年）188頁。

→4　**面会交流原則実施への批判**
家裁によっては、調停の最初の段階で、面会交流に否定的な親側の個別事情、たとえば、一方的に離婚請求され精神的な不安を解消できていない、生活費を稼ぐのに精一杯でゆとりがない、DVのトラウマが解消されていない、子どもが別居親をこわがるなどに配慮することなく、当然のように面会交流について合意形成を促すことがある。子にとって面会交流が大切であることがわかっていても、ためらう事情、原因がある。それらを聴き取り、必要な場合には専門機関のカウンセリングや相談につなげることができればと思う（韓国の取り組み→71頁）。

コラム⑲-1　離婚弁護士の経験から

以下は離婚事案に詳しい弁護士の経験である。
子どもの気持ち　父に関する情報を何も知らされずに育った場合に、ともかく一度父に会いたい、どんな顔をしているのか、どこに住んで何をしているのか、どんなささいな情報でも知りたい、と思い始める時期がある。親は子ども自身のアイデンティティの一部であり、両親について知ることは、思春期の入口で、不可欠な作業なのである。中でも行動力のある子は、同居親に頼らず独自の行動を始める。子どもによって差があるが、早ければ小学校の2～3年頃からだろうか。
小学校3年の頃に、子どもが学習机の中に父の名前を書いた紙を大事に入れていたという事案があった。母親は名前を教えていないのにどこで知ったのだろうと驚いた。母親は、それを見て、一度父親に会わせてあげようとようやく考えるようになり、重い腰をあげて約十年ぶりに代理人を通して父親に連絡をとった。別居以来一度も会いたいと言ってきたことのなかった父親だが、父親も会いたいと応えてくれた。その十年ぶりの面会に立ち会った。娘よりも父親が緊張し、頻繁に目をまばたかせていた。父親も娘も言葉少なで、たいした話をしたわけではない。しかし、帰りに娘さんに、「また会ってみる？」と聞くと、「うん」と嬉しそうに答えた。会って、そんなに格好よくない父親だと幻滅してもいい。それでも一度でも会えれば頭の上にもやもやかかっている雲のようなものが取り払える。
会わない親　3か月に1回の面会交流で調停が成立した。第1回目は弁護士も立ち会い20分ほど、なごやかに終わったが、子は赤ちゃんで人見知りが強く、面会中、母から離れず、父があやそうとしても泣いた。それっきり、父からも、母からも面会交流を依頼してこない。このままであれば、父と子は断絶状態になる。こんなとき、声をあげられない子どもの立場を代弁でき、調停のその後をサポートできるシステムがあればと思う。(NPO法人Wink編『離婚家庭の子どもの気持ち』（日本加除出版、2008年）63、67頁〔榊原富士子〕)

5 審判
家庭裁判所が家事事件について下す判断。権利や義務があることを前提にその内容を定める。審判手続では、対立する当事者が証拠を出したり弁論をすることはない。非公開。

6 抗告
審判に対して不服があるときに、上級裁判所に審理を求めること。

7 差戻し
上級裁判所で原判決や審判を取り消したり、破棄した場合に、自ら判断をするのではなく、審理をやり直させるために、事件を改めて第1審または控訴審に送り返すこと。本件では、原審は新潟家裁、抗告審は東京高裁だったので、試しに親子の面会交流をさせたり、父母の話し合いを進めたり、新潟市内の面会交流支援団体と相談するなどのことを考えると、東京高裁で審理をし直して、自ら判断するのは妥当ではない。そこで新潟家裁に差し戻した。

8 調停
日本の家庭裁判所では、調停は別席で行われる。まず調停員が申立人から話を聴き、申立人が退出した後、相手方にその内容を伝えるとともに、相手方から話を聴き、相手方が退出した後、今度は申立人にその内容を伝えるという交互聴取り、内容伝達である。別席調停という。これでは当事者の話し合いとはいえないことから、同じ家事調停制度のある韓国、台湾は同席を原則とする。日本でも、少なくとも子どもの将来に関わる面会交流調停では、同席による話し合いで、とことん子育ての将来設計について意思疎通を図るべきであるという実務家からの意見がある。

9 📖面会交流支援団体全国マップ
ウェブサイト「面会交流com.」に、全国の面会交流支援団体が都道府県別にまとめられている。

4　面会交流の合意形成

【ケース】　夫が面会交流の家事調停を申し立てた。妻は最初の調停期日に出頭したが、帰り道、不審な車が追尾しており、夫ではないかと不安になったため、その後の3回は代理人弁護士のみ出頭した。5か月後に調停不成立となり審判に移行した。家裁は、1か月後に面会交流を認める審判をした。妻は夫の暴力的な言動をおそれていたにもかかわらず、JRの改札口で妻が子を夫に受け渡す内容だったため、妻は抗告した。

抗告審は、面会交流の実施に関して、葛藤の高い夫婦であるからこそ、面会交流実施時やふだんの時の禁止事項や遵守事項など「詳細かつ周到な面会交流の実施要領」を具体的に策定する過程で、子の現状についての認識を共有化し理解を深めることによって、また、相互の不信感や母側の恐怖心を軽減することによって、信頼関係を築きながら、面会交流の合意形成を促すべきであり、原審はこの過程が不十分であるとして、原審に差し戻した。

面会交流は父母が自主的に実現して初めて、子も安心して別居親と交流ができる。そのためには、調停や審判で命じられたから面会交流するというのではなく、父母が自分たちで内容を決めたという合意解決が最も望ましい。それは父母の自信につながり、子の成長に合わせて内容を修正することを可能にする。こうした合意解決を目指すには、家裁調査官調査が子の気持ちや意思を聴き取り、これを父母に伝えることによって、父母が子の現状を理解し、子の立場に立つことが不可欠である。

上記の【ケース】では、母が調停に出頭していない。これでは調査官の調査を踏まえたていねいな話し合いはできない。裁判官は母の不安を解消して調停に出頭することができるようにし、弁護士もサポートすべきだった。そのためにも、離婚が子に与える影響、親の紛争に子を巻き込まないことなど親教育、親ガイダンスをして、面会交流の合意形成の必要性を認識してもらう取り組みが不可欠である（→19頁 コラム❺-1）。

5　面会交流支援の必要性

同居親は、合意した日時、場所に子を連れて行き、別居親に渡す。別居親は合意した時間の間、面会交流を行う。終了時に子を同居親に渡す。これを合意した頻度で繰り返す。葛藤を抱えている父母が顔を合わせる。相互不信、威圧的な言動への恐怖心などがある。子は親の態度・姿勢を敏感に受け止める。楽しい面会交流にはならず、持続しない。親教育や調停での合意形成が不十分な場合には、こうした事態が起こりうる。

そこで、民間団体が面会交流を支援ないし援助している。公益社団法人「家庭問題情報センター」（略称：FPIC、東京都）が1994年度から試行的に、2004年度から事業として本格的に取り組み、その後、数多くの団体が立ち上がっている。元家裁調査官・家事調停委員や弁護士など司法関係者、臨床心理士等の専門職、自分または父母の離婚を経験した当事者の方たちが主体となって、調停や審判等で面会交流の合意が成立しているが当事者の任意の履行が難しい事案を中心に、子どもの利益最優先、中立、安全などのポリシーの下、次のような援助をしている（→コラム⓭-2）。

(1)　子の受渡し　同居親から子を預かり、待ち合わせ場所や各団体の確保している場所で別居親に子を渡す。面会交流が終了すれば、別居親から

子を預かり同居親に渡す。葛藤を抱えている父母が顔を合わせなくてすむ。

　(2)　付き添い　別居親と子の面会交流に立ち会う。親子が遊んだり、おしゃべりしたりするのを見守るので、連れ去りなど不規則な事態を防ぐことができる。遊び方のわからない別居親を援助することもある。

　(3)　調整　病気や行事など面会交流ができなくなった事情を相手方に伝えたり、次回の日程など、父母間の連絡調整を行う。

　こうした専門的な第三者機関が間に入ることによって、自分たちで実行することが困難な父母をサポートし、離れて暮らす親と子の交流を維持し、継続する可能性が生まれる。

6　新たな視点と課題

　千葉県船橋市のNPO法人ウィーズは、離婚を経験し大人になった若者たちが中心となって、現在、渦中にある子どもたちの面会交流支援、学習相談、悩み相談などの取り組みをしている。ピアサポートである。ウィーズでは、面会交流は子どもが主人公との立場から、子が何を「利益」として捉えるのかは、その子自身の育ってきた環境や性格などにより様々であり、面会交流に対して子が負担を感じてしまえば、交流が実現したところで、子と親が良好な関係を持てるとは考えにくいので、子の心の負担を最小限にすることができるよう、子の性格や状況に合わせた支援を心がけている。

　面会交流は、子どもの視点から実現する必要がある。そして葛藤の高い父母の間で面会交流を実現させ、子どもの味方になることができるのが面会交流支援団体なのだから、スタッフの養成、面会交流場所の確保など各団体の活動を財政的に支える必要がある。厚労省はひとり親家庭支援事業の1つとして、低所得の親が面会交流支援団体を利用した場合の利用料補助を始めた。実際には、地方自治体が行う。2018年6月時点で、東京都、千葉県、熊谷市、高松市、北九州市など3都県、5市である。全国へ広がることを期待する（2021年3月末で、5都県、10市）。

➡ 10　保育所の利用
　父母間の葛藤が高くなく、子が低年齢のケースで、保育所を面会交流の場所に使う支援団体がある。複数の親子と保育士もいるので、同居親も安心する。昼食を一緒に作ったり、楽器の演奏会をするなど楽しい1日になるよう工夫する団体もある。

➡ 11　集団型面会交流支援
　名古屋市のNPO法人あったかハウスは、集団型の面会交流支援をしている。商店街や公園、動物園で、毎月1回、3時間、複数の別居親と子が遊んだり、ゲームをしたり、買い物をしたり、おしゃべりなどをして過ごす。スタッフが巡回し、携帯で場所を確認する。利用料は最初の登録料のみなので、利用者の経済的負担が少なくてすむ。当事者はルールを守ることを学んでいくので、1年程度で、自分たちだけで面会交流をすることができるようになるとのことである。自立への一歩である。

➡ 12　地方自治体の取り組み
　兵庫県明石市は、2016年から面会交流のコーディネートを始めている。付き添い、受渡し、連絡調整で無料。明石市の子どもであることが条件。付き添いは、明石駅前の市のプレイルームを利用（他の子どもたちもいる）。市職員の弁護士や研修を受けた職員が対応する。

うらんだ⑩-2　面会交流支援団体の実情

　これらの団体では、①申込み、②申込書の検討、③当事者双方との個別面談、遵守事項の確認、④援助の契約成立、⑤援助の開始（子の受渡し、付き添い、調整など選択）、⑥援助終了後のケース会議、⑦当事者へのフィードバック、⑧次回の援助、という流れである。1年から2年を目処に、父母が自分たちの力で面会交流ができることを目標にする。③と⑦で、実質的な親ガイダンス（教育指導）がなされる。民間団体なので、利用者が利用料金を負担する。受渡し5千円、付き添い1万円のところが多い。

　支援がうまくいったケースを紹介する（二宮周平編『面会交流支援の方法と課題』〔法律文化社、2017年〕121頁より）。

　離婚が成立し、親権者に父親が指定され、第三者機関関与のもと、毎月1回の母子面会交流が定められた。子ども（保育園児）は、母親が毎回持参する弁当を「ウッメー、ウッメー」と声を上げて食べ、隣の部屋でこれを聴いた父親は「お母さんのおにぎりは食べたいだろうから」、「あの子にとっては母親なのだから。優しいお母さんのおにぎりの味をあの子の母親の味にしてやれれば」と理解を示してくれた。

　こうした面会交流を半年間続けた後、父親が「不安がないわけではないけれども、自分たちで面会交流をやってみよう」と決意を示し、援助担当者からも「困った時にはいつでも相談に乗るから安心して挑戦してみて」と父親の背中を押し、援助は終了した。

　本事例における父母は、面会交流を継続実施する中で、子どもの表情の変化に気がつき、離婚で最もつらい思いをしたのは、親ではなく子どもであること、面会交流の真の目的は、親同士のぶつかり合う利害の調整ではなく、主人公はあくまでも子どもであること、子どもの利益を最優先して、目先の現在だけではなく将来を見据え、どうすれば子どもが嫌がらず、楽しい面会交流が続けられるのかを冷静に判断し、行動に表したものと考えられる。こうして子どもは親を知り、親の愛情を確認し、安心して成長していくことになる。

20 養育費の分担
▶ ひとり親家庭の生活保障

> **設例** 親が別居・離婚した場合、子どもの養育費は誰がどのように負担するのだろうか。養育費がきちんと支払われるためには、どのような工夫、制度が必要だろうか。

1 養育費の基礎知識

直系血族および兄弟姉妹は互いに扶養する義務を負う（→92頁）。離婚後の親と未成年の子の場合には、親が扶養義務者で、子が扶養権利者である。別居したり離婚しても、親であることに変わりはない。親に扶養能力があれば、子を扶養する義務がある（→うらん⑳-1）。離婚した親が再婚し子をもうけた場合、親は共同生活をしている子の扶養を事実上優先するが、法的には、子は権利者として同順位である。ただし、離婚後、親権者である親が再婚し、再婚相手と子が養子縁組をした場合には、養親が実親と共同親権者となり、第一次的な扶養義務者になる。

以上のように、子は別居親に対して扶養請求をすることができるが、実際に用いられているのは、子を監護している親から監護していない親への養育費分担請求である。親に扶養義務があることを前提に、扶養義務者である親同士で、子の監護教育に必要な費用（養育費）の分担額を取り決める。合意が成立しない場合には、養育費の分担を求める方が家庭裁判所に養育費分担の調停や審判を申し立てる。調停や審判では、迅速に分担額の目安がわかることから、簡易算定表（→88頁**資料Ⅳ**）が用いられることが多い。

分担義務者が調停や審判で定められた額を履行しない場合には、①家裁の履行勧告を利用することができる。権利者の申し出があると、家裁調査官が義務の履行状況を調査し、義務者に連絡をとり、義務を履行するよう促す。②それでも履行されない場合には、過去の不履行の額に加えて、将来、給付される額についても、強制執行をすることができる。義務者が給与所得者の場合には、給与について勤務先から権利者の口座に入金してもらうことも可能である。③義務を怠った者に対して、間接強制として養育費の履行を促すこともできる。①については、調査官が間に入って説得するので、約半分のケースで義務者が分担額の全部または一部を支払っているが、②③は有効に機能していない。

2 養育費支払いの実情

離婚調停で夫から妻へ養育費を支払う取決めをするのは、全体の87.6％とかなり高い。しかし、その月額は、1万円以下3.1％、2万円以下14.3％、4万円以下38.4％、6万円以下22.5％、8万円以下9.6％、10万円

→1 未成年者は自分1人で裁判をしたり、契約を結ぶ資格がないので（行為能力の制限→94頁）、親権者が子に代わって扶養請求をすることになる。

→2 親の別居中は、婚姻がなお継続しているので、婚姻費用の分担請求となる。婚姻費用には子の養育費と自立できない配偶者（多くは妻）の生活費が含まれる。

→3 民法766条1項→80頁→1

→4 間接強制
1回の不履行につきいくらという損害金を課して心理的に履行を強制する方法。

以下5.2％、10万円超え6.1％（2016年）であり、約8割が6万円以下である。

厚労省「全国ひとり親世帯等調査結果」（2016年11月）によれば、母子世帯の養育費の取決め率は42.8％（2011年37.7％）、継続受給率は24.3％（19.7％）である。前回より％が上がっているが、なお継続受給は4分の1程度である。取決めをしていない理由は、「相手と関わりたくない」31.4％、「相手に支払い能力がないと思った」20.8％、「相手に支払う意思がないと思った」17.8％である。離婚に際して夫と妻が子の養育について具体的に話し合っていない様子がうかがわれる。

協議離婚届書のチェック欄で養育費の取決め有りは、55.6％（2012年度）から64.1％（2017年度）に上がっているが、ひとり親世帯調査では、母子世帯で取決め有りにチェックした割合は24.8％にとどまる。取決めチェック率の向上は養育費の継続受給につながっていない。

家庭問題情報センターで養育相談も担当している山口恵美子さんは、継続受給が進まない要因を次のように分析する。➡5 ①離婚時点で取決めをしないまま、別居親の所在が不明になり、請求の方法がない。②正確な知識・情報の不足によるあきらめや放置。たとえば、養育費が子の権利であるとの認識よりも、同居親の別居親に対する忌避感情やめんどくささが先に立っている、家裁は弁護士費用がかかると思っていた、時効で請求できないと言われた、養育費請求の手続がわからない、養育費をもらっても、その8割が収入として認定されて児童扶養手当が減額されるので請求しないなどである。➡6 ③養育費支払い義務者が再婚し、再婚相手の子と養子縁組をしたり、実子が生まれたために、負担が増加し、別れた子への養育費を支払うことが難しくなる。

①②は現在の協議離婚制度の問題である（→70頁）。③は扶養義務者の扶養能力を前提とする私的扶養の限界であり、教育・医療・社会保障の課題となる（→コラム⑳-2）。

➡5 📖 山口恵美子「面会交流実施援助者からみた養育費・面会交流の課題と展望」『養育費・面会交流に関する制度的諸問題』（養育費相談支援センター、2018年）76〜77頁。

➡6 児童扶養手当
ひとり親家庭への経済的な援助。18歳未満の子1人の場合、所得により月額43,070円〜10,160円が2か月に1回支給される。全額支給されるのは、年収130万円相当以下の場合で、所得が増えるごとに支給額が減らされ、年収365万円相当に達すると支給されない。子が2人以上の場合、2人目は10,710円、3人目以降は1人6,100円が加算される。所得には別居親からの養育費の8割が算入される。2021年3月末で877,702人（母が94.6％）が受給している。

コラム⑳-1　大学生の学費、生活費

成人しても大学生の場合、離婚して別居している親に対して扶養請求が認められることがある。裁判例を見ると次のような判断がなされている。

父が医師、母が薬剤師をしており、子の生育してきた家庭の経済的、教育的水準を考慮すると、4年制大学を卒業すべき年齢までは未成熟子の段階にあるものとして、扶養料を負担すべきだとした。

学生の中には、学費や生活費を奨学金やアルバイトで支払う者、休学して働いて学費を自ら負担する者もいる。かといって、成人に達した普通の健康体である者には潜在的稼働能力が備わっているとして、要扶養状態にないと判断するのも厳格にすぎる。裁判所は、成人に達した子に対する親からの扶養の要否は、当該子の学業継続に関する諸般の事情を考慮した上で判断すべきであるとした。

成年に達した子に対する親の扶養義務は、生活扶助義務＊であることから、成年に達した子が受ける大学教育のための費用を負担すべきであるとは直ちに言いがたいとしながら、話し合いによる解決であれば、3万円を限度として支払う用意があると述べたこと等を考慮して、学校関係費用の不足額と生活費用の不足額につき、3万円を扶養料として認めた。

私見は、子の高等教育（大学や大学院）に係る費用（学費）について、子の監護教育費用の1つとして位置づけ、別居親に相当の資力がある場合には分担請求できると考える。離婚につき責任のない子に対して、父母が離婚しなければ得たであろう高等教育の機会を保障する必要があるからである。成年年齢の18歳引下げとは関係ない。

＊　未成熟の子の場合には、親は自己と同程度の生活を保障する義務がある（生活保持義務という）。生活扶助義務は、健康で文化的な最低限の生活費を保障する。

3 養育費確保の方法

こうした実情は、日本の法制度が子どもの養育費を私的扶養の中に位置づけ、夫と妻が養育費分担を取り決めることに注力してきたことの反映である。取決めが守られない場合には、強制執行をして取り立てればよいとして当事者個人に任せてしまう。仕事を休んで弁護士事務所に相談に行き、取立てを依頼する、弁護士費用を負担する、こうしたことが生活と時間にゆとりのない母親にできるだろうか。

子どもの権利条約27条4項は、「締約国は、父母又は児童について金銭上の責任を有する他の者から、児童の扶養料を自国内で及び外国から、回収することを確保するためのすべての適当な措置をとる」と規定する。国連子どもの権利委員会は、日本政府の審査報告に対して、父親の扶養義務が果たされておらず、養育費を回収するための手続が不十分であると懸念を表明しているが、日本政府は、強制執行制度に改善が加えられたと報告するのみである。

4 各国の取り組み

家族社会学者の下夷美幸さんによれば、養育費の確保は先進諸国に共通の課題であり、多くの国で従来からの司法制度（強制執行）とは別に、行政による養育費確保制度が実施されている。別居親から養育費が支払われない場合の対処として2つのタイプがあり、1つは、政府が同居親に「立替払い手当」を支給し、別居親にそれを返済させる制度（スカンジナビアモデル）、1つは、手当の形で養育費を立て替えることはせず、別居親の支払い義務を追及する制度（アングロ・サクソンモデル）である。

スウェーデンでは、養育費が支払われていない場合、支払われているが国の定める最低養育費より少ない場合に、同居親は社会保険事務所に養育費補助手当を申請することができる。1996年の養育費補助手当法に基づくが、立替払いの手当は1930年代から実施されている。養育費を子どもに保障するための手当なので、所得制限はない。手当は子が18歳に達するまで支給され、子がフルタイムの学生の場合は20歳まで延長される。この場合、子自身が申請し、子の口座に直接支給される。

一方、社会保険事務所は別居親に手当の返済を求める。督促に応じない場合には、強制執行庁が課税台帳や同業者登録簿・団体登録簿などにアクセスし、義務者の個人情報を把握した上で強制的に徴収する。ただし、返済能力のない義務者には返済義務を免除する。義務者の返済額は養育費補助手当給付総額の40％前後であり、60％前後は税金からの支出である。しかし、免除されていない親の99％が返済している。手当受給者は減少傾向にある。共同監護が進み、当事者間で養育費を支払うケースが増えてきたことも指摘されている。

米国では、1975年の社会保障法により、連邦政府には養育費庁、州政府には養育費事務所が設置された。養育費事務所には、義務者の給与からの天引き、自営業者や収入が不規則な別居親の場合には、連邦や州の所得税還付金や失業給付からの相殺などの方法が認められており、滞納に対しては、個人信用情報機関への滞納額の通知（ローンやクレジットが利用できなくなるおそれがある）、運転免許や専門職免許の停止、パスポートの発行拒否などが可能である。行政機関による養育費の徴収代行サービスといえるが、徴収不能な

→ 7 📖
下夷美幸「スウェーデンにおける養育費制度」棚村政行編『〔第2版〕面会交流と養育費の実務と展望』（日本加除出版、2017年）310～315頁。

→ 8 最低養育費
2013年の換算レートで約1万8000円。日本の児童扶養手当より低いが、スウェーデンでは、教育費、医療費は原則無償である。

→ 9 強制執行庁
税や社会保険料などの未納金を徴収する国の機関で、強制執行のために他の省庁で管理されている課税台帳、会社登記簿、同業者登録簿、団体登録簿、車両登録簿、不動産登記簿の情報にオンラインで直接アクセスすることができる。

→ 10 連邦や州の所得税還付金や失業給付からの相殺
2人の者が互いに相手に対して同種の債権を持っている場合に、その債務を対当額で消滅させる仕組み。たとえば、州政府が納税者に対する所得税還付金が500ドル、納税者が親として子に対して400ドルの養育費支払い義務を負う場合、州政府が子に400ドル支払い、親の養育費支払い義務を消滅させ、所得税還付金を100ドルに減額すること。

→ 11 📖
下夷美幸「アメリカにおける養育費制度」棚村編・前掲→ 7書292～297頁。

→ 12 韓国健康家庭振興院
健康家庭基本法に基づいて設立された特殊法人で、女性家族部（国の省庁の1つ）の傘下にある。📖犬伏由子「韓国・養育費履行管理院の実情と面接交渉支援への新たな取組」戸籍時報757号（2017年）2～6頁。

別居親もいるため、雇用促進プログラムや就労トレーニングなどを進め、面会交流に補助金を出して、子と別居親との関係継続を支援している。

韓国では、2015年3月から、韓国健康家庭振興院内に「養育費履行管理院」が設置された。管理院では、①電話などでの養育費相談、②養育費分担の協議ができていない場合には、当事者の協議を支援する、③養育費の履行がない場合には、養育費の取立てを代行する、④取立てが難しい場合には、一時的な養育費の緊急支援（月額約2万円）を6か月間支給するなどの業務を行っている。③のために管理院には個人情報にアクセスする権限が認められている。権利者が管理院に履行を申請すると、管理院は債務者に履行を促す書面を送達し、1か月以内に履行がない場合には、履行の可能性について調査し、可能性があると判断したときには、強制執行手続に入る。取立て代行である。取立て以外の家事訴訟法上の措置もある。

5　日本の課題

米国の方法は行政の私生活に対する介入が強すぎるかもしれない。スウェーデンの方法は、税での負担に対する社会の合意が必要である。しかし、行政機関が責任を持って養育費の確保を図っている。韓国もこうした制度を導入した。養育費を家族内の問題から社会の子育て支援の1つとして位置づけている。日本でも、行政機関が取立て代行や給与天引きを行うような制度を創設する必要がある。

その上でなお考えてみたいことがある。それは、養育費の支払いは、別居親と子のつながりの1つだということである。支払いには、子に対する親の思いがある。子は別居親から気にかけてもらっていることを実感できる。親として当然の義務だが、子から「ありがとう」のひと言があれば、義務者の励みにもなる。任意の履行がベストである。そのためには、面会交流支援同様、夫と妻が誠実に養育費分担を定める合意形成の支援が必要であり、それを支える離婚後の父母の共同親責任制度が必要である。

▶13　債務者の所得税の源泉徴収義務者（勤務先）から直接、債権者が養育費を受け取ることができるなどの措置。

▶14　オーストリアでも、少年家族局の少年福祉担当機関が扶養義務者のデータを収集し、義務を履行しない親を少年家族局に召喚し、未払い分を少年家族局に支払わせ、コンピューターで管理する。支払わない場合は、少年家族局が養育費請求訴訟を行う。それでも支払えない場合には、養育費立替制度がある（□松久和彦「ウィーンにおける養育費確保の取組」二宮周平・渡辺惺之編『離婚紛争の合意による解決と子の意思の尊重』〔日本加除出版、2014年〕315～319頁）。

▶15　日本には児童扶養手当制度があるので、立替払い制度を導入する場合には、児童扶養手当との関係を整理する必要がある。

こらむ⑳-2　子どもの貧困と就労支援

子どもの相対的貧困率（世帯全員の所得を1人当たりで割った数値が、所得の中央値の1/2を下回っている子〔18歳未満〕の割合）は、2015年で13.9％、7人に1人であり、デンマーク2.7％、韓国7.1％よりも高く、主要36か国中24位である。

正規の仕事を持つ父や母が子の親権者となり子を引き取る場合は、子育てと仕事の両立が焦眉の課題となる。子育てのため勤務時間を減らしたり、転職することによって収入が減ることもある。これらも重要な問題であることは言うまでもないが、より深刻な事態を招くのは、専業主婦あるいはパート勤務などで経済的に自立できない母が子を引き取る場合である。前述の2016年全国ひとり親世帯等調査では、シングルマザーの81.8％が働いている。欧米では50～70％なので、就労率は高い。しかし、正規職員・従業員44.2％に対して、パートやアルバイト43.6％、派遣社員4.7％と非正規の割合が高い。その結果、母子家庭の平均年間収入は父子家庭の約6割、夫婦と子2人世帯の約3分の1であり、母子世帯の相対的貧困率は50.8％に達している。社会的な援助が不可欠である。

赤石千衣子『ひとり親家庭』（岩波新書、2014年）によれば、母子家庭等自立支援対策大綱に基づいて、2003年から、児童扶養手当予算の削減と同時に、就労支援、生活支援、養育費確保の支援が徐々に始まっていった。就労支援としては、①高等技能訓練促進費、②自立支援教育訓練給付、③常用雇用転換奨励金制度、④母子家庭就業・自立支援センター事業などだが、有効に機能しているのは①だけとする。①は、看護師、保育士、介護福祉士、理学療法士、美容師など国家資格を取得する学校に2年以上修学する場合に、3年間、月額10万円が支給される（金額と給付方法は2012年からのもの）。これを活用して資格を取得し、常勤就業に結びつく人数が増加している。

● 資料Ⅳ　養育費算定表（子2人：第1子15歳以上、第2子0〜14歳）

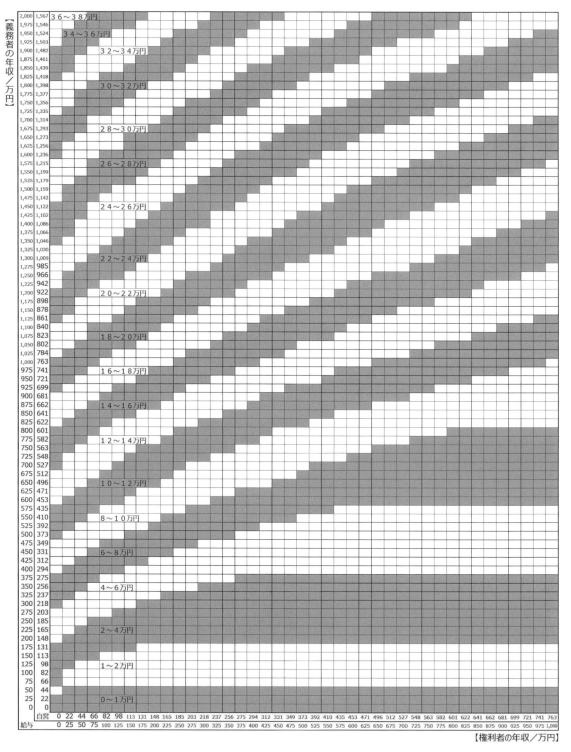

　東京・大阪養育費等研究会「簡易迅速な養育費等の算定を目指して―養育費・婚姻費用の算定方式と算定評の提案」（2003年）が元になっている。養育費分担義務者の収入を縦軸に、権利者の収入を横軸に置き、クロスする部分の金額の幅が基準となる。これにより、養育費の迅速な取決めが可能になった。他方、収入の乏しい義務者も養育費を負担すること、算定の基礎とする収入が税金・社会保険料など必要経費を控除する結果、総収入の40％程度とされているため、負担額が低めになること、個別事情が反映されにくいことなどの問題点もある。2019年12月23日、改訂版（資料Ⅳ）が公表された。

第Ⅴ部
老いを看取る

21 扶養と介護
▶ 誰が自立できない人の世話をするのか

> **設例** 乳幼児、病気・障害・加齢のため判断能力の乏しい人、身体的な行動の自由が十分ではない人、失業した人など、精神的、身体的、経済的に援助を必要とする人が存在する。こうした人々を誰がどのように援助するのだろうか。

1 自立できない人の援助：3つのタイプ

人を生まれつきの身分に拘束していた封建時代を克服した市民社会では、人は独立、平等、自由な存在であるとされた。しかし、実際には、前述のように精神的、身体的、経済的に自立できない人々が存在する。市民社会は、こうした人々を援助する役割をまず家族に求めた。共同生活でお互いに助け合う実態があったからである。しかし、実態に任せるよりも、誰が誰と家族関係にあり、どのように援助するのかを法で規定し、義務づけた方が確実である。民法が定めた援助には、3つの類型がある。

①身の回りの世話：未成年の子の場合には、親権者（親権者がいない場合は後見人）が監護教育の義務を負う。成年の場合には、病者の世話、判断能力や身体能力の低下した人の世話などについて、何の規定もない。

②財産の管理と法律行為の代理：未成年者の場合は親権者が行い、判断能力の低下した成年の場合は、家庭裁判所が選任した成年後見人が行う（→94頁）。

③扶　養：生活費を負担することで、未成年、成年の区別なく、民法で定められた扶養義務者が負担する。

以上のように、未成年の場合は、基本的に親権者が①②③を総合的に担うのに対して、成年の場合には、①は規定がなく、②は、関係者が申し立てて家裁から成年後見人が選任されなければ援助はなく、③のみ適用される。つまり民法が予定しているのは、援助を受ける人自身が一定の財産を有しており、それを使って、必要に応じて①②を他人（ヘルパー、代理人、成年後見人など）にゆだね、費用が乏しくなれば、扶養義務者から③の援助を受けて、①②を続けるという自立自助を優先する仕組みである。

今日では、成年の①については、介護保険制度（→コラム㉑-1）が介護者（ヘルパー）や施設を確保したり、その費用を一部負担する仕組みを設け、③については、年金制度や社会保障制度が生活費を補充し、自立自助を支える。しかし、原則は自立自助である。人は独立、平等、自由な存在なのだから、可能な限り自分の意思で自分の生活を営む。家族、第三者、社会の諸制度がこれを援助する場合であっても、その人の意思は可能な限り尊重される。

⇒1　市民社会
19世紀から20世紀にかけて、欧米で広がった考え方で、人を対等な個人＝市民と捉え、市民によって形成される社会を意味する。

⇒2　代理
契約や裁判などを本人の代わりに行うことを代理という。代理をする人を代理人という。本人が代理人を選ぶ場合と、あらかじめ法律が代理人を定めている場合がある。後者の場合が親権者や成年後見人である。代理人の行った行為（代理行為）から生じる権利や義務は本人に帰属する。

2 自立自助システムの問題点と課題

しかし、こうしたシステムには、問題もある。第1に、これまで高齢や障害などで自立が難しい人を家族が引き取り、同居して、①身の回りの世話、②財産管理、③扶養を総合的に行ってきたことである。現在、三世代同居や親族と一緒に暮らす家族は減少し（→39頁資料❾-1）、①②③が分離する傾向にある。しかし、分離した運用に慣れていないことから、引取り型に落ち着くケースがなお続いている。

引取り型で援助するときに、②③は経済能力の高い男性が、①は母、妻、嫁、娘として女性が担うという性別役割分担型が多かった。しかし、男女が共に仕事を持ち、家庭生活との両立を図るライフスタイルが浸透している現在では、日常的に継続し、かつ、担当者を固定できない①が最も現実の負担が大きい。したがって、家族の中で男女が共に協力するだけではなく、家族が地域や社会のサポートを受けながら担っていくことが課題となる。

第2は、障害のため①②③に不安がある人の継続的な援助である。未成年の間は、親権者が総合的に援助するが、成年に達したとたんに、これらの組み合わせを家族が配慮して対応しなければならない。しかし、障害のある人も、成年に達すれば、大人である。特に③については、たとえ一部でも能力に応じて自分で負担することが、その人の自信と誇りにつながる。雇用を含めた経済的な自立へ向けた援助が不可欠の課題となる。障害のある人が集まり、指導を受けながら作業を行い、製作したものを販売して収益を得る共同作業所への財政的援助、各企業に従業員の一定の比率まで障害者の雇用を義務づける法定雇用率の実質化などが課題である。

第3に、介護者と要介護者（介護を必要とする人）との関係性である。家族に限らず、介護者が要介護者を支配しがちになることがある。要介護者が介護者の思いどおりにならないとき、介護者が負担感から感情が爆発することもある。高齢者虐待防止法が虐待を受けた高齢者を保護する仕組みを設けて

→ 3 三世代同居の推奨
　政府は三世代同居用の住宅リフォームに補助金加算や所得税減税をしている。他方、2013年度以降、出生率向上を目指し、20歳代での結婚・出産の奨励として、「地域少子化対策強化交付金」30～45億円を地方自治体に付与し、結婚支援を行っている（民間の婚活事業者が参入）。関連して岐阜県、秋田県、富山県、三重県などが作成している中高生向け副教材「生き方を考える」では、妊娠には適齢期があることが示され、コラムに三世代同居家族が登場する。結婚→出産→夫方での三世代同居という理想像だが、介護の担い手としても期待されている。

→ 4 法定雇用率
　障害者の雇用の促進等に関する法律では、事業主に対して、その雇用する労働者に占める身体障害者・知的障害者の割合が一定率（法定雇用率）以上になるよう義務づけている。2013年4月からは、民間企業で2.0％、国・地方公共団体等で2.3％、都道府県等の教育委員会で2.2％である。法定雇用率を下回っている事業主（従業員200人超）から、法定雇用障害者に不足する人数に応じて給付金を徴収し、それを財源に法定雇用率を上回っている事業主に対して障害者雇用調整金・報奨金・各種助成金を支給する制度がある（障害者雇用納付金制度）。

コラム㉑-1　介護保険

2000年4月から施行されている。現在は、次のような内容である。①65歳以上の高齢者またはその家族が市町村に申請し、②介護認定審査会で要介護（介護を必要とする状態に応じて5段階に分かれる）または要支援（生活の支援を必要とする状態に応じて2段階に分かれる）と認定されると、③要介護であれば、施設サービス、居宅サービス、地域密着型サービスを、要支援であれば、介護予防サービス、地域密着型介護予防サービス、介護予防・生活支援サービスを受けることができる。施設サービスとは、介護老人福祉施設（特別養護老人ホーム）などであり、居宅サービスには、訪問介護、訪問入浴介護、訪問看護などヘルパー等が居宅を訪問するサービスと、上記施設に日帰りで通って入浴やリハビリなどのサービスを受ける通所介護（デイケア）や短期入所（ショートステイ）がある。地域密着型サービスは、定期巡回訪問介護、夜間対応訪問介護、認知症対応の共同生活介護などであり、主として地域包括支援センターが対応する。

④介護施設に入所を希望する場合には、入所の申込みを行い、入所が決定した段階で施設と入所契約を結ぶ。契約を結ぶ段階で、利用者の判断能力が十分でない場合には、成年後見制度などの利用が必要となる。⑤在宅で介護サービスを受ける場合には、居宅介護支援事業者のケアマネージャー（介護支援専門員）と利用者との間で話し合いを行い、自分に合ったサービス計画（ケアプラン）を作成し、利用するサービスごとに、サービス事業者と利用者の間で介護サービス契約を結んで、提供されたサービスに要する費用の原則1割をサービス提供事業者に支払う。⑥介護給付の財源は、40歳以上の住民が所得に応じて支払う保険料50％と公費50％である。サービスの種類によって国、都道府県、市町村の負担割合は変わる。

→**5 高齢者虐待防止法**
虐待を受けている高齢者の保護と介護をする者（養護者）への支援を目的として、2005年に成立した。養護者や高齢者の親族が当該高齢者の財産を不当に処分したり、不当に財産上の利益を得ることも虐待とする（経済的虐待）。市町村や地域包括支援センターが、一時保護や施設入所の措置をとる。

→**6 扶養能力**
配偶者や未成熟子を扶養する場合には、扶養義務者に標準生計費（公務員の給与を決める場合の基準）を超える資力があること。成人した親子や兄弟姉妹間の扶養では、扶養義務者が社会的地位相応の生活をしてなお余力があること。

→**7** ただし、他の扶養義務者が扶養をした場合には、扶養義務者各自が負担すべき額を求償することができる。また、生活保護を受給した場合、保護をした市町村は扶養義務者からその金額を徴収することができる。最終的には扶養権利者の意思よりも、公平な分担が優先される。

→**8 強制可能なこと**
お金に換算できること。お金であれば、義務者の財産を差し押さえて競売したり、義務者の給与を差し押さえて、権利者の口座に振り込ませることなどができる。

→**9 引取り扶養**
高齢者を扶養義務者が自宅に引き取って同居して世話をすること。明治民法では、扶養義務の履行方法として引取り扶養が規定されており、老親など扶養権利者が請求すれば、裁判所から子に対して引取りが命じられることがあった。

いるが、お互いに笑顔で接することができるような関係性をつくることが課題となる。私見では、介護される側の視点に立つ必要があると思う。要介護者もまた独立、平等、自由な存在となるために、援助を受ける権利を有しており、また判断能力に応じて可能な限り、自らの意思を尊重される権利を有している。これが市民社会の基本原理である。

3 私的扶養の限界

民法は、①配偶者、②直系血族と兄弟姉妹など一定範囲内の近親者に対して、未成年・高齢・障害・病気・失業などのために経済的に自立できない人を扶養する義務を課している。近親者の間には、自然の愛情、共同生活の連帯感などによって、自発的に扶養義務を果たすことが期待できるからである。しかし、私人間でなされる扶養である以上、義務者自身の生活を犠牲にしてまで、他者の扶養を強制することはできない。

したがって、扶養義務者に扶養能力がない場合には、扶養義務は発生しない。私的な扶養なのだから、扶養権利者が義務者に対して扶養請求して初めて扶養義務が発生する。たとえば、ようやく安定し始めた子どもの生活を優先させるために、現時点ではその子に対して扶養請求したくないといった権利者の意思も尊重される。民法が扶養について規定するのは、近親者に扶養義務を強制するためではなく、無限に広がる可能性のある私的扶養の限界を示すためである。

4 家族介護の任意性

たとえば、高齢者が自分1人で生活できなくなった場合、経済的な援助とともに、身の回りの世話、介護が必要になるが、民法の扶養は純粋に経済的な援助に限定される。もし扶養義務として高齢者を引き取って介護することが強制されてしまうと、介護のために離職したり、ほぼ終日の介護のために扶養義務者やその家族が心身をすり減らしたり、ストレスから高齢者を虐待するような事態も起こりうる。このようなことを避けるためである。

民法では、強制可能なことしか強制してはならない。したがって、高齢者が身の回りの世話を誰かにしてほしいと思った場合には、専門機関や第三者から介護サービスを受け、その費用を自ら負担し、負担し切れないときに扶養義務者に扶養を請求することになる。扶養義務者に対して直接、介護を請求することはできない。

ただし、扶養義務者と高齢者の間で引取り扶養の合意ができれば、扶養義務の履行方法の1つとして、その中に介護も含まれることになる。今でも高齢者扶養の場合には、義務者の1人が高齢者を引き取り、他の義務者がその生活費の一部を負担するという方法をとることが多い。社会的に子（特に長男とその妻）が親の世話をするのが当然という意識が強ければ強いほど、引取り扶養が事実上、強制される。

しかし、引取り扶養の場合には、高齢者、扶養義務者、同居することとなる義務者の家族など、それぞれの意思を尊重し、無理にならないような配慮が必要である。家族介護は強制されない。任意だからこそ、要介護者の意思を尊重し、その利益に配慮しながら、介護者や家族と調整することが求められる。高齢者が安心して老いを迎え、主たる介護者が離職しなくてもすみ（→

うらむ㉑-2)、介護者と要介護者が笑顔で接することができるようにするためには、家族の実態やそれぞれのライフスタイルに適合した高齢者介護制度が不可欠である。

5 家族介護と社会的介護の連携、協働へ

自宅での家族介護には限界がある。この現状に対応して創設されたのが介護保険制度である(→うらむ㉑-1)。1997年、制度の導入を決定した時に、「国民の共同連帯の理念に基づき、社会全体で介護を必要とする者の介護を支える新たな仕組み」と説明された。

ただし、課題も多い。要介護度の高い人には、施設サービスが適しており、現在の入所待ちのような現状を改め、受け皿を確実に増やす必要がある。施設介護の場合でも、高齢者にとって家族との交流は何ものにも替えがたい楽しみなのだから、家族の訪問が大切である。在宅の場合には、特定の家族が介護を一手に引き受けるのではなく、同居していない家族の協力など家族の中で分担し、他方、居宅サービスや地域密着型サービスを積極的に活用し、ケアマネージャーのアドバイスなども受け、家族と専門家のいわばチームで対応することが必要である。チームであれば、介護者の苦心、悩みなども相談、共有化でき、またメンバーの交替なども可能であり、離職や自身の健康不安などを防ぐことができる。ここでも、提供されるサービスの質と量の確保が必要である。

家族介護と社会的介護の連携、協働を可能とするには、社会的介護の充実が前提である。しかし、現状では、保育所と同様、介護施設職員の給与水準は低く、またヘルパーの非正規雇用が常態化し、相当の訓練と専門性を備えたスタッフの確保が難しい。意欲のある福祉労働者ほど負担過重になるような職場環境は早急に改善する必要がある。世話をする人の権利が確保されて初めて、世話を受ける人の権利も確保される。経済効率だけでははかれない福祉労働の特性を正当に評価する時期に来ている。

➡ 10 入所待ち
都市部では、入所したくても入れない人が多い。2015年度から、特別養護老人ホームへの新規入所が基本的に要介護3(100頁➡8)以上に限定された。利用しやすい施設を増やすのではなく、入所のハードルを上げる政策は介護保険制度の立法趣旨に反するように思う。

➡ 11 介護保険料の増額
高齢化の進展で要介護者の数が急増しているため、介護保険料は国全体で上昇しており、かつ、被保険者が支払う介護保険料の高い地域と低い地域の格差も拡がっている。最も高い自治体は最も低い自治体の3.1倍(月額8,686円)である。サービスの縮小、利用した場合の自己負担額の増額はやむを得ないのかもしれないが、共同連帯である以上、公費の増額(税収を基礎とした)が筋ではないだろうか。

うらむ㉑-2 高齢者介護の実情

内閣府の高齢社会白書によれば、介護保険の要支援・要介護などの認定を受けている人は、2003年の約370万人から、2015年は約607万人と1.64倍に増えた。65歳以上人口の16.5%になる。介護をする人の58.7%が同居家族である。配偶者25.2%、子21.8%、子の配偶者9.7%、性別では、男性34.0%、女性66.0%である(2016年)。

介護・看護のために離職した人は、男性19,900人、女性81,200人(2010年11月から1年間)、離職者の80.3%が女性である。男性の場合、60代での離職が43.4%、50代25.5%、40代9.4%であるのに対し、女性の場合、60代31.5%、50代35.9%、40代15.3%であり、男性より早く離職している(2006年10月から6年間の統計)。

離職時に仕事を続けたかった人は、男性56.0%、女性55.7%、続けたくなかった人の2.6倍(男性)、2.9倍(女性)になる。離職理由は、①仕事との両立の困難(男性62.1%、女性62.7%)、②自分の心身の健康状態の悪化(男性25.3%、女性32.8%)、③希望として専念したかった(男性20.2%、女性22.8%)などである(2012年)。①②の数値は、離職せざるをえないほど、家族介護が負担過重となっている現実を、特に②は女性の側により深刻であることを示している。同居している主な介護者の介護時間で「ほとんど終日」と回答した人は、要介護度4で45.3%、5で54.6%になる(2016年)。

自分の介護が必要になった場合に、どこでどのような介護を受けたいかの希望についてみると、①「自宅で家族中心に介護を受けたい」18.6%、②「自宅で家族の介護と外部の介護サービスを組み合わせて介護を受けたい」17.5%、③「家族に依存せずに生活ができるような介護サービスがあれば自宅で介護を受けたい」37.4%、④有料老人ホーム12.1%、⑤特別養護老人ホーム6.9%である(2016年)。自宅志向が高いが、介護サービスを前提としている。

22 成年後見制度
▶ 財産管理から見守りへ

> **設例** 認知症や知的障害、精神障害などにより判断能力の不十分な人が、相手方のなすがままに自己に不利益な契約を結んだり、身内の者や知人・友人にお金をせびられたり、勝手に財産を処分されることがある。こうした事態が生じないようにするにはどうしたらよいだろうか。他方で、そうした人たちも日々の生活がある。誰かが援助し、契約を結んだり、契約内容がきちんと実現されているか見守る必要がある。そのためにどのような仕組みが必要だろうか。

1 成年後見制度の立法趣旨

設例のような事態に対処するために設けられたのが成年後見制度である。1999年12月に画一的な旧制度を改め、2000年4月から施行された。その趣旨は、「高齢社会への対応および障害者福祉の充実の観点から、判断能力の不十分な高齢者や障害者にとって利用しやすい柔軟かつ弾力的な制度を設計するという実務的要請とともに、自己決定の尊重、残存能力の活用、ノーマライゼーション等の新しい理念と従来からの本人保護の理念との調和を図るという理念的要請に応えるため」である。

自分1人で有効な法律行為をすることができる資格を行為能力という。人は成年に達すると、行為能力があるものとして扱う。しかし、前述のように判断能力が不十分で法的な判断が難しい人がいる。こうした人が第三者の援助を得て法律行為をしたり、第三者に法律行為をしてもらうことによって、法的な判断能力の不十分さを補う制度が成年後見制度なのである。

確かに補ってもらうのだが、本人の個人としての尊厳を守る意義もある。第三者の援助や協力を得て、できる限り、また、どんなに小さな事であっても、自分で判断し自分で行動することを求める。大変に見えるかもしれないが、個人として生きる上では、不可欠のことである。

2 成年後見制度の仕組み

(1) 3類型 本人の判断能力の程度に応じて、①後見、②保佐、③補助の3類型がある。①では、本人（被後見人）は、日用品の購入など日常生活に関する法律行為は単独でできるが、それ以外は、成年後見人が代理する。本人が財産を処分しても後見人が取り消すことができる。

②では、本人（被保佐人）は、民法で定められた重要な法律行為に関して成年保佐人の同意が必要になり、③では、本人（被補助人）が特定の法律行為について、成年補助人の同意が必要となる。本人が保佐人、補助人に相談し、その同意を得て、自分で法律行為をする。ただし、本人が同意を得ないで行った法律行為については、本人に不利な場合もあるので、保佐人、補助

▶1 画一的な旧制度
全面的に本人の行為能力を剥奪し、後見人が本人を保護する禁治産と、重要な法律行為について保佐人に同意権のみを与える準禁治産との2種類の仕組みだった。これでは、能力の程度に対応した援助を受けることができない。また禁治産者から全面的に行為能力を剥奪すると、本人は日常の買い物すらできなくなるので、過剰な保護であるとともに、無能力者として禁治産者への偏見・差別の原因ともなっていた。

▶2 2000年4月に施行された介護保険制度が、利用者とサービス提供者とが介護サービスについて契約を結ぶことから、判断能力の不十分な人には成年後見制度で対応することが予定されていた。

▶3 ノーマライゼーション
障害者や高齢者を社会的弱者として社会から隔離して保護するのではなく、可能な限り通常の社会環境の下で生活できることを目指すこと。

▶4 法律行為
法的な効果（権利や義務）を生じさせる行為のことで、その典型的な例が契約である。売買、賃貸借、借金、贈与、雇用、建築などの請負、財産を保管してもらう寄託など。

人が後で取り消すことができる。同意と取消しによって設例で述べたような事態を防ぎ、本人の財産を守るのである。

　また②③で、本人が保佐人、補助人の同意を得て自分で法律行為をすることが難しかったり、自分ですることを望まない場合には、家庭裁判所は、特定の法律行為について保佐人、補助人に代理権を付与することができる。たとえば、亡夫の相続人である妻が初期の認知症になっており、遺産分割の判断が難しい場合、補助人を選任してもらい、自分の代わりに補助人に他の相続人との遺産分割協議をしてもらう代理権を付与するなどである。代理によって本人の生活を支える。個別具体的な法律行為ごとに代理権付与が適切かどうか、家裁が一々判断する。代理行為は代理人の判断に基づいて行われる。いわば他者決定である。本人の自己決定とはいえないことから、めんどうであっても、こうしたプロセスを経る。

　(2)　手続　本人、配偶者、4親等内の親族、検察官、市区町村長が、本人の能力に対応して①②③のどれかの開始を家裁に申し立てる。家裁は、家裁調査官に本人の意思確認をさせ、③では、本人以外の申立ての場合に本人の同意を要件とすることによって、本人の意思を尊重する。その上で、①②に関しては精神鑑定を行い、③では医師その他適当な者の意見を聴いて、開始するかどうかを客観的に決定する。

　(3)　登記　①②③の開始や代理権の付与については、地方法務局の後見登記ファイルに記載し、登記事項証明書の交付によって、取引の相手方がこうした事情を知ることができるようにしている。

　(4)　任意後見制度　将来、判断能力が不十分な状況になった場合に備えて、あらかじめ自分の信頼する第三者に自己の生活、療養看護および財産管理に関する事務をゆだねたい場合もある。こうした場合に利用されるのが任意後見契約である。本人と相手方（任意後見受任者）が任意後見契約を結んだ場合には、その契約を公正証書にする。本人の判断能力が不十分になると、本人、配偶者、4親等内の親族、任意後見受任者が、家裁に任意後見監

5　取消し
処分や契約が初めからなかったことにすること。

6　民法で定められた重要な法律行為
借金や保証をすること、不動産その他重要な財産の処分、訴訟、贈与、遺産分割、新築や改築など。

7　特定の法律行為
たとえば、自宅の売却、老人ホーム入所契約、亡夫の遺産分割、一定金額以上の商品購入契約など。

8　4親等内の親族
本人の子・孫・ひ孫、父母・祖父母・曾祖父母、兄弟姉妹、おじ・おば、おい・めい、いとこなど。

9　公正証書
公証人が作成する文書。間違いなく文書を作成したことが証明される。

コラム㉒-1　認知症高齢者が引き起こした鉄道事故の損害賠償責任

　認知症高齢者が鉄道駅構内に立ち入って列車にひかれて死亡するという事故があった。鉄道会社は当該高齢者を介護していた遺族（妻と長男）に対して、振替輸送費など約720万円の損害賠償請求をした。民法は、判断能力のない人（責任無能力者）が起こした事故については、本人ではなく、その人を見守る義務のある人（法定監督義務者）に損害賠償責任を負わせる。そこで名古屋地裁は妻と長男に、名古屋高裁は賠償額を半分にしたものの、妻に損害賠償責任があるとした。その人たちに見守る責任があったとする。

　しかし、2016年3月1日、最高裁はこれを否定した。最高裁は、配偶者も成年後見人も法定監督義務者ではないとした。その結果、成年の責任無能力者の加害行為には法定監督義務者がいないことになる。しかし、実際には被害者がいる。そこで最高裁は、法定監督義務者でなくても、責任無能力者との家族関係や日常生活における交流に照らして、加害行為の防止に向けて当該責任無能力者の監督を現に行い、「その監督義務を引き受けたとみるべき特段の事情」が認められる場合には、公平の見地から法定の監督義務を負う者（準法定監督義務者）として、損害賠償責任を問うことができるとした。

　本件の場合、妻Bは、本件事故当時85歳で要介護1の認定を受けており、夫Aの介護も長男Cの妻Dの補助を受けて行っていたことから、Cは介護の話し合いに加わり、妻Dが介護を補助していたものの、本件事故まで20年以上もAと同居しておらず、本件事故直前の時期においても1か月に3回程度週末にA宅を訪ねていたにすぎなかったことから、いずれもAの加害行為を防止するためにAを監督することが現実的に可能な状況にあったということはできず、その監督義務を引き受けていたとみるべき特段の事情があったとはいえないとして、損害賠償責任を否定した。原則として、認知症高齢者の介護をする家族が損害賠償責任を負うことはないことになり、介護をしている家族が安心できた判決である。

督人の選任を請求し、家裁がこれを選任すると、先に結んでいた任意後見契約の効力が発生し、初めて受任者が任意後見人になる。本人は任意後見人に指示したり、監督したりする能力を欠いているので、監督人の選任が不可欠なのである。

3 成年後見人の職務

成年保佐人、補助人は財産管理が中心だが、成年後見人の職務はそれにとどまらない。後見人は、まず、①家裁によって選任された時から本人の財産の調査に着手し、1か月以内に調査を終え、財産目録を作成する。次に、②後見人としての事務を始めるに当たって、本人の生活、療養看護、財産管理のために毎年支出すべき金額を予定する。たとえば、介護契約、施設入所契約、医療契約などを結び、必要な費用を本人の財産から計画的に支出する。さらに、③たとえば、高齢者施設への入所契約を結んだ後で、入所後、きちんと契約どおりの世話がなされているかどうかチェックし、必要なサービスについて本人の希望を聞いて、施設側と交渉することなども含まれる。④医療行為に関しても、施設内での骨折の治療、風邪や腹痛の治療など、本人の希望を伝え、医師の説明を本人に理解させる。

以上のように、介護契約の履行のチェック、本人の意思・希望の反映など、財産管理の域を超える。それは本人の生活、療養看護を見守り、個人としての生活を支援し、その質を確保する役割である。したがって、財産を持たない、あるいは財産の乏しい高齢者等にも成年後見制度は必要となる。

4 身上監護(しんじょうかんご)

高齢者等の現実の介護は任務ではない。どのような介護を受けるのかを決定することが後見人の任務であり、現実の介護は、介護に同意した家族、介護の専門家や機関が担う。しかし、実際の療養看護との区分けは難しい。

たとえば、身よりのない高齢者の成年後見人になった場合、施設等への入所に際して、入所中の介護・医療事項に関する決定・同意、家族会への参加、退所後の現状回復、退所時の身柄の引取り、死亡時の遺体の引取りなどを求められることがある。また在宅の高齢者の場合にも、ヘルパー派遣の手配、その支払い、ケアプランの確認、地域ケア会議への参加などがある。その他、本人の誕生パーティなどのお祝いを催したり、本人が希望する旅行を手配したりなど、本人との関係で職務は広がる。さらには成年被後見人が引き起こした不法行為の賠償責任も問題となる(→コラム㉒-1)。

これらは、財産管理の範囲を超えているが、実際の療養看護や介護とは違う職務なので、「身上監護」という言葉で表すことが多い。身上監護の範囲は、本人との信頼関係、協力する家族や施設職員の存在、費用負担などから、総合的に判断する。こうした職務を担うがゆえに、家裁は、本人の財産の中から、後見人に相当な報酬を与えることができるのである。

5 問題点と課題

コラム㉒-2のように、成年後見の利用が約8割であり、保佐、補助など判断能力の状況に応じた多様な利用、自ら将来に備える任意後見の利用は進んでいない。いずれ判断能力は低下していくのだから、最初から後見を申し

⇒10 医療行為の同意
成年被後見人が自分が受ける手術や治療について判断能力を欠いている場合に、医療者から、成年後見人に同意を求めるケースがある。成年後見人には、被後見人の身上に配慮する義務があるので、健康診断、予防注射、日常生活で生じる疾病・けがの治療などについては同意が可能だし、本人が希望しない場合でも、成年後見人の判断で受診、治療を受けてもらうことができる。しかし、生命・身体に重大な危険が及ぶ医療については、身上配慮義務の範囲を超えるので、同意権はない。

⇒11 後見人に相当な報酬
管理する財産の額にもよるが、一般的には1か月2〜3万円が多い。

⇒12 親族が後見人等になった場合の不正防止
不正防止のために、家庭裁判所は、必要があると認めるときは、親族や後見人の請求または職権で、成年後見監督人を選任することができる。成年後見監督人または家裁は、成年後見人に後見の事務の報告もしくは財産目録の提出を求め、または後見の事務もしくは財産の状況を調査することができる。また、本人の財産の内、日常的な支払いをするのに必要充分な金銭を預貯金として後見人が管理し、通常使用しない金銭を信託銀行等に信託する後見制度支援信託もある。金銭の所有権を移転し、銀行が保管するので不正行為を防止できる。確かに財産は保全されるが、本人の生活の支援や質の向上のために財産を有効に活用することが制約されるおそれがある。

立てた方が手続的に負担が少なく、後見人に代理権があることから、本人保護にもかなうという発想があるのかもしれないが、「自己決定の尊重、残存能力の活用、ノーマライゼーション」という制度の理念に反する。

　市区町村長の申立てが増えていることは、成年後見制度への行政の関わりが浸透し、成年後見の社会化が一定進んでいることを示している。また、申立ての動機として本人の生活の確保や身の回りの世話に関する事項が多いことも、財産管理から見守りへと重点が移りつつあることを示している。

　他方で、専門職の第三者が成年後見人等に選任されるケースが急増している。親族が後見人等になった場合の不正防止や、財産目録作成・支出予定などわずらわしい手続への懸念などの事情がある。しかし、専門職は地域的に偏在しており、見守りの役割には日常的な関わりが必要であることを考えると、親族を後見人として育成し、職務に関して自治体等が設立する成年後見センターがサポートする仕組みが必要である。

　介護サービス利用契約の支援など身上監護を中心に、成年後見の担い手として「市民後見人」の育成も始まっている。2016年4月に制定された「成年後見制度の利用の促進に関する法律」では、基本方針として、保佐および補助の利用促進、任意後見の積極的な活用、地域において成年後見人等となる人材の確保などをあげる。本人の生活を支援するための「見守り」の役割が重視されてきている。

　大阪市成年後見センターが作成した市民後見人の「活動マニュアル」では、①本人の意思の代弁、②基本的ニーズの充足と本人らしい生活の質の向上、③良好な社会関係の構築、④適切なサービスの活用、⑤適切な財産管理と本人にとって有意義な財産活用、⑥地域社会における権利擁護の推進と成年後見の普及があげられている。社会貢献、地域福祉の一環として位置づけられている。市民後見人も生活支援員も地域の人々の善意に依拠するものである。地域社会の再生、人々の連帯に連なる可能性を秘めている。

13　市民後見人
　成年後見センターなどが行う養成講座を終了し、成年後見人候補として、自治体または家裁に登録されている一般市民。

14　生活支援員
　地域の社会福祉協議会や市町村の福祉公社が、福祉サービスの利用援助、日常的な金銭管理、通帳・印鑑等の保管などの有料サービスを行っている（日常生活自立支援事業）。こうしたサービスを担当する者が生活支援員であり、地域住民から選ばれる。

コラム㉒-2　成年後見制度利用の状況

　1999年、禁治産宣告2,963件、準禁治産宣告671件の申立てだったが、成年後見制度になってから、利用は増え続け、2021年では、成年後見開始申立ては28,052件、保佐8,178件、補助2,795件、任意後見監督人選任784件、合計39,809件。そのうち、申立てが認容されたのは95.6%。2021年における成年後見制度全体の利用者数は合計で239,933件だが、そのうち、成年後見の利用が73.9%である。

　申立人は、市区長村長が最も多く（23.3%）、次いで、本人の子（20.9%）、本人（20.8%）等である。負担能力のない人、親族がいない人の場合、市区町村は、成年後見制度利用支援事業で対応する。それが市区町村長申立てであり、制度発足の2000年には、0.5%だったが、利用が進んでいる。

　申立ての動機は、預貯金等の管理・解約が最も多く（29,477）、次いで身上監護（13,312）、施設入所等のための介護保険契約（7,077）であり、不動産の処分（6,532）や相続手続（6,142）などを超えている。

　成年後見人等と本人の関係として、配偶者、親、子、兄弟姉妹およびその他親族が成年後見人等に選任されたものが19.8%、親族以外の第三者が選任されたものは80.2%である。第三者では、司法書士9,982人、弁護士7,967人、社会福祉士4,412人など専門職がほとんどである。したがって、家裁による成年後見人への報酬付与は10万件を超えた（123,453件〔2016年〕）。制度発足時には第三者は全体の9%にすぎず、圧倒的に親族だったことを省みると、財産管理については、不正防止のためにも専門職の第三者にゆだねる方がよいとの意識が定着してきたといえる。

23 遺産はどのように分けるのか
▶ 相続人同士の公平性

> **設例** 長男が自分があと継ぎだから遺産は全部自分がもらうと言ったり、長男の妻が亡くなった義父の介護をしていたのに、兄弟姉妹は自分の相続権を主張して譲らないなど、遺産分けをめぐって紛争が生じることがある。民法は何か基準を設けていないのだろうか。

1 遺産分割とは

　被相続人（相続される人）が死亡すると、相続が開始する。相続人が複数いる場合には、遺産は相続人が共有する（共同相続）。遺産分割は、この共有関係を解消し、遺産を構成する個々の財産を各相続人に分配する制度である。遺産分割により、各遺産が各相続人の単独所有になることもあれば、住居は複数の特定の相続人、たとえば、妻と娘などの共有にすることもある。
　1947年12月の民法改正によって、家の財産とあと継ぎの地位を承継する家督相続が廃止され、相続は個人の遺産の承継に一本化された。また配偶者相続権が確立し、血族相続人（子・直系尊属・兄弟姉妹）が複数存在する場合には原則として均分相続となったことから、配偶者と血族相続人による共同相続が基本となり、遺産分割は必至となった。戦後改革の1つである農地解放により小作人が自作農になり、農地を所有し、また経済成長と持ち家政策などにより、ふつうの市民が住宅、土地、預金、株等の財産を築くことができるようになり、均分相続の意識も浸透し、遺産分割は誰にとっても身近なものとなった。
　そのために新たに民法906条で遺産分割の基準を示し、907条で遺産分割の仕方を示した。遺産分割は、相続人間の協議で行われる。被相続人が遺言で遺産分割を禁じた場合を除き、いつでもその協議で遺産の分割をすることができる。期間制限はない。協議が調わないとき、または協議をすることができないときは、家庭裁判所に遺産分割の請求をすることができる。家裁は各相続人の相続権を前提に、具体的な遺産分けをする。遺産分割など家庭に関する事件（家事事件）は、家裁の判断（家事審判）より先に家事調停を行うため（調停前置主義）、調停で相続人間で遺産分割の話し合いがなされる。日本の遺産分割は、協議、話し合い優先である。

2 具体的相続分

　協議、調停や審判で遺産分割を行うためには、その基準が必要になる。第1の基準は、具体的相続分である。
　相続分とは、共同相続において、各相続人が相続すべき権利義務の割合、つまりプラスの財産・マイナスの財産（借金などの債務）を含む遺産全体に対

◆1　債務の承継と相続放棄
　遺産には債務も含まれる。日本の相続法は、プラスの財産もマイナスの財産（債務）もすべて相続する仕組みである。包括承継という。債務については、法定相続分に従って相続人間で分割して承継される。債務を承継したくない、あるいは事業後継者に財産を集中するために、自分は相続したくないという場合には、相続を放棄することができる。放棄をすると初めから相続人にならなかったものとして扱われる。プラスの財産もマイナスの財産も一切承継しない。相続放棄は、相続の開始を知った時から3か月以内に家庭裁判所で手続をする（申述書に記載して提出）。

◆2　配偶者相続権の意味
　明治民法では、妻は家督相続の権利はなく、戸主以外の家族の相続（遺産相続）については、子が相続人であり、子がいない場合には相続人になったにすぎない。女性は、幼いときは親に従い、嫁しては夫に従い、老いては子に従う「三従の教え」があった。親、夫、子に従属して生きざるをえない事情を示す「女三界に家なし」という言葉もあった。すべて女性に財産権がなかったことによる。したがって、配偶者相続権は女性の財産権を保障する意味があった。

◆3　直系尊属
　父母・祖父母・曾祖父母・高祖父母などを指す。

する各相続人の持分をいう。1/2、1/3といった抽象的な割合で示される。被相続人は、民法の定める相続分（法

配偶者と子	配偶者1/2　子1/2
配偶者と直系尊属	配偶者2/3　直系尊属1/3
配偶者と兄弟姉妹	配偶者3/4　兄弟姉妹1/4

定相続分）を遺言によって変更することができるが（相続分の指定）、この指定がないときに法定相続分が適用される。

　たとえば、配偶者と子が相続人の場合、配偶者の法定相続分は1/2、子は1/2で、子が複数いる場合には、均等に分ける。たとえば、子が3人いれば、1/2×1/3＝1/6が子各自の法定相続分となる。子の中に婚外子がいても、子の相続分は平等である。2013年9月4日、婚外子の相続分差別を違憲とした最高裁大法廷決定を受けて、2013年12月、民法が改正された（→3頁）。子どもの平等を優先する。

　具体的相続分とは、相続人の中に被相続人から遺贈を受けたり、生前に婚姻や養子縁組のため、もしくは生計の資本として特別に贈与を受けた者がいた場合に、これらの遺贈や贈与などの特別な受益を考慮して算定される相続分をいう。相続人間の公平を図る考え方である。

　たとえば、父が死亡し、相続人は母と子3人とする。子Xは事業資金として父から生前に5000万円の贈与を受け、子Yは父に借金3000万円の肩代わりをしてもらい、母と子Zは何も特別な援助を受けていなかった場合、父死亡時の遺産に、Xへの生前贈与5000万円とYへの借金の肩代わり3000万円を計算上遺産に加えて遺産額を出し、この額に各自の相続分の割合を乗じて得られた額から、X、Yは各自が受けた生前の特別受益額を控除する（→うらん㉓-1）。

　被相続人は、上記のような特別受益者について、特別受益である贈与額を遺産に加算させない、贈与の額を差し引かないようにすることができる。この意思が明示されていなくても、その贈与や遺贈が特定の相続人に相続分のほかに特に利益を与えたいという趣旨であり、そのことに合理的な事情があ

◆ 4　遺贈と「相続させる」旨の遺言

　遺贈は遺言でなされる贈与。受遺者（遺言で贈与を受ける者）が相続人である場合に、1970年代から遺贈に代わって利用されているのが、「相続させる」旨の遺言である。たとえば、「長男に農地甲と農機具を相続させる」などと書く。土地・建物が目的物である場合、遺贈であれば、受遺者と遺贈義務者（相続人または遺言執行者）が共同で登記申請をするが、「相続させる」旨の遺言であれば、受益相続人（長男）1人で登記申請ができる。相続人同士で遺産分割協議をする必要もない。2018年7月の相続法改正により、「特定財産承継遺言」と表現された。

◆ 5　判例や学説では、「持戻しの免除」という。

うらん㉓-1　具体的相続分の計算

　次のようにする。①計算上、特別受益の贈与額を相続財産に加算し、②各自の法定相続分を乗じて算出された額から、③特別受益を得た相続人についてその遺贈や贈与の額を差し引いて相続分を算定する。下記の計算式になる。

①〔相続開始時の相続財産の価額〕＋〔特別受益とみられる贈与の価額〕＝〔みなし相続財産額〕
②〔みなし相続財産額〕×〔各自の法定相続分〕＝〔一般の具体的相続分額〕
③〔一般の具体的相続分額〕－〔特別受益の贈与または遺贈の額〕＝〔特別受益者の具体的相続分額〕

　たとえば、被相続人Aの遺産として、不動産5000万円、預金2000万円、株800万円、借金3000万円があり、相続人として妻B、子C・D・Eがおり、Bには遺贈1000万円、Cには10年前に700万円相当の土地、Dには8年前に開業資金として300万円贈与していたが、A死亡時に、土地は1000万円に値上がりし、金銭は換算すると500万円の価値があったとする。

①は、5000万円＋2000万円＋800万円＋(1000万円＋500万円)＝9300万円。
②は、B：9300万円×1/2＝4650万円、C・D・E：(9300万円×1/2)×1/3＝1550万円。
③は、B：4650万円－1000万円＝3650万円、C：1550万円－1000万円＝550万円、D：1550万円－500万円＝1050万円、E：1550万円となる。

　寄与者の具体的相続分額の算出は次のようになる。

①〔相続開始時の相続財産の価額〕－〔寄与分額〕＝〔みなし相続財産額〕
②〔みなし相続財産額〕×〔各自の法定相続分〕＝〔一般の具体的相続分額〕
③〔一般の具体的相続分額〕＋〔寄与分額〕＝〔寄与者の具体的相続分額〕

　なお、借金＝債務は法定相続分に従って各相続人が承継する。

➡6 配偶者優遇
　2018年7月の法改正により、婚姻期間が20年以上の夫婦間で、居住不動産の遺贈または贈与がなされたときは、持戻しの免除があったものと推定する。これまでの裁判例によるな個別の認定ではなく、画一的に免除があったものとして扱う。法律婚配偶者の優遇である。

➡7　生前の贈与や遺贈をすることが考えられるが、相続税のような減免がない。贈与や遺贈をしていない場合には、離婚の際の財産分与の適用が考えられる（→25頁コラム❻-1）。

➡8　要介護度
　介護保険制度では、寝たきりや認知症などで常時介護を必要とする状態（要介護状態）になった場合や、家事や身支度などの日常生活に支援が必要になった状態（要支援状態）になった場合に、介護サービスを受けることができる。心身の状況に関する調査（行政の調査員）や主治医の意見書を参考に、介護認定審査会が要介護の認定をする。要介護は5段階に分かれ、要介護5は、介護なしには日常生活を営むことがほぼ不可能な状態、4は、介護なしには日常生活を営むことが困難な状態、3は、歩行や起き上がりなど日常生活の基本的動作および薬の内服、電話の利用などの手段的日常生活動作の両方が著しく低下し、ほぼ全面的な介護が必要となる状態、2は、日常生活の基本的動作について部分的な介護が必要となる状態、1は、手段的日常生活動作を行う能力が低下し、部分的な介護が必要となる状態とされている。

➡9　1947年当時は、相続人側の事情として「職業」だけが例示されていた。遺産を複数の子で均分相続すると、農業や自営業用財産も分配され、事業が成り立たなくなるおそれがあったからである。しかし、1980年の改正では本文のような事情が追加された。

れば、その意思があったものとして扱われる。

　たとえば、被相続人が長女に宅地と株式を贈与したが、彼女は強度の神経症のため、両親の庇護なしには独立した生計を営むことが困難な状態にあり、被相続人は宅地の贈与で住居を保障し、株式の配当で長女の生活の安定を図ろうとしていたケースで、1976年4月16日、東京高裁は、この意思があったと認定した。今日の裁判例でもこうした認定がなされている。➡6

3　寄　与　分

　被相続人が農業や自営業を子や配偶者と協力して営み財産を築き上げた場合、認知症になった被相続人を配偶者や子が介護した場合など、共同相続人が同じ割合で相続することが不公平になることがある。そこで、相続人間の公平を図るために、1980年の法改正により寄与分制度が設けられた。

　相続人中に、被相続人の事業に関する労務の提供または財産上の給付、被相続人の療養看護その他の方法により被相続人の財産の維持または増加に特別の寄与をした者があるときは、共同相続人の協議でこの者の寄与分を定め、協議が調わないとき、または協議ができないときは、寄与した者の請求により家庭裁判所が寄与分を定める。寄与をした相続人に寄与に相当する金額を先取りさせる制度である。

　寄与分が認められる者は相続人に限られるが、2018年7月の法改正により、寄与をした親族は、相続人に対して寄与分として金銭の支払いを請求することができるようになる。たとえば、「長男」の妻や再婚した配偶者の連れ子などである。特に長男の妻が現実に夫の親を介護する実態があることから、改正されたものである。事実婚の妻がいくら高齢の事実婚の夫の介護をしても、同性カップルの一方が他方の介護をしても、相続人でもなければ親族でもないので、寄与分は認められない。法律婚優先であり、家族の多様化に対応できていない。そこで寄与分以外の方法で寄与に対応する必要がある。➡7

　寄与分の具体的な額は、相続人の協議または家庭裁判所の調停や審判によって、相続財産の額その他一切の事情を考慮して確定される。客観的な基準はない。かつては、相続人が被相続人の療養看護をした場合には、ヘルパーの基本料金、徘徊などが始まって夜も介護をしたときには深夜料金を加えた額に、看護時間・看護日数を乗じた額を算出し、家族内でなされていることから、この額に裁量的な割合（0.5とか0.6）を乗じて寄与分を定める審判もあった。その後、介護保険制度が導入され、ヘルパーや施設の利用が可能となったことから、被相続人の介護をしていても、要介護度2や3以上でなければ、寄与分が認められにくくなった。➡8

4　民法906条が示す具体的な基準

　1947年の民法改正により、906条が新設された。遺産分割の第2の基準である。1980年に改正され、遺産の分割は、遺産に属する物または権利の種類および性質、各相続人の年齢、職業、心身の状態および生活の状況その他一切の事情を考慮して行うこととなった。年少者、心身障害者などへの配慮、今まで居住してきた住居の確保への配慮など、共同相続人間の実質的な公平を考慮して、目的に沿った分割をする趣旨である（→コラム㉓-2）。➡9

　相続が、農業や自営業など経営資産の承継よりも、家庭共同生活の中で蓄

積された財産（住宅・現金・預貯金・株・車・貴金属など）の分配が重視されるようになったため、その際に考慮される要素が、家族の抱える諸事情に変化してきように思われる。

寄与分制度の新設、遺産分割の基準として相続人側の事情の追加によって、相続人間の諸事情を考慮しながら、共有関係を解消して総合的に遺産を分配するという遺産分割の機能が一層強化された。家裁が遺産分割をするときには、これらの基準を用いるのだから、協議や調停においても、これらの基準は指針として重要な意味を持つ。

ところで2018年7月の相続法改正で、配偶者居住権が創設された。906条の基準よりも確実に、配偶者が被相続人と共に居住していた建物に住み続けることを保障しようとするものである（→107頁 うらむ㉕-1）。

5 遺産分割協議・調停の進め方

家裁の調停・審判では、法定相続分を基本に遺産分割がなされることが多い。預貯金を遺産分割の対象とすることは、現金と並んで調整の役割を果たす財産が増えることを意味する。たとえば、特定の相続人が事業用資産や住居を取得し、他の相続人に対して、法定相続分に相当する金額を現金や預貯金を使って支払うことが可能になるからである。特別受益を考慮した具体的相続分や寄与分を定める場合にも、調整の原資として合意形成を促す可能性がある。

相続人が協議する場合も、家事調停で話し合う場合も、具体的相続分、寄与分、民法906条の遺産分割の基準を参照し、現金や預貯金を有効に活用して、相続人間の実質的公平性をより確保する方向で、当事者の合意による解決を目指すべきである。それは、被相続人亡き後の、家族の信頼関係や共同関係を修復することにつながる。取得する遺産の多い、少ないから相続人同士が犬猿の仲になることを、被相続人は望んでないと思う。

→10 2016年12月19日、最高裁大法廷は、これまでの判例を変更し、共同相続された預貯金債権は、相続開始と同時に当然に相続分に応じて分割されることはなく、したがって、払戻しはできず、すべて遺産分割の対象になるとした。遺産の大半が預貯金の場合、特別受益を考慮した公平な遺産分割が可能になる。他方、遺産分割までに必要生計費や葬式の費用などで預貯金を必要とする場合もある。2018年7月の法改正により、相続開始時の預貯金額の1/3に当該相続人の法定相続分を乗じた額については、単独で払戻しを受けることができる仕組みなどを導入した。

→11 配偶者居住権
たとえば、相続人が妻と子の場合、妻の相続分は1/2。居住建物が遺産の大半を占める場合、妻が居住建物を取得すると、それ以外の財産を取得できないおそれがある。そこで終身、無償で使用できる配偶者居住権を創設した。遺産分割または遺贈によって、妻は配偶者居住権を取得できる。ただし、居住権は財産的価値があるので、妻の具体的相続分から差し引き、他の相続人との公平性を保つようにするが、それでも所有権よりは安いので妻は遺産の中の預金などを取得することが可能になる。被相続人の所有家屋に住んでいた法律婚配偶者に特化した居住保障であり、事実婚や同性カップル、施設や賃貸住宅に住んでいる人たちの居住保障を別途考える必要がある。

うらむ㉓-2 遺産分割の方法

遺産分割の方法には、①現物をそのまま配分する方法（現物分割）、土地、預金、貴金属などそのまま相続人の誰かが取得する方法、②遺産の中の個々の財産を売却し、その代金を相続人間で配分する方法（換価分割）、③現物を特定の者が取得し、取得者は他の相続人にその具体的相続分に応じた金銭を支払う方法（代償分割）がある。③の場合、現物を取得する相続人にその支払能力があることが必要だが、たとえば、農業後継者である相続人が農地と農機具を取得し、他の相続人に毎年の収穫物で支払うなどもありうる。

遺産分割の期間制限はない。被相続人は遺言で5年間、遺産分割を禁止することができるが、そうでない限り、いつでも遺産分割をすることができる。

具体的な遺産分割の方法を検討する。たとえば、被相続人Aの遺産は、預金1000万円、住宅（時価5000万円）とする。Aの相続人は、先妻Bとの間の子D、後妻C、Cとの間の子Eである。Dは10年前から独立別の所に居住している。A・C・Eがこの住宅で一緒に生活していたが、Eは病身で自立が難しい。Cは働いていたので自分の退職金や預金など4000万円くらいの資産がある。遺産分割はどのように行えばよいだろうか。

Aの相続財産は1000万円＋5000万円＝6000万円、Cの相続分は6000万円×1/2＝3000万円、D・Eの相続分は6000万円×1/2×1/2＝1500万円。Eの居住を確保するために、住宅をC・Eの共有にし、預金をDが取得し、相続分との差額500万円をDに支払うという代償分割が考えられる。Cには差額の支払能力がある。Cが死亡した場合、Cの相続人はEなので、住宅の共有持分をEが相続できる。

なお現在、大きな問題になっているのは、利用価値のない地方の土地・家屋や山林が遺産である場合に、相続人が遺産分割をせず、そのまま放置していることである。

24 誰でも遺言が書けるのか
▶遺言能力

設例 判断能力が低下した高齢者に対して、相続人など身内の者が自己に有利な遺言を作成するよう働きかけることがある。他方で、自分が世話になる子に多少とも利益を与えたいと思う高齢者もいる。遺言は誰でもいつでも作成できるのだろうか。どんな方法で遺言をするのだろうか。

1 遺言能力とは

遺言の内容を理解し、遺言の結果を弁識できる判断能力を遺言能力という。どういう場合に遺言能力が認められ、認められないのか判断基準が重要である。民法961条は、15歳以上であれば遺言能力があるとする。973条は、成年被後見人も事理を弁識する能力を一時回復した場合は、医師2人以上の証明の下に遺言をすることができるとする。こうした条文から、遺言能力は、土地の売買や多額の借金などの財産行為に関する判断能力ほど高度でなくてよいと理解されていた時期もある。

しかし、財産行為についてもその判断能力の程度は様々である。贈与であれば、相手方に財産を与えることの意味がわかればよいが、相当多額の贈与になると、周囲の関係者に与える影響の認識も必要である。売買であれば、代金や目的物の引渡しの時期、方法など利害得失の合理的な判断ができる能力が欠かせない。多額の借金をする場合であれば、返済できなかった場合のリスクを認識できる能力が必要になる。遺言も同様である。遺言内容の難易度に応じて、遺言能力の程度も異なる相対的な判断になる。

こうした相対性を前提に、遺言能力はあらゆる事情を総合的に考慮して、その有無が判定される。たとえば、2004年7月7日の東京地裁は、「遺言能力の有無は、遺言の内容、遺言者の年齢、病状を含む心身の状況及び健康状態とその推移、発病時と遺言時との時間的関係、遺言時と死亡時との時間的関係、遺言時とその前後の言動及び精神状態、日頃の遺言についての意向、遺言者と受遺者との関係、前の遺言の有無、前の遺言を変更する動機・事情の有無等遺言者の状況を総合的に見て、遺言の時点で遺言事項を判断する能力があったか否かによる」とする。

単に遺言者の精神状態だけでは判断しない。したがって、認知症が始まりつつある高齢者でも、認知症というだけでは遺言能力は否定されない。遺言の内容の難易度、財産の価額、そして上記のような総合的な事情から、遺言能力の有無を判断することになる。

2 遺言の作成方法と長所・短所

民法の定める遺言の作成方法は次のとおりである。

→1 弁識
ものごとの道理を理解すること。法律用語で多く用いられるが、理解することと同義。

→2 日付
年月日まで正確に記載しなければならないが、年月日を特定できればよいので、「第67回目の誕生日」、「2018年憲法記念日」などの記載でもよい。

→3 氏名
遺言者の同一性を確認できればよいので、通称、芸名、ペンネームなどでもよい。

→4 印
文書の正式性、確実性を示すために用いられるので、認め印(三文判)や指印でもよい。帰化した欧米系外国人の場合は、サインでもよい。

→5 遺言の撤回
遺言者は死亡するまでいつでも遺言を撤回すること(なかったことにする)ができる。破り捨てたり、シュレッダーにかけるなどすればよいが、前の遺言を撤回するという遺言を書いてもよい。前の遺言と内容が抵触する遺言、たとえば、「子Aに甲土地をやる」という遺言を作成した後に、「子Bに甲土地をやる」という遺言を作成すれば、後の遺言で前の遺言が撤回されたとして扱う。

```
            ┌ 自筆証書遺言                    ┌ 危急時遺言 ─┬ 死亡危急時遺言
普通方式 ┤ 公正証書遺言     特別方式 ┤             └ 難船時遺言
            └ 秘密証書遺言                    └ 隔絶地遺言 ─┬ 伝染病隔離時遺言
                                                           └ 在船時遺言
```

この中で最も簡単なのは、自筆証書遺言である。①全文、②日付、③氏名を自書し、④印を押すだけでよい。自書は自分で書いたことの証拠であり、押印は、メモではなく、正式な文書であることを示す。日付を書いておけば、その後、認知症になって判断能力が低下しても、作成時に遺言能力があったことを証明することができる。複数の遺言が見つかった場合、内容が抵触していれば、後の遺言が有効となるので、日付が重要となる。裁判例では、新聞のちらしの裏側に書いた遺言も①～④があることから有効とされた。

自筆証書遺言は、信頼できる人に保管してもらっていなければ、遺言を発見した人が中を見て、偽造、変造したり、隠匿するおそれがある。2018年の法改正で保管制度ができたが、遺言内容がよくわからなくても、遺言者の遺言能力に疑いが生じても、遺言者は死亡しているのだから、本人に確認することができない。裁判例では、遺言者が娘の身の上相談にあずかっていた例、遺言者が遺言作成の前日に自己名義の預金通帳を見て払戻しの間違いを指摘していた例などで、遺言能力を認めている。日常生活の言動から、遺言能力を証明する。偶然の事実に頼るのだから、遺言能力の証明は不確実にならざるをえない。

この点で、一番確実なのは、公正証書遺言である。公証人に作成してもらう遺言である。その作成手続は次の①～⑤である。

①証人2人以上が立ち会う。
②遺言者が遺言の趣旨を公証人に口授する（口頭で伝える）。口のきけない人・耳の聞こえない人は通訳によるか、遺言の内容を自書したものを見せる。
③口授を公証人が筆記し、これを遺言者および証人に読み聞かせまたは閲覧させる。
④遺言者および証人が筆記の正確なことを承認して、署名、押印する。

●➡6 偽造、変造、隠匿
　被相続人の遺言を偽造・変造したり、隠匿したことがわかると、遺言は無効になり、偽造などをした相続人は相続権を剥奪される（相続欠格）。

●➡7 遺言書保管制度
　自筆証書遺言を「遺言書保管所」（法務局）で保管する制度。遺言書の画像情報が磁気ディスクの遺言書保管ファイルに記録される。当該遺言者の相続人等は、遺言者の死後、ファイルに記録されている事項を証明した書面（遺言書情報証明書）の交付請求をする。保管されている遺言書原本は交付されない。相続人や受遺者が遺言書の保管を知っていることが前提である。

●➡8 公証人
　国の公務である公証事務（遺言、任意後見契約、金銭消費貸借契約、離婚の際の子の養育費など）を担う公務員で、国から給与や補助金などを受けず、国が定めた手数料収入によって事務を運営している。全国で約500名、公証人が執務する事務所である公証役場は約300か所ある。元検察官・裁判官が公証人になることが多い。

●➡9 証 人
　未成年者、遺言の利害関係者（推定相続人および受遺者並びにこれらの配偶者および直系血族）、公証人の関係者は証人になることができない。

コラム㉔-1　遺言内容の実現（遺言の執行）

　被相続人の死後に遺言内容を実現する手続を遺言の執行という。たとえば、特定の家屋を第三者に遺贈する内容であれば、登記の手続と家屋の引渡しなどである。
　こうした執行の準備手続として、
　①遺言書の保管者あるいはそれを発見した相続人は、相続開始地の家庭裁判所に検認の申立てをする。検認は遺言書の現状を確認し、証拠を保全する手続であり、偽造・変造のおそれがない公正証書遺言や遺言書保管所に保管されている自筆証書遺言は検認不要である。
　②封印のある遺言書は、相続人またはその代理人の立会いのうえで家庭裁判所において開封する。
　③開封がない場合には、検認に立会いが求められないため、相続人が遺言の存在に気がつかないことがある。しかし、検認をした旨の通知が、立ち会わなかった相続人、受遺者、利害関係人になされるので、遺言の存在を知る機会が確保される。
　遺言を執行する者を遺言執行者という。遺言者は遺言で遺言執行者を指定することができる。遺言執行者がないとき、またはなくなったときは、利害関係人の請求によって家庭裁判所が選任する。遺言執行者として指定された者は、執行者への就職を承諾して初めて執行者となる。承諾するか否かは、その者の自由であり、拒むこともできる。
　承諾した、または選任された遺言執行者が任務を開始したときは、遺言の内容を相続人に通知しなければならない。また、遺言者の財産目録を調製して相続人に交付する。執行者は、相続財産の管理その他遺言の執行に必要な一切の行為をする権利義務を有する。相続人は、相続財産の処分その他遺言の執行を妨げる行為をすることができない。他方、遺言内容が知らされ、財産目録が交付されるので、その遺言によって、相続人が自己の遺留分（→107頁）が侵害されるかどうかを予想することができる。

⑤公証人がこうした方式に従って作成したことを付記し、署名、押印する。

②が先行し、③④があるのだから、証人・公証人が遺言者の真意と遺言能力を確認することができる。遺言能力が問題になることはないはずだが。

3 公正証書遺言の問題点

【ケース】 長い間妻子と別居し、女性Zと同居している遺言者が、自分の死後の財産紛争を防ぐために、妻・子2人・Zに不動産を1/4ずつ分け与えることを考えた。前日にZを公証人のもとへ行かせ、公証人はZから聴取した前述の内容を筆記した。翌日、公証人が遺言者方を訪れ、遺言者および証人2人に対して、前日に筆記した内容の遺言内容を読み聞かせた（手続③）。その後、遺言者は「この土地と家は皆の者に分けてやりたかった」という趣旨を述べ、右の書面に署名・押印し、「これでよかったね」と述べた（手続②）。

1968年12月20日、最高裁は、手続②の口授と③の筆記および読み聞かせが前後したにとどまるのであって、遺言者の真意を確保し、その正確さを期するため遺言の方式を定めた法意に反するものではないとして、当該公正証書遺言を有効であるとした。

この事案により②と③の順序が逆になっても、遺言書の真意と遺言能力が確認されれば、遺言は有効という結論がひとり歩きをした。その結果、関係者があらかじめ作成した書面を、公証人が遺言者の前で読み上げ、遺言者がそれを了承する形で公正証書遺言が作成されるという実務を生み出した。遺言で利益を受ける者が誘導したかもしれない書面でも、公証人に遺言書作成を依頼したのが本人でなくても、最終的に、遺言者の了承としての「口授」があれば、遺言は有効なのである。頼まれて証人になっている場合、遺言能力があるかどうか心配なケースでも、異議を唱えにくいようである。

さすがに、裁判所は、「口授」について、うなづくだけだったり、「はい、そうです」、「それでよい」、「はい、はー」といった簡単な応答では、口授とはいえないとし、遺言者の真意と遺言能力があることを保障するような事情があるかどうかを確認する傾向にある。法務省の通達も、後日、遺言者の遺言能力が裁判等で争われたときのために証拠を保全し、公正証書作成当時、遺言者が遺言能力を有していたと認定した根拠を明らかにできるように、遺言公正証書の作成経過などをできる限り詳細に記録し、公正証書とともに保存しておく必要があるとする。それでも、遺言者も家族も納得ずみだからとして、②と③の順序を入れ替える実務は続き、こうして作成された遺言の内容が実現されている（→コラム㉔-1）。

4 遺言能力の確認

裁判所は人の最終意思をできるだけ尊重すべきとの立場から、多少文言があいまいな遺言でも有効としがちである（→コラム㉔-2）。それだけに遺言能力の確認が重要である。

遺言能力の判断基準として、遺言で利益を受ける人に対象財産を取得させることを認識しているだけではなく、対象財産が高額になる場合には、自己の財産の状態と範囲、相続人から不平・不満が生じる可能性を認識し、それでも特定の者に多額の財産を与える理由・動機が説明できることが必要である。遺言者が周囲の影響から独立して、自発的に遺言を作成したこと、自己

➡10 たとえば、遺言者が弁護士に遺言の趣旨を伝え、弁護士が作成した書面を公証人にFAX送信し、かつ、遺言者が証人到着前に公証人に遺言の趣旨を話していた事案では、遺言者が各項目ごとにうなずき、文書中の受遺者の氏名の誤りを指摘し、読み聞かせが終了した後、「そのとおりで間違いありません。よろしくお願いします」と答えていたことから、裁判所はこの遺言を有効とした。

➡11 たとえば、法律実務に携わる私の友人は、高齢の遺言者を公証役場に連れて行く時に、「おばあちゃん、あらかじめ作成した書面を公証人が読み上げますからね。そうしたら、はいそのとおりです、と言うんですよ」と話して、練習をするとか。友人は、遺言者も家族も納得ずみだから問題はない、と語る。

の真意を表現できる力を有していたことが前提である。

　家族法学者の鈴木眞二さんは、「遺言をするのは、自己の財産および身分状態を認識し、遺言するとそれをどう変えられるかを理解し、そうしたほうがよいと判断し、その判断を表現する力が必要であろう」と述べる。

　医師の診察の記録や診断書は、紛争が生じた場合に遺言能力判断の有力な材料ではあるが、それだけで遺言能力が肯定されるわけではない。相反する診断書・鑑定書が複数存在する場合もあり、実際には、紛争に巻き込まれることをおそれて医師の協力が得にくい場合もある。

　遺言実務に詳しい弁護士大塚明さんは、「従来から本人と十分な面識があって、客観的に見ても遺言能力に一抹の不安もないケースを除いては、原則として後日のために、医師の診断書によって遺言能力がある旨の立証を求めている。さらに、私が本人の遺言能力にたとえわずかでも不安がある場合には、単に診断書というだけではなく、診断医師として精神科の医師を指定したり、少なくとも長期間本人を診察している『かかりつけ』の医師で、後日の証人尋問にも耐えられる医師の診断書を求めたりしている」と述べる。

5　遺言作成の限界

　認知症高齢者が、自己に残された能力を最大限に用いて家族関係に配慮し、悔いのないようにしておきたいという思いから、遺言を作成しようとすることは理解できる。しかし、それは遺言能力の基準を低く捉えることによって実現すべきではない。せめて公正証書遺言を用いて、公証人および証人2名の面前で遺言者が口授する、あるいは少なくとも公証人の個別的な質問に応える形で、口頭で遺言内容を述べ、筆記の正確さを承認し、署名・押印する手続の中で、遺言能力を確認することによって図られるべきである。

　そのような能力を欠いている場合には、遺言を作成してはならない。遺言は法定相続を修正するものなのだから、判断能力がしっかりしているときに作成すべきではないだろうか。

➡12　鈴木眞二「高齢病者の遺言能力」ケース研究235号（1993年）44頁。

➡13　大塚明「実務から見た高齢者の遺言と『遺言能力』」久貴忠彦編『遺言と遺留分 第1巻 遺言〔第2版〕』（日本評論社、2011年）75～96頁。

➡14　はい、いいえで回答するのではなく、具体的に回答してもらう方法で、オープン・クエスチョンという。たとえば、「相続人はどなたですか」、「どの相続財産を誰にあげたいのですか」、「なぜそうするのですか」、「他の相続人には何かしてあげていますか」などである。

コラム㉔-2　遺言の解釈

　遺言書の記述でその意味が不明な場合には、遺言者の意思の正確な法的意味を確定する作業が必要になる。これが遺言の解釈である。解釈の基準としては、遺言書の記述が尊重され、その他の資料は補足的なものだが、遺言者はすでに死亡しており、不明な部分について本人に確認できないことから、裁判所はその他の資料などを利用して、できるだけ有効になるような解釈をしている。たとえば、次のような事例がある。

　Aには相続人として、絶縁状態にある2人の妹がいた。Aは、Xを遺言執行者に指定する甲遺言と、「遺産は一切の相続を排し、全部を公共に寄与する」という乙遺言と、2通の自筆証書遺言を作成していた。遺言はその内容が確定できなければ無効である（これは一般の契約の場合も同じ）。乙遺言については、受遺者が特定されているといえるのか（特定されていなければ無効）、甲遺言と関連させると、受遺者の選定を遺言執行者に委託する遺言となるが、2つの遺言を関連させて解釈することができるのか、選定の基準が示されていない限り、不特定人への遺贈として無効になるのではないかなどが問題となる。

　1993年1月19日、最高裁は、遺言者Aの意思は、遺産を妹たちに取得させず、これをすべて公益目的のために役立てたいことにあったとしたうえで、この目的を達成することのできる団体に遺産全部を遺贈する趣旨であり、また遺言執行者であるXに受遺者を選定することをゆだねる趣旨であったと解するのが相当だとした。さらに遺産の利用範囲が公益目的に限定されているうえに、被選定者の範囲も前記の団体などに限定されるので、選定権の濫用の危険も認められないとして乙遺言を有効とした。甲遺言から1か月後に乙遺言が作成されたこと、XがAから深く信頼されていたことなどの背景事情があった。

25 遺留分とは何か
▶ 相続人の最低限の保障

> **設例** 以下の4つのケースは、実際に裁判で遺言の有効性が問題になった事例である。これらの遺言が有効とされた場合、相続人には何の財産も残されないのだろうか。

1 困った遺言

【ケース1】 遺言者A（79歳）は実子が2人いるにもかかわらず、全財産を第三者Zに遺贈した。ZはAと会ったこともなく、なぜ自分が受遺者なのか不思議に思っていると述べた。

【ケース2】 遺言者B（87歳）は、自分の創業した会社の株式、都内の宅地、箱根の別荘など10億円を超える資産すべてを事業後継者である二男に遺贈した。

【ケース3】 遺言者C（年齢不明）は、遺産のほとんどを長男に承継させる遺言（第1遺言）を作成した後で、この遺言を撤回し、長女夫婦に財産を多く与える遺言（第2遺言）、続いて妻に宅地を多く与える遺言（第3遺言）を作成、最後に第2遺言を撤回し、第1遺言を有効とする旨を記載した遺言（第4遺言）を作成した。

【ケース4】 遺言者D（59歳）は、前妻に全財産を遺贈する遺言を作成した。しかし、重病で危篤状態にあり、止血のため口中に脱脂綿を含ませていたために、証人が遺言書を読み上げたときには、「うー」「んー」としか発声できなかったが、寝たままうなづき、手の指で輪を作って「OK」と思われるしぐさをした。

【ケース1】は見知らぬ人に全遺産を与え、【ケース2】は子の1人に巨額の遺産を与え、【ケース3】は複数の遺言作成と遺言の撤回が続き、【ケース4】はまさに臨終に近い時期の遺言であり、いずれも相続人にとっては、なぜこうした遺言をしたのか納得がいかない「困った」遺言である。

2 裁判所の判断

【ケース1】と【ケース2】は、遺言能力があり、遺言の方式違反もなかったので有効とされた。【ケース3】の場合、本来ならば、撤回の意思表示をした遺言をさらに撤回したり、内容の抵触した遺言を撤回したときには、元の遺言は復活しないが、第4遺言に、第1遺言を有効とする文言があったことから、第1遺言を有効とした。

【ケース4】は、病気などで死亡がさし迫り自筆証書遺言を作成する体力がなく、公証人を呼ぶ余裕もないという危急時に用いられる遺言（死亡危急時遺言）で、証人3人以上が立ち会い、1人が遺言者の口授を筆記して、遺言者および残りの証人2人に読み聞かせ、証人が筆記の正確なことを承認して、署名、押印する遺言に関するもので、口授が必須の要件だが、裁判所は、遺言内容が簡明なこと、日頃から前妻に悪いことをしたと反省の言葉を

→1 **受遺者**
遺言によって贈与を受ける人（財産をもらう人）。

→2 遺言が撤回された場合、原則として元の遺言は効力を生じないままである。有効な遺言として復活することはない。時の経過や撤回が繰り返されると、遺言者の意思が何かわからなくなり、紛争を生じやすくさせるからである。

口に出していたことなど口授を補強する事情があることから、挙動でも口授があったと認定し、遺言であることを確認した。

客観的にみると、なぜ？と思われるような遺言も、遺言者の最終意思の尊重を理由に有効とされる傾向がある。しかし、高齢者の加齢や疾病に伴う人格の変化、判断能力の低下から、恣意的な遺言が作成されたり、家意識が今なお残存し、あと継ぎに財産を集中する遺言が少なくない現状では、不合理で不当な遺言から相続人の権利を守り、相続人間の公平を保つ必要がある。その役割を果たすのが、遺留分制度である。

3 遺留分制度の意義

遺留分制度とは、一定範囲の相続人に対して、被相続人の財産の一定割合について相続権を保障する制度である。被相続人がこの割合を超えて生前贈与や遺贈をした場合には、これらの相続人は、侵害された額を取り戻すことができる。取り戻すことのできる部分を遺留分という。被相続人の財産処分の自由を前提にして、近親者である相続人の生活保障や財産形成への協力の評価など、遺産に対する一定の期待を保護するためである。

それは、被相続人の財産処分の自由を制限することでもある。被相続人が病身の子や高齢の配偶者、被相続人と事業を共にしたり、被相続人の世話を尽くした子により多くの財産を遺したいと思って遺言をすることがある。こうした被相続人の意思は尊重したい。しかし、生存配偶者の財産形成への協力を無視して、他の者に贈与や遺贈をしてよいだろうか。また、平均寿命の伸長によって、親が亡くなるときには、子が60代になっていることが珍しくないが、高齢の子にとって、住宅ローンの返済、自分の子の高等教育費の負担、自らの老後の生活保障など、相続に対する期待がある。これを無視して特定の相続人に財産を集中させるのは、やはり相続人間の公平に反する。遺留分制度には今もなお一定の意義があるように思う。

3 遺留分制度の見直し
遺言によって、各相続人の身体的、能力的な差異や、生前の被相続人との関係を考慮に入れた実質的平等を実現することができる相続制度にすべきだとする立場からは、一定範囲の相続人に対して無条件に一定の遺留分を保障する遺留分制度は硬直的で見直されるべきことになる。ただし、2018年7月の法改正は、コラム㉕-1のような内容にとどまった。

コラム㉕-1 相続法改正

2013年11月、自民党法務部会は、裁判官全員一致で婚外子の相続分差別を違憲とした最高裁大法廷決定（→3頁）を受けて、相続分差別を廃止する民法改正案を了承したものの、「多くの議員から、民法改正が法律婚の尊重に根ざした伝統的な家族観に好ましくない影響を与え、その崩壊につながりかねないとの懸念が出た」とし、相続の際に配偶者の居住権を法律上保護したり、配偶者の貢献に応じた遺産の分割を実現したりする相続法制を検討するために、法務省内にワーキングチームを設置することを求めた。このワーキングチームの検討をふまえて2015年4月には、法制審議会民法（相続関係）部会が立ち上がった。しかし、法律婚配偶者の保護以外の問題についても、いくつか改正がなされた。遺留分の改正はその1つである。

以前は、遺留分を侵害された遺留分権利者は、受遺者や受贈者などに対して、その遺贈や贈与の効力を奪う遺留分減殺請求権を持っていた。遺留分権利者が減殺請求権を行使すると、遺留分を侵害する贈与や遺贈は侵害の限度で効力を失い、遺留分権利者は贈与や遺贈がまだ履行されていないときは履行の義務を免れ、すでに履行されているときは遺贈や贈与の目的物の返還を請求することができた。その結果、目的物は、受遺者・受贈者と遺留分権利者の共有となった。受遺者・受贈者は、目的物を返還するのが原則だが、価額で弁償することもできた。こうした複雑な構成だったため、共有関係を解消する手続、特に受遺者・受贈者が相続人である場合、相続人間の紛争となるため遺産分割と遺留分減殺請求を1つの手続で行うことができるかなどの問題や、価額弁償の要件や額の算定時期、弁償が遅れた場合の損害金の算定の問題なども生じていた。

今回の改正で、遺留分侵害がある場合には、遺留分権利者は受遺者・受贈者に対して侵害額相当の金銭の支払請求権を有するだけになり、金銭問題に単純化された。

4　遺留分の内容と遺留分算定の基礎財産

被相続人が各相続人の遺留分の割合を超えて生前贈与や遺贈をした場合には、これらの相続人は、遺留分を侵害された額に相当する金銭の支払いを請求することができる（→コラム㉕-1）。遺留分を有する相続人（遺留分権利者）は、①配偶者、②子、③直系尊属であり、兄弟姉妹には遺留分はない。

遺留分は、相続財産全体に対する割合として定められており、相続人が配偶者のみ、配偶者と子、配偶者と直系尊属、子のみの場合には、1/2である。 ➡4
この割合（総体的遺留分という）に各自の法定相続分をかけたものが、各自の遺留分の割合になる。

たとえば、相続人が配偶者A、子B・C・Dであれば、
　　Aの遺留分の割合は、1/2 × 1/2 ＝ 1/4
　　B・C・Dはそれぞれ、1/2 × 1/2 × 1/3 ＝ 1/12、となる。

この遺留分の割合が、支払請求できる額ではない。請求できるのは、遺留分が侵害されている額である。次のように計算する。

まず各自の遺留分額を算定する。遺留分額は、遺留分算定の基礎となる財産額に前述の各自の遺留分の割合を乗じた額である。

遺留分算定の基礎財産額とは、①相続開始時に被相続人が有したプラスの財産に、②被相続人が贈与した財産の価額を加え、③その中から債務の全額を控除したものである。 ➡5

②で加算される贈与は、相続開始前の1年間になされたものに限られるが、遺留分権利者に損害を加えることを知ってなされた贈与は、1年より前になされていても、すべて加算される。共同相続人への特別受益の贈与（→99頁）は、10年前までになされたものについて加算される。被相続人が多額の生前贈与をすることは、相続されるべき財産を減少させることである。これらを加算しなければ、遺留分算定の基礎財産を減らすことになり、遺留分額を縮小させることになる。遺留分権利者である相続人に不利益を与える。他方、加算される贈与を死亡1年前のものに限定することによって受贈者の権利を保障する。そうしたバランスを考えての対応である。 ➡6

ただし、共同相続人への特別受益贈与は、相続人間の公平を図るために、10年前のものでも加算する。2018年の相続法改正前は、最高裁の判例は、特別受益贈与は何年前のものでも加算していた。改正法は、10年に限定することによって、特別受益相続人が他の相続人からの金銭支払請求に応じなくてもよい範囲を広げた。公平性よりも、被相続人の特別受益相続人に対する贈与の意思を尊重したものといえる。

5　遺留分侵害額の算定

遺留分侵害額は、下記の方法で算出する。
　　遺留分侵害額＝①遺留分額－②特別受益の受贈額・遺贈額－③相続分に
　　応じて取得した財産額＋④相続債務の分担額

ここで、③は遺留分権利者が相続人として具体的相続分に応じて取得した相続財産の額で、④は被相続人の債務を各自の法定相続分で割った額である。 ➡7

これがプラスになれば、遺留分の侵害があり、侵害額に相当する金銭の支払いを請求することが可能になる。 ➡8 マイナスになれば、遺留分に相当する財産を

➡4　相続人が直系尊属だけの場合には、1/3である。

➡5　**計算例**
たとえば、被相続人甲の①遺産6000万円、②債務3000万円、相続人は妻乙と子A・B・C、甲は半年前に愛人Dへ4000万円の株券を贈与し、Aに対して8年前に事業資金として3000万円の不動産を贈与していた。相続開始時に、株券は③5000万円に、不動産は④4000万円に値上がりしていたとする。
遺留分の基礎となる財産は、遺産①6000万円＋加算されるべき贈与（③5000万円＋④4000万円）－②債務3000万円＝1億2000万円となる。各自の遺留分額は、乙：1億2000万円×1/2（総体的遺留分）×1/2（法定相続分）＝3000万円、A・B・C：1億2000万円×1/2×1/6（法定相続分）＝1000万円となる。

➡6　ただし、その証明は容易ではない。1976年10月22日の東京地裁判決は、73歳から77歳にかけて3回にわたり、財産の65％を同居中の女性に贈与し、83歳で死亡した弁護士の事案で、損害を加えることを知っていたとは認めなかった。

➡7　ただし、全財産を長男に相続させるといった遺言があった場合には、債務すべても長男に承継させる意思が推測される。また、法定相続分を変更する遺言（相続分の指定）がある場合には、債務の承継割合が変わる。こうした場合には、法定相続分ではなく、遺言で指定された割合が債務の分担額となる。

取得していることから、遺留分の侵害はなく、支払請求をすることはできない。

6　金銭支払請求の仕方

上記の計算により相続人の遺留分が侵害された場合に、相続人は受遺者や受贈者などに対して、侵害額に相当する金銭の支払いを請求すると、受遺者や受贈者は遺贈や贈与の目的の価額を限度として金銭で支払う。

受遺者と受贈者があるときは、受遺者が先に支払い、受遺者が複数あるとき、受贈者が複数ある場合においてその贈与が同時になされたときは、目的の価額の割合に応じて支払う。受贈者が複数あるときは、後の贈与の受贈者から順次前の受贈者が支払う。

遺留分侵害額の金銭支払請求権は、相続の開始および遺留分を侵害する贈与や遺贈があったことを知った時から1年間内に（または相続開始時から10年間内）行使しないときは、時効によって消滅する。

この期間内に支払請求権を行使するか否かは、各遺留分権利者の自由である。家族の事情や被相続人の意思を考慮して、支払請求をしない場合には、受遺者や受贈者は金銭支払いの負担を免れる（→こらむ㉕-2）。

7　遺言と遺留分の関係

遺言は決してオールマイティではない。相続人全員の合意があれば、遺言内容と異なる遺産分割をすることもできる。不合理な内容の遺言は、家族の間に混乱と仲違いを生む。遺言者には、家族や相続人がなるほどと思うような遺言を作成する責務がある。そのためにも、遺言者は遺言書に遺言作成の理由を書くべきである。それによって遺留分権利者にも遺言者の意思への配慮が生まれる可能性がある。少なくとも、遺言が遺留分に反しない範囲内の財産処分であれば、遺留分権利者もある程度、納得がいくだろう。遺留分は、死者（遺言者）と生者（遺留分権利者）の信頼をつなぐ最後の架け橋なのではないだろうか。

▶8　**計算例**
たとえば、被相続人甲のⅰ遺産6000万円、ⅱ債務3000万円、相続人は子A・B・C、特別受益の贈与はない。甲は死亡の半年前に第三者Dにⅲ6000万円の贈与をしていたとする。
遺留分の基礎となる財産は、ⅰ+ⅲ-ⅱ＝9000万円。A・B・Cの遺留分額は、9000万円×1/2×1/3＝1500万円（本文の①）。A・B・Cが相続によって得た財産額は、6000万円×1/3＝2000万円（③）。A・B・Cの債務分担額は、3000万円×1/3＝1000万円（④）。A・B・Cの遺留分侵害額は、1500万円（①）－2000万円（③）＋1000万円（④）＝500万円。A・B・CはDに対して、500万円を金銭で支払うよう請求できる。甲の意思を尊重し、請求しなくてもよい。

▶9　受遺者や受贈者が相続人である場合には、自分自身が遺留分権利者でもあるので、遺贈や贈与の目的の価額（金額）から自己の遺留分額を控除した額を限度として支払う。

▶10　法律行為自由の原則に基づき、遺産分割の当事者全員の合意があれば、被相続人が遺言でした遺産分割方法に反する分割も有効とされる。

こらむ㉕-2　遺留分の放棄と中小企業の承継

遺留分権利者は、相続開始前に、家庭裁判所の許可を得て遺留分を放棄することができる。遺留分の放棄によって他の相続人の遺留分は増加しないので、被相続人の財産処分の自由が広がる。遺留分に関する規定は、家督相続に関する部分を除いてほぼ明治民法のままだが、新設された条文の1つがこの遺留分の放棄である。均分相続によって農業や自営業の資産が細分化されるのを防ぐなど、多くの相続財産を後継者に遺す必要性があることから、事前に遺留分を放棄することを認めたのである。

しかし、無制限に認めると、被相続人の威圧によって相続人に放棄を強要し、戦前のような長子単独相続を実現するなどの目的で濫用されるおそれがあるため、家庭裁判所の許可制にした。現在でも、年間1,100件台の利用がある。家庭裁判所は、①権利者の自由意思、②放棄理由の合理性・必要性、③放棄と引き替えの代償の有無などを考慮して判断している。

中小企業の代表者の死亡に際して、相続人間に争いが生じ事業活動の継続に影響を及ぼす実態をふまえて、遺留分に関して民法の特例を定め、また、中小企業者が必要とする資金の供給の円滑化等の支援措置を講ずるものとして、「中小企業における経営の承継の円滑化に関する法律」（2008年）が制定された。一定規模の中小企業の代表者から、推定相続人の1人が事業後継者とされ、当該会社の株式や事業用資産等を贈与されたり、遺贈を受けた場合に、推定相続人全員の合意により、a）後継者が取得した株式・財産の価額を遺留分の基礎財産に算入しないこと（除外合意）、b）算入するとした場合には、算入すべき価額を合意時の価額に固定すること（固定合意）、c）推定相続人間の公平を図るための措置を定めることなどの内容を決めることができる。合意内容は最終的に家裁の許可を受けて初めて効力を生ずる。年間の利用者がようやく30件になった（2016年）。

次世代の家族法

1 求められる家族像

　男女の雇用形態および賃金の格差はあっても、少子高齢化の中で女性の雇用が後退することはない。女性の経済的な自立の傾向はさらに進み、家族の生活や人々のライフスタイルは多様化するだろう。こうした現実の変化の方向をふまえるとき、夫婦と子から構成される婚姻家族をモデルとすることから、多様な家族生活やライフスタイルの多様なニーズに応えるものに、家族の法制度を転換していく必要がある。

　すでに1994年、国連国際家族年において、家族は定義不能とされていた。時代、社会、人によって家族の捉え方が異なり、多様だからである。そのときの標語は「社会の核に民主主義を打ち立てよう（building the democracy at the heart of society）」だった。家族を「社会の核」と捉え、当事者の合意によって結びつき、構成員が個人として尊重され、対等な関係となり、当事者の話し合いによって生活が営まれることを「民主主義」と表したのである。

　これからも、人がパートナーと出会い、出産や養子縁組などによって子を迎え育て、病気になった者、障がいのある者、高齢者などの世話をすること（ケアという）は続くだろう。あえて家族を定義すれば、ケアを担い、分かち合う信頼と協力関係にある特定の人の継続的な集まりであり、安心と安全を確保する場だろうか。親密圏あるいはホーム（home）という表現もある。家族という概念を用いることが、血縁重視、「男は仕事、女は家庭」という性別役割分業、ケアを家族に強制することに結びつくおそれがあるためである。

　そうしたおそれをなくすためにも、家族を神聖化したり、絶対視しないこと、つまり、家族を、血縁、地縁、人の縁、職場の縁など多様な人間関係のネットワークの1つと位置づけることが大切である。生まれてから死ぬまで、人はいろいろな人と出会い、かかわりをもち、世話をしたり、世話になったりする。家族はそうした出会いと世話の最初の場であり、やがて各人の知恵と情報を伝え合う場、社会的サポートと連携・協力する場になるものなのではないだろうか。

　こうした家族観の下では、友人、仕事や市民活動などでのネットワークと同様に、家族を構成するメンバーが独立した人格であり、各自が違う考え方、価値観を持つ存在であることを認め合うことが前提となる。個が集団の中で尊重されていなければならない。国連国際家族年の原則は、今もなお家族に関する普遍的な原則として意味を持つ。確かに家族の親密さは何ものにも代えがたい魅力である。その親密さを社会にも広げていくこと、社会連帯へと展開していくこと、地域、職域なども含めた人とのつながり、人の絆の豊かさを築いていくことが、今、求められているように思う。

2　家族の中の個人の尊重

　次世代の家族法では、家族を構成する一人ひとりが個人として尊重される。本書の内容を少し振り返ってみたい。

　まず、選択的夫婦別氏制度である。氏名は、個人からみれば、人が個人として尊重される基礎であり、その個人の人格の象徴である。人は人格に関わる権利として、自己の氏の変更を強制されない権利がある。夫または妻の氏のどちらかを夫婦の氏としなければならない夫婦同氏強制制度（民法750条）は、夫も妻も自己の氏の変更を望んでいない場合に、どちらかに変更を強制するのだから、人格に関わる権利を侵害している。したがって、夫婦別氏を選択できる制度が必要である。

　第2に戸籍の個人単位化である。戸籍は、人の出生年月日、国籍、家族関係などを証明する制度だが、現在の戸籍は、1組の夫婦と、氏を同じくする子を単位として編製されている。そのため戸籍に記載されている者が家族だと思う人も多い。離婚・再婚が日常化し、ひとり親家庭や婚外子も生まれ、家族が多様化している現在、戸籍もひとりずつにすべきである。個人が家族の中に埋没するのではなく、各自が人生の主人公であることが明確になる。韓国では、戸籍が廃止され、個人単位の家族関係登録制度となっている。

　第3に性的マイノリティに対する偏見や差別を除去することである。性的指向も性自認も人の個性の1つであり、それぞれの生き方を尊重すべきである。婚姻は、共同生活やケアの安定性を保つ仕組みの1つなのだから、同性カップルも異性カップル同様、婚姻を選択できて当然である。それは、同性カップルをはじめ、性の多様性の社会的承認につながるものである。

3　血縁と婚姻の枠を超えた子育てへ

　次世代の家族法では、子育ては、婚姻と血縁の枠を超える。現在は、父母が婚姻中の場合は父母の共同親権、離婚や婚外子の場合は、父母どちらかの単独親権となる。しかし、婚姻しているかどうかにかかわらず、親には子を養育する責任があり、子には親から養育される権利がある。したがって、離婚、婚外子の場合も、父母の共同親権（親責任）を原則化する必要がある。離婚後の親子の交流、養育費の分担は、その実践である。

　他方で、子育てを担うのは親だけではない。たとえば、親の離婚の場合、子からみると、同居している親の新しいパートナーとその子どもたちも、別居している親の新しいパートナーとその子どもたちも、大切な家族である。子は、血縁の親からも、親の新しいパートナーからも養育を受けることができる。子の養育に関わる大人、保護者は複数いてよい。家族と社会的支援（保育所や育児休業など）の組み合わせによる子の養育の多層化であり、みんなで子育てをすることから、開かれた家族が生まれてくる。

　ここに、生殖補助医療や養子縁組、里親が加わる。不妊の当事者にとって子をもうけ育てる選択肢となる。この選択肢を、事実婚や同性カップルにも保障する。精子・卵子の提供者も、代理出産した人も、依頼したカップルも、実親も養親も子育てに関わることになれば、家族はさらに開かれたものとなる。本書を通じて、次世代のみなさんが自分たちの求める家族法を考える契機となれば、これほどうれしいことはない。

● 資料Ⅴ　日本の人口ピラミッド

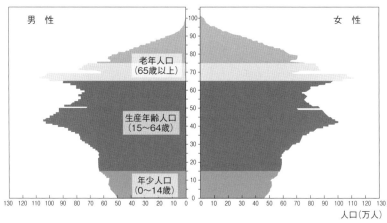

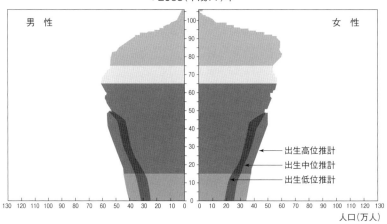

出所：国立社会保障・人口問題研究所「日本の将来推計人口（平成29年推計）」(http://www.ipss.go.jp/pp-zenkoku/j/zenkoku2017/pp29_gaiyou.pdf) より作成。

　2050年は読者が60代になった頃のこと。2015年と2050年を比較してわかることは何だろう。2015年は高齢化しているものの、40～50代の働き盛りも相当厚い。しかし、2050年では70～80代が頂上になり、働き盛りは年代が若くなるにつれて先細りである。困ることは何だろう。働いて賃金を得る層（生産年齢層）が減少すれば、税収が減る。年金や介護保険等の社会保険料収入が減る。他方、高齢化が極端に進むので、介護保険と年金の財源が今以上に必要になる。収入が減って、支出が増える。赤字は必至。赤字の国の債権（国債）を購入する外国の投資家は減少するから、海外から資金を調達することは困難になる。日本は財政的に崩壊し、それが起因となり社会不安を招きかねない。

　対策は何か。まずは出生率の回復である。政府は希望出生率として1.81を目標にするが、本書（39頁資料❾-1）で見たように、現在は1.4台前半で推移している。キャッチアップするには、共働き世帯やひとり親世帯の人たちが安心して出産・子育てできる仕組みが必要である。

保育所の整備、保育士の待遇改善と、教育・医療の無償化もしくは低減化が不可欠である。たとえば、キューバは1959年1月1日、革命政権成立以降、教育（保育所を含む）・医療の無償を実現している。町にあふれるほどの商品はなくても、人々は安心して暮らすことができる。消費や商品開発、ぜい沢の追求だけが人間の幸せとは限らない。生き方が問われる。

　次に労働力の確保（生産人口の確保）である。現在、専業主婦世帯が600万を超える。主婦が労働市場で働くこと、高齢者が定年に関係なく、健康と体力を考慮しながら働くこと、外国人を迎えること（就労ビザの簡易化、難民の受入れ、移住・移民の積極化）である。キーワードは、家族・ライフスタイルの多様化と、様々な性、障がい、年齢、文化、国籍、民族等の包摂・共生である。こうした認識に立つとき、異性カップルで性別役割分業の婚姻家族をモデルとする政策では対応できない。2018年7月の相続法改正に私見が批判的であるのは、多様化と包摂に反する方向を示しているからである。

■著者紹介

二宮 周平（にのみや しゅうへい）

【略　歴】
1951年5月27日　横浜市生まれ、後、愛媛県松山市で育つ
1979年3月　大阪大学大学院法学研究科博士後期課程単位取得退学
1979年4月　松山商科大学経営学部専任講師、81年、助教授
1985年4月　立命館大学法学部助教授、87年、教授
2004年4月～2008年3月　立命館大学法科大学院教授
2009年4月～2012年3月　立命館大学法学部長、学校法人立命館常任理事
2015年4月～2017年3月　立命館大学図書館長
2017年4月　立命館大学特任教授、立命館大学法学部教授（職位）（～現在に至る）
2022年4月　立命館大学名誉教授
法学博士（大阪大学）、ジェンダー法学会第5期理事長、日本学術会議連携会員

【主　著】
単著『事実婚の現代的課題』（日本評論社、1990）
　　『事実婚の判例総合解説』（信山社、2006）
　　『家族と法』（岩波新書、2007）
　　『家族法〔第5版〕』（新世社、2019）
　　『多様化する家族と法Ⅰ―個人の尊重から考える』（朝陽会、2019）
共著（榊原富士子）『離婚判例ガイド〔第3版〕』（有斐閣、2015）
編著『面会交流支援の方法と課題』（法律文化社、2017）
　　『性のあり方の多様性』（日本評論社、2017）
　　『新注釈民法(17) 親族(1)』（有斐閣、2017）
　　『離婚事件の合意解決と家事調停の機能―韓国、台湾、日本の比較を通じて』（日本加除出版、2018）
共編著（渡辺惺之）『離婚紛争の合意による解決と子の意思の尊重』（日本加除出版、2014）
　　　（渡辺惺之）『子どもと離婚―合意解決と履行の支援』（信山社、2016）
　　　（風間孝）『家族の変容と法制度の再構築―ジェンダー／セクシュアリティ／子どもの視点から』（法律文化社、2022）
監修（松本康之）『無断離婚対応マニュアル―外国人支援のための実務と課題』（日本加除出版、2019）

18歳から考える家族と法

2018年10月1日　初版第1刷発行
2023年3月30日　初版第3刷発行

著　者　二宮周平
発行者　畑　　光
発行所　株式会社　法律文化社

〒603-8053
京都市北区上賀茂岩ヶ垣内町71
電話 075(791)7131　FAX 075(721)8400
https://www.hou-bun.com/

印刷：西濃印刷㈱／製本：㈲坂井製本所
装幀：白沢　正
ISBN978-4-589-03962-0
©2018 Shuhei Ninomiya Printed in Japan

乱丁など不良本がありましたら、ご連絡下さい。送料小社負担にて
お取り替えいたします。
本書についてのご意見・ご感想は、小社ウェブサイト、トップページの
「読者カード」にてお聞かせ下さい。

JCOPY　〈出版者著作権管理機構　委託出版物〉
本書の無断複写は著作権法上での例外を除き禁じられています。複写される
場合は、そのつど事前に、出版者著作権管理機構（電話 03-5244-5088、
FAX 03-5244-5089、e-mail: info@jcopy.or.jp）の許諾を得て下さい。

〈18歳から〉シリーズ

学問の世界への第一歩
法律文化社

新入生を対象に、高校までの"勉強"とはひと味ちがう"学問"のおもしろさを感じてもらうための入門書シリーズです。18歳の目線で捉えた具体的な事象からひもとき、各科目の基礎となるエッセンスを解説しています。

＊B5判・カバー巻・100〜120頁

18歳からはじめる憲法〔第2版〕	水島朝穂 著	2420円
18歳から考える人権〔第2版〕	宍戸常寿 編	2530円
18歳からはじめる民法〔第5版〕	潮見佳男・中田邦博・松岡久和 編	2420円
18歳から考える家族と法	二宮周平 著	2530円
18歳から考える消費者と法〔第2版〕	坂東俊矢・細川幸一 著	2420円
18歳からはじめる情報法〔第2版〕	米丸恒治 編	2530円
18歳からはじめる知的財産法	大石玄・佐藤豊 編	2530円
18歳から考えるワークルール〔第2版〕	道幸哲也・加藤智章・國武英生 編	2530円
18歳からはじめる環境法〔第2版〕	大塚直 編	2530円
18歳から考える日本の政治〔第3版〕	五十嵐仁 著	2530円

二宮周平・風間孝編著
家族の変容と法制度の再構築
―ジェンダー／セクシュアリティ／子どもの視点から―
A5判・380頁・6160円

法学・社会学を中心とする研究者と実務家が協働し、分野横断的に現代日本の家族をめぐる実態とその変容を分析。法制度の現状と課題を踏み込んで考察し、「血縁・婚姻から意思へ」を基調とする法制度の再構築と具体策を提起する。

二宮周平編
面会交流支援の方法と課題
―別居・離婚後の親子へのサポートを目指して―
A5判・242頁・3520円

面会交流をめぐる家裁実務の現状と課題を概観したうえで、厚労省FPIC事業や民間支援団体の関係者が、面会を支援する当事者としてどのように活動に取り組むべきか意見交換したフォーラムを紹介する。

現代憲法教育研究会編
憲法とそれぞれの人権〔第4版〕
A5判・234頁・2860円

当事者のおかれた現実を憲法の視点から検証しつつ、現実に抵抗する際の憲法の力に着目する。外国籍保持者やジェンダーをめぐる問題など昨今の人権をめぐる動向を全面改訂。新聞記者の眼から人権問題に迫るコラムも新設。

法律文化社

表示価格は消費税10%を含んだ価格です